Aus dem Programm Hans Huber:
Psychologie Sachbuch

Wissenschaftlicher Beirat:
Prof. Dr. Dieter Frey, München
Prof. Dr. Kurt Pawlik, Hamburg
Prof. Dr. Meinrad Perrez, Freiburg (Schweiz)
Prof. Dr. Hans Spada, Freiburg i. Br.

In der Reihe Sachbuch sind bei Hans Huber u. a. erschienen:

Lee Baer
Alles unter Kontrolle
Zwangsgedanken und Zwangshandlungen
312 Seiten (3-456-83627-9)

Sven Barnow / Harald J. Freyberger / Wolfgang Fischer / Michael Linden (Hrsg.)
Von Angst bis Zwang
Ein ABC der psychischen Störungen: Formen, Ursachen und Behandlung
304 Seiten (3-456-83985-5)

Reneau Z. Peurifoy
Angst, Panik und Phobien
Ein Selbsthilfe-Programm
315 Seiten (3-456-83827-1)

Ulrike Schäfer
Depressionen im Erwachsenenalter
Ein kurzer Ratgeber für Betroffene und Angehörige
93 Seiten (3-456-83543-4)

Daniel Wilk
Autogenes Training
Ruhe und Gelassenheit lernen
162 Seiten (3-456-84102-7)

Weitere Informationen über unsere Neuerscheinungen finden Sie im Internet unter: **http://verlag.hanshuber.com** oder per E-Mail an: **verlag@hanshuber.com**

Harald Dreßing / Peter Gass

Stalking!

Verfolgung, Bedrohung, Belästigung

Verlag Hans Huber
Bern · Göttingen · Toronto · Seattle

Lektorat: Monika Eginger
Herstellung: Daniel Berger
Druckvorstufe: Sbicca & Raach, Lugano
Umschlag: Atelier Mühlberg, Basel
Druck und buchbinderische Verarbeitung: Druckhaus Beltz, Hemsbach
Printed in Germany

Bibliografische Information der Deutschen Bibliothek
Die Deutsche Bibliothek verzeichnet diese Publikation in der Deutschen
Nationalbibliografie; detaillierte bibliografische Daten sind im Internet über
http://dnd.ddb.de abrufbar.

Dieses Werk, einschließlich aller seiner Teile, ist urheberrechtlich geschützt. Jede Verwertung außerhalb der engen Grenzen des Urheberrechtes ist ohne Zustimmung des Verlages unzulässig und strafbar. Das gilt insbesondere für Vervielfältigungen, Übersetzungen, Mikroverfilmungen sowie die Einspeicherung und Verarbeitung in elektronischen Systemen.

Anregungen und Zuschriften bitte an:
Verlag Hans Huber
Länggass-Strasse 76
CH-3000 Bern 9
Tel: 0041 (0)31 300 45 00
Fax: 0041 (0)31 300 45 93
E-Mail: verlag@hanshuber.com
Internet: http://verlag.hanshuber.com

1. Auflage 2005
© 2005 für die deutsche Ausgabe by Verlag Hans Huber, Hogrefe AG, Bern
ISBN 3-456-84196-5

Inhaltsverzeichnis

Vorwort 9

1. Aktueller Forschungsstand zu Stalking (Dr. H. Dreßing) ... 11
1.1 Historische Entwicklung des Stalking- Konzeptes 11
1.2 Was ist Stalking? 15
1.3 Wie lange kann Stalking dauern? 19
1.4 Wie häufig ist Stalking? 22
1.5 Wer sind die Täter? 24
1.6 Welche Auswirkungen hat Stalking auf die Opfer? 33
1.7 Wer sind die Opfer? 36

2. Stalking: Forensisch-psychiatrische Aspekte
(Dr. E. Habermeyer) 39
2.1 Kategorien von Stalking 39
2.2 Wann wird Stalking zum psychiatrischen Problem? 41
2.3 Überlegungen zur Schuldfähigkeit 46
2.4 Welche Konsequenzen ergeben sich aus gegebener,
    verminderter bzw. fehlender Schuldfähigkeit? 50

3. Stalking: Falldarstellung einer betroffenen Psychologin
(Dipl. psych. M. Pleyer) 51

**4. Wie man ein Stalking-Opfer wird und sich dagegen
zur Wehr setzen kann** (Dr. P. Gass) 65
4.1 Wer wird gestalkt? 65
4.2 Warum wird gestalkt? 67
4.3 Die Chance reduzieren ein Stalkee zu werden 70
4.4 Wie kann man sich gegen Stalking zur Wehr setzen 71
4.5 Was können Stalking-Opfer für sich selbst tun? 75
4.6 Wichtige «Anti-Stalking Regeln» 77

5. Gesundheitliche Folgen und Möglichkeiten der Therapie für Stalking-Opfer
(Dr. C. Kühner, Dipl. psych. M. Weiß) 79
- 5.1 Gesundheitliche Folgen von Stalking für die Opfer 79
  - 5.1.1 Psychische Symptomatik 80
  - 5.1.2 Körperliche Folgen und Substanzmissbrauch 82
  - 5.1.3 Sozialer Rückzug und Probleme bei der Arbeit 84
  - 5.1.4 Auswirkungen auf Partner und Familie 85
  - 5.1.5 Risikofaktoren für die Entwicklung psychischer Probleme in Folge des Stalkings 86
- 5.2 Therapie von Stalking-Opfern 87
  - 5.2.1 Ausgangslage 87
  - 5.2.2 Interventionen bei akutem Stalking 88
    - 5.2.2.1 Das Krisenmodell von Roberts und Dziegielewski 89
    - 5.2.2.2 Behandlung spezifischer psychischer Probleme 90
  - 5.2.3 Therapiemöglichkeiten nach Beendigung des Stalkings 94
  - 5.2.4 Medikamentöse Behandlung 95
  - 5.2.5 Ungünstige Versuche der Selbstbehandlung 96
  - 5.2.6 Stationäre Krisenintervention 97
  - 5.2.7 Einbeziehung des Partners und der Familie in die Therapie 97
  - 5.2.8 Selbsthilfegruppen und Gruppentherapien 98
  - 5.2.9 Internet-Support 99

6. Spezifischer Rechtsschutz gegen Stalking im internationalen Vergleich (Dr. V. von Pechstaedt) 101
- 6.1 Die rechtliche Situation in Nordamerika, Australien und Japan 101
- 6.2 Die rechtliche Situation in Europa (außer Deutschland) 108
- 6.3 Die rechtliche Situation in Deutschland 115
- 6.4 Ausblick 125

7. Kann man Stalker therapieren? – ein Blick auf den normalen Stalker (Dr. J. Hoffmann, Dr. H. G. W. Voß, Dr. I. Wondrak) 127
- 7.1 Empirisch fundierte Sichtweisen auf Stalker 128
- 7.2 Die Darmstädter Stalking-Studie 131
- 7.3 Eine Befragung «normaler» Stalker 132

7.4 Ein Profil des «normalen» Stalkers 137
7.5 Zum Umgang mit Stalkern 138
7.6 Gesprächsführung mit Stalkern 139
7.7 Interdisziplinäres Fallmanagement 140

8. Ausblick (Dr. P. Gass/ Dr. H. Dreßing) 143

Literaturverzeichnis 147

Vorwort

Noch vor wenigen Jahren konnten die meisten Menschen mit dem Begriff «Stalking» überhaupt nichts anfangen. Das ist auch nicht verwunderlich, denn das Wort «stalking» war bis dahin ein ausschließlich in der englischen Jägersprache verwendeter Begriff, der das Jagen und Verfolgen von Tieren bezeichnete. Ende der 1980er-Jahre bekam das Wort in den USA eine neue und übertragene Bedeutung. Man beschrieb mit «stalking» nun das Verfolgen von berühmten Hollywood-Stars durch exaltierte Fans. In der Folge fand in den USA und anderen angelsächsischen Ländern der Begriff «stalking» dann in den Medien aber auch in sozialwissenschaftlichen, kriminologischen und medizinischen Forschungsansätzen eine rasche Verbreitung. Man entdeckte, dass nicht nur berühmte Hollywood-Stars gestalkt werden, sondern auch der ganz normale Durchschnittsbürger Opfer eines Stalkers werden kann.

In den kontinentaleuropäischen Ländern ist das Interesse an «Stalking» noch jüngeren Datums, dennoch kann man gerade in den letzten beiden Jahren eine rasant zunehmende Auseinandersetzung mit der Thematik feststellen. Mittlerweile kann man fast jeden Tag in einer Zeitung, Fernsehsendung oder Talkshow etwas über «Stalking» hören. Trotz dieser rasch zunehmenden Informationsflut ist ein differenziertes Wissen über «Stalking» noch nicht allzu weit verbreitet. Es kommt vor, dass selbst gebildete Menschen mit dem Begriff «Stalking» überhaupt nichts anfangen können. Andere wissen vermeintlich schon alles über das Thema, etwa, dass es sich dabei ja nur um Probleme handelt, die bei gescheiterten Beziehungen oder verwirrter Liebe auftreten. Wieder andere haben sich angeblich schon mit dem Thema auseinandergesetzt und tun es als Modethema ab, das man nicht so wichtig nehmen sollte. Schließlich sei doch jeder mindestens einmal in seinem Leben ein Stalker, wenn er versuche, die Liebe seines Lebens zu erobern.

Sicherlich enthalten alle diese Positionen einen Kern von Wahrheit, sie sind aber weit entfernt davon, «Stalking-Verhalten» in seiner ganzen Komplexität und Differenziertheit zu erfassen. Es ist das Anliegen der Herausgeber, das Wissen über «Stalking» in seiner ganzen medizinischen, psychologischen, kriminologischen und gesellschaftswissenschaftlichen Bandbreite darzustellen, wobei sowohl die Opfer- als auch die Täterseite betrachtet werden sollen. Dabei werden Ursachen, Verlaufsformen, Interventionsmöglichkeiten, Gefahren und Folgewirkungen von «Stalking» aufgezeigt. Neueste wissenschaftliche Erkenntnisse werden von Experten aus den jeweiligen Fachdisziplinen aufbereitet, wobei die Herausgeber Wert darauf legten, dass alle Autoren eine Präsentationsform gewählt haben, die bei wissenschaftlicher Exaktheit eine hohe Verständlichkeit und gute Lesbarkeit gewährleistet. Ein besonderer Reiz dieses Buches ist es, dass die Opferperspektive nicht nur aus wissenschaftlicher Sicht beleuchtet wird, sondern in einem eigenen Kapitel eine Fallstudie aufgenommen wurde, die aus der Perspektive einer von «Stalking» betroffenen Psychologin geschrieben wurde. Dieses Kapitel zeigt ganz praktisch auf, wie sich «Stalking» im Alltag entwickelt, wie es eskalieren kann, welche Probleme und Leiden die Betroffenen durchleben, aber auch welche Möglichkeiten der Bewältigung und Überwindung es gibt.

Aus der täglichen Praxis als forensisch tätige Psychiater haben die beiden Herausgeber die Erfahrung gemacht, dass «Stalking» ein zunehmendes Problem in vielen Lebensbereichen geworden ist. Sowohl die von «Stalking» Betroffenen als auch die in professioneller Hinsicht mit diesem Problem befassten Menschen – z. B. Ärzte, Psychologen, Richter, Staatsanwälte, Rechtsanwälte, Polizisten, Sozialarbeiter, Mitarbeiter von Beratungsstellen u. a. – stehen derzeit noch vor der Situation, dass es kaum umfassende und rasche Informationsmöglichkeiten in deutscher Sprache gibt. Es ist das Anliegen der Herausgeber, diese Informationslücke zu schließen, um allen von «Stalking» Betroffenen oder mit der Thematik professionell befassten Menschen einen gründlichen und gut verständlichen Leitfaden an die Hand zu geben.

Mannheim, im Januar 2005

Dr. Harald Dreßing   Dr. Peter Gass

1. Aktueller Forschungsstand zu Stalking

Harald Dreßing

1.1 Historische Entwicklung des Stalking-Konzeptes

Der englische Begriff «stalking» lässt sich etymologisch viele Jahrhunderte zurückverfolgen und kann ins Deutsche mit den Begriffen «anschleichen» und «auf die Pirsch gehen» übersetzt werden. Zu Beginn der 1990er-Jahre bekam dieser Begriff eine neue Bedeutung. Es waren zunächst Berichte in den amerikanischen Massenmedien, die den Terminus «stalking» in einem neuen Wortsinn verwendeten und damit ein aktuelles Phänomen beschrieben. Stalking in dieser neuen Bedeutung bezeichnete das Verfolgen, Belästigen und Bedrohen von Hollywood-Stars. Die Verwendung des Begriffes weitete sich in den Folgejahren zunehmend aus. Heute versteht man darunter das böswillige Verfolgen und Bedrohen ganz normaler und durchschnittlicher Menschen, die keineswegs berühmt sein müssen. Opfer können z. B. ehemalige Lebenspartner, Bekannte oder Arbeitskollegen sein. Zwar stürzen sich die Massenmedien auch heute noch bevorzugt auf Fälle, bei denen z. B. ein bekannter Schauspieler oder Nachrichtensprecher das Opfer eines Stalkers ist, und es kann gelegentlich der Eindruck entstehen, dass berühmte Menschen mit diesem Phänomen sogar kokettieren und sich die Berühmtheit eines Stars an der Zahl der Stalker ablesen lässt. Diese Phänomene sollen aber nicht Gegenstand dieses Buches sein. Vielmehr wird deutlich werden, dass Stalking ein weit verbreitetes Problem ist, das jeden treffen kann und häufig mit erheblicher Angst und großem Leid verbunden ist.

Verhaltensweisen, die heute unter dem Begriff Stalking subsummiert werden, sind keineswegs neu und lassen sich bereits in der Antike entdecken. Neu ist, dass man diese Verhaltensweisen unter einem Konzept zusammengefasst hat, das wissenschaftliche und juristische Studien in Gang gesetzt hat und das mit dem Begriff «Stalking» prägnant umschrieben ist. Die Sichtweise und Bewertung dieser Verhaltensweisen hat sich im Lauf der Jahrhunderte erheblich verändert. Dabei fällt besonders auf, dass die Verurteilung und Kriminalisierung des Stalkers ein Phänomen unserer Zeit ist und in vergangenen Zeiten das Verhalten der Stalker durchaus akzeptiert, unter Umständen sogar bewundert wurde.

Bereits in der Mythologie der Antike sind Verhaltensweisen beschrieben, die man heute als Stalking klassifizieren würde. Als Beispiel kann man hier die Nymphe Daphne anführen, die von dem in Liebe entbrannten Apollo verfolgt wurde, selbst aber unter keinen Umständen eine Beziehung mit ihrem Verfolger wünschte und sich am Ende, um der Verfolgung zu entgehen, in einen Lorbeerbaum verwandeln ließ. Ein noch dramatischeres Beispiel sind die Vorgänge um die schöne Helena. Sie galt der Sage nach als die schönste Frau ihrer Zeit, so dass ihren Eltern bereits ihre Vermählung Sorgen bereitete, denn sie fürchteten die Rache der zurückgewiesenen Verehrer. Als Paris die schöne Helena dann entführte, begannen die zurückgewiesenen Liebhaber unter Führung des Agamemnon den Trojanischen Krieg und avancierten zu Helden des klassischen Altertums.

Nicht nur in der Antike sondern auch in den folgenden Jahrhunderten gibt es Beispiele für Verhaltensweisen, die man heute als Stalking klassifizieren würde. Die unzähligen, sehr zudringlichen Liebesgedichte Dantes und Petrarcas an die von ihnen idealisierten Geliebten können als ein Beispiel für Stalking aus der Zeit des Mittelalters eingeordnet werden. Die in literarisch vollendeter Form vorgetragenen Liebesgedichte wurden von den Zeitgenossen aber nicht als «Stalking-Verhalten» eingeschätzt, sondern als eine Form vollendeter romantischer Liebe. Dies verdeutlicht, dass die Bewertung bestimmter Verhaltensweisen und mögliche Reaktionen der Gesellschaft darauf sehr stark von der jeweiligen Zeit und Kultur abhängen (Mullen et al., 2001). Auch die «Dark Lady Sonette» von Shakespeare haben eine obsessive Liebe zum Thema, die als ein Archetypus von Stalking verstanden werden kann (Skoler, 1998).

Ohne den Begriff Stalking zu verwenden wurden ähnliche Verhaltensmuster auch in der psychiatrischen Literatur bereits vor mehr als 100 Jahren beschrieben. Dabei handelte es sich meist um Frauen, die die wahnhafte Überzeugung entwickelt hatten, dass eine andere Person, meist ein sozial höher stehender Mann, sie liebte. Im Rahmen ihres Liebeswahns können solche Personen dann auch ihren vermeintlichen Liebhaber belästigen, bedrohen oder sogar körperlich attackieren, d. h. sie können ein typisches Stalking-Verhalten entwickeln. Dieses Syndrom wurde von dem Psychiater de Clérambault 1927 beschrieben und wird auch in den psychiatrischen Diagnosemanualen weiterhin als Erotomanie bzw. Liebeswahn aufgeführt (Mullen/Pathé, 1994).

Zu bedenken ist auch, dass sich das Rollenverhältnis zwischen Mann und Frau in den letzten Jahrzehnten entscheidend fortentwickelt hat und sich

1. Aktueller Forschungsstand

hierdurch auch die Bewertung gewisser Verhaltensweisen erheblich veränderte. Insbesondere die partnerschaftlichen Beziehungen zwischen Mann und Frau haben durch die Emanzipationsbewegung entscheidende Veränderungen erfahren. In noch nicht allzu lang zurückliegenden Zeiten, in denen die Unterordnung der Frau in einer Beziehung als selbstverständlich galt, wäre eine von der Frau ausgehende Trennung einer Beziehung undenkbar erschienen. Hätte ein Mann in einer solchen Situation seiner Frau nachgestellt und versucht, sie mit allen Mitteln wieder zurückzuholen, so wäre dieses Verhalten als gesellschaftlich konform erschienen und niemand wäre auf die Idee gekommen, von Stalking zu sprechen, vielmehr wäre das Verhalten der Frau als sozial unpassend sanktioniert worden. In einer auf partnerschaftlicher Gleichberechtigung beruhenden Beziehung – ein in modernen westlichen Kulturen mittlerweile selbstverständlicher Standard – ist ein solches Verhalten eines verlassenen Partners natürlich völlig inakzeptabel. Vor dem Hintergrund dieser durchgreifenden Veränderungen sozialer Werte und Normen wurde auch die Stalking-Problematik diskutiert.

Die Konzeptualisierung von Stalking als ein zunächst soziales Problem wurde erst in den letzten 10 bis 20 Jahren vor allem in den USA, Australien und Kanada vollzogen und ging in mehreren Phasen vonstatten. Etwa bis 1988 wurde der Begriff Stalking noch nicht verwendet, entsprechende Verhaltensweisen aber mit zunehmender Häufigkeit beobachtet und unter Begriffen wie psychische Vergewaltigung oder zwanghaftes Verfolgen beschrieben (Meloy/Gotthard, 1995). Ende der 1980er-Jahre wurde der Begriff Stalking dann zuerst in den Massenmedien benutzt und vor allem auf besonders spektakuläre und medienwirksame Fälle bezogen, bei denen Stars wie Jody Foster, Madonna oder Rebecca Shaeffer Opfer von Stalkern wurden. Stalking wurde in dieser Phase als ein Problem von Hollywood-Stars oder anderen berühmten Menschen erachtet.

1989 wurde die Serienschauspielerin Rebecca Shaeffer in den USA von einem jungen Mann erschossen, der ihr zuvor über längere Zeit Liebesbriefe geschickt hatte. Dieser Fall, zusammen mit 3 weiteren Tötungsdelikten, bei denen nicht prominente Frauen von ihren ehemaligen Partnern getötet wurden, nachdem diese sie zuvor lange Zeit belästigt und verfolgt hatten, erregte in den Medien der USA erhebliches Aufsehen. Filmische Bearbeitung erfuhr das Thema in dem spektakulären Kinofilm «Fatal Attraction».

In den USA wurden spezielle «Threat Management Units» gegründet. Dabei handelt es sich um bei der Polizei angesiedelte Spezialeinheiten von Kriminalbeamten und Therapeuten, die sich speziell mit dem Problem Stalking befassen (Zona et al., 1993). Zunehmend wurde deutlich, dass Stalking nicht nur ein Problem von berühmten Menschen ist, sondern auch den Durchschnittsbürger betreffen kann. Anfang der 1990er-Jahre wurde Stalking dann auf die Thematik häuslicher Gewalt und Verfolgung von Frauen, die sich von ihrem Mann getrennt hatten, ausgeweitet (Walker/Meloy, 1998). Zunehmend entwickelte sich das derzeitige Konzept von Stalking, das Formen exzessiver Belästigung, Bedrohung oder Verfolgung eines anderen Menschen thematisiert.

In den USA wurden dann eigenständige Anti-Stalking-Gesetze verabschiedet, die Stalking-Verhaltensweisen als einen abgrenzbaren Straftatbestand beschreiben. Dabei ist auch in der Gesetzgebungspraxis eine schrittweise Ausweitung des Stalking-Konzeptes zu verfolgen. Das erste diesbezügliche Gesetz in Kalifornien bezog sich ausschließlich auf den Schutz berühmter Menschen vor Stalkern. Gesetze, die später in anderen amerikanischen Bundesstaaten verabschiedet wurden, hatten dann ausschließlich den Schutz von Frauen zum Ziel, die von ihren Ex-Partnern verfolgt und bedroht wurden. Erst allmählich fand sich auch in den Anti-Stalking-Gesetzen eine konzeptuelle Ausweitung, mit dem Ziel, alle potentiellen Opfergruppen gleichrangig zu schützen (Mullen et al., 2001). Anti-Stalking-Gesetze wurden später auch in Australien, Kanada und Großbritannien verabschiedet. In Deutschland gibt es noch keinen eigenständigen Straftatbestand für Stalking. Einzelne Verhaltensweisen können zwar strafrechtlich verfolgt werden, wie z. B. Beleidigung, Nötigung und Körperverletzung, da viele Verhaltensweisen des Stalkers aber unter dieser strafrechtlichen Schwelle bleiben, sind die rechtlichen Möglichkeiten der Opfer häufig beschränkt. Im Jahr 2002 wurde in Deutschland deshalb das Gewaltschutzgesetz verabschiedet, in dem Stalking zwar nach wie vor nicht als spezieller Straftatbestand definiert wird, dem Opfer aber zivilrechtliche Maßnahmen ermöglicht werden.

Die Thematik der Verfolgung eines Menschen durch einen psychisch gestörten Täter, der ganz von der Obsession beherrscht wird, einem anderen aufzulauern, ihn zu verfolgen und ihm Angst einzujagen, berührt offensichtlich tief verwurzelte menschliche Grundängste. Neben archetypischen menschlichen Urängsten tragen aber sicherlich auch Besonderheiten der modernen Lebensformen dazu bei, dass das Thema Stalking eine so überragende Beachtung gefunden hat. Hierbei ist zu bedenken, dass gewachsene soziale Strukturen und sozialer Zusammenhalt immer mehr verloren gehen und Menschen zunehmend in einer anonymen Umwelt leben, die eo ipso als potentiell bedrohlich empfunden wird. In einer solchen Umwelt bekommen Partnerschaften eine ganz herausgehobene Bedeutung, da in ihnen Intimität und Vertrauen erfahren werden kann. Kennzeichen moderner Partnerschaft ist aber häufig gerade deren zeitliche Befristung, und eine auf eine lebenslange Dauer angelegte Partnerschaft wird zunehmend die Ausnahme. Menschen machen also immer häufiger die Erfahrung, dass Partnerschaften in die Brüche gehen. Dieses Scheitern von Beziehungen stellt aber einen Hauptrisikofaktor dafür dar, dass einer der Partner mit Stalking beginnt, insbesondere dann, wenn die Trennung nicht klar und eindeutig vollzogen wird.

1.2 Was ist Stalking?

Der Begriff Stalking wurde in den 1990er-Jahren in den USA zur Bezeichnung eines komplexen menschlichen Verhaltensmusters gewählt (Dressing et al., 2002). Wörtlich übersetzt bedeutet Stalking «auf die Pirsch gehen», gemeint ist aber keine idyllische Jagdszene, sondern Stalking bezeichnet ein für die betroffenen Opfer unter Umständen sogar lebensbedrohliches menschliches Verhaltensmuster. Ein besonders extremes Beispiel für Stalking liefert der folgende kurze Zeitungsbericht: «Unter männlichen Decknamen hat eine 64-jährige Französin jahrelang Briefe mit Morddrohungen und Beleidigungen verschickt und damit ihr ganzes Dorf terrorisiert. Es gelang erst nach fünf Jahren mühseliger Recherche, der Frau auf die Schliche zu kommen. Sie wurde jetzt in Condé-sur-Noireau nahe dem nordfranzösischen Caen festgenommen. Einige der Opfer hätten kurz vor dem Selbstmord gestanden, andere schluckten Antidepressiva, eine Frau sah sich zum Umzug gezwungen, erläuterten die Gendarmen. Als Motivation der Täterin nannten sie Eifersucht, Bösartigkeit und sexuelle Frustration. Seit 1999 habe sie mehr als 200 Drohbriefe abgeschickt.» (Die Rheinpfalz, 28.08.2004).

Es gibt sowohl unterschiedliche klinisch-wissenschaftliche als auch juristische Definitionen von Stalking, keine ist bisher allgemein akzeptiert. Einer der ersten klinisch-wissenschaftlichen Definitionsversuche stammt von Meloy und Gotthard (1995), die Stalking als ein beabsichtigtes, böswilliges und wiederholtes Verfolgen und Belästigen einer anderen Person bezeichnen. Pathé und Mullen (1997) definieren Stalking als ein Verhaltensmuster, das darin besteht, dass der Stalker ein Opfer wiederholt mit unerwünschten Kontaktaufnahmen belästigt.

In den meisten angelsächsischen Ländern gibt es mittlerweile Strafgesetze, die Stalking als einen eigenständigen Straftatbestand definieren. Diese gesetzlichen Definitionen beschreiben Stalking in der Regel als ein wiederholtes Verfolgen und Bedrohen, das mindestens zweimal vorgekommen ist und das bei dem betroffenen Opfer Angst hervorruft. Die gesetzlichen Definitionen unterscheiden sich aber im Hinblick auf eine mehr oder weniger exakte Benennung der Verhaltensweisen, die dem Stalking zugeordnet werden und auch im Hinblick auf die Frequenz, mit der die inkriminierten Verhaltensweisen auftreten müssen, um sie als Stalking-Straftatbestand zu qualifizieren. Gemeinsam ist all diesen Definitionsversuchen, dass man unter Stalking ein Verhaltensmuster versteht, bei dem ein Stalker einen anderen Menschen ausspioniert, verfolgt, belästigt, bedroht, unter Umständen auch körperlich attackiert und in seltenen Fällen sogar tötet. Durch diese Verhaltensweisen fühlt sich das Opfer des Stalkers in erhebliche Angst versetzt (Dreßing/Gass, 2002). Charakteristisch für Stalking sind also die wiederholten und andauernden Versuche des Stalkers, auf sehr unterschiedliche Art und Weise Kontakt mit seinem Opfer aufzunehmen, obwohl das Opfer einen solchen Kontakt unter keinen Umständen wünscht. Der Stalker gewinnt durch seine aufdringlichen Kontaktaufnahmen, die teilweise werbend aber auch bedrohlich sein können, erheblichen Einfluss auf die Lebensgestaltung des Opfers. Viele Opfer erkranken an körperlichen oder seelischen Leiden, weil sie unter andauernder Angst und Stress stehen. Stalking kann dazu führen, dass das Leben des Opfers zerstört wird und der Stalker sein Opfer in den Suizid treibt. Da in mehr als 80 % der Fälle der Stalker ein Mann ist (Dreßing et al., 2005), wird im folgenden nur der männliche Artikel im Zusammenhang mit Stalkern gewählt, die kleinere Gruppe der weiblichen Täter ist hierin eingeschlossen.

Es gibt ganz unterschiedliche Vorgehensweisen, mit denen Stalker versuchen, ihr Opfer zu verfolgen und zu bedrohen. Am häufigsten kommen die folgenden Methoden zum Einsatz (Mullen et al., 1999; Kamphuis/Emmelkamp, 2000; Dressing/Gass, 2002):

1. Telefonanrufe
Aufgrund der weiten Verbreitung von Telefon und Handy werden Telefonanrufe von Stalkern am häufigsten eingesetzt, um mit ihrem Opfer Kontakt aufzunehmen. Einige Verfolger rufen ihr Opfer mehrere hundert Mal pro Tag an, wobei es oft auch zu nächtlichem Telefonterror kommt. Die Inhalte solcher Telefonate können sehr unterschiedlich sein. Sie reichen von Drohungen, Forderungen, Liebeserklärungen bis hin zu sexuellen Anspielungen oder Obszönitäten. Wenn der Stalker in seinen Telefonaten konkrete Anspielungen auf die Lebenssituation seines Opfers macht, führt das beim Opfer zu einem Gefühl der totalen Kontrolle und Überwachung. Andere Stalker rufen immer wieder an, um bei Entgegennahme des Gesprächs sofort aufzulegen. Es kann sein, dass der Stalker die Verbindung hält, aber dabei schweigsam bleibt und nur laut atmet oder stöhnt. Für die Betroffenen sind solche Anrufe in aller Regel nicht nur lästig und störend, sondern werden auch als bedrohlich und ängstigend wahrgenommen. Mit zunehmender Dauer entsteht bei dem Opfer das Gefühl, solchen Anrufen hilflos ausgeliefert zu sein. Dies kann dazu führen, dass bereits das Klingeln des Telefons reflexartig das Gefühl von heftiger Angst und Panik auslöst.

2. Briefe, Fax, E-mails, SMS
Unerwünschte Kontaktaufnahmen können auch auf postalischem Weg in Form von Briefen oder Postkarten erfolgen, teilweise werden die Schriftstücke vor der Haustür abgelegt oder am PKW des Opfers deponiert. Ähnlich wie bei den Telefonanrufen können die Inhalte solcher Schriftstücke Liebeserklärungen, Drohungen oder Verleumdungen enthalten. Gelegentlich werden solche Schriftstücke sogar an Freunde oder Arbeitskollegen des Opfers geschickt und die Aktivitäten des Stalkers können bis zum Rufmord reichen, wenn etwa unwahre und verleumderische Botschaften oder intime Details auf Flugblättern dargestellt werden, die der Stalker im Wohnviertel seines Opfers verteilt. Auch über Faxe können entsprechende Botschaften an das Opfer übermittelt werden. Sendet der Stalker Faxe an von mehreren Mitarbeitern benutzte Geräte, so will er Beleidigungen und Verleumdungen auch im beruflichen Umfeld des Opfers verbreiten und dessen Scham- und Angstgefühle hierdurch intensivieren.

In letzter Zeit nimmt mit zunehmender Verbreitung elektronischer Kommunikationsmedien auch deren Missbrauch durch Stalker erheblich zu. Für Stalking via Internet wurde sogar eigens der Ausdruck Cyber-Stalking geprägt (Deirmenjian, 1999). Einerseits verführt die leichte Verfügbarkeit und Anonymität elektronischer Kommunikationsformen einige Täter dazu, dies zu missbrauchen und Opfer auf diesem Wege zu bedrängen oder zu bedrohen. Andererseits kann mancher Internetnutzer unwissentlich oder gar leichtsinnig durch Präsentation persönlicher Daten auf Internetseiten das Interesse von Stalkern wecken Auch die zunehmende Verbreitung von SMS führt zu einem häufigen Missbrauch dieser Kommunikationsform durch Stalker. All diesen Formen des Stalking ist gemeinsam, dass der Stalker nicht die direkte Kommunikation mit seinem Opfer wählen muss, sondern sich hinter der Anonymität elektronischer Medien versteckt, dabei aber doch höchst erfolgreich sein Opfer terrorisieren kann.

3. Verfolgen, Auflauern, In-der-Nähe-Herumtreiben
Häufig lauern Stalker ihrem Opfer vor dessen Wohnung oder am Arbeitsplatz auf und verfolgen ihr Opfer zu Fuß, mit dem Auto oder öffentlichen Verkehrsmitteln. Dieses Verfolgen und Auflauern kann in verschiedenen Formen vonstatten gehen. Einige Täter verhalten sich dabei ruhig, sprechen das Opfer nicht an und halten auch immer einen gewissen Abstand ein, wobei allerdings beabsichtigt ist, dass das Opfer seinen Verfolger bemerkt und wahrnimmt. So kann ein Verfolger seinem Opfer z. B. an der Wohnungstür auflauern, es zur Straßenbahnhaltestelle verfolgen und in der Straßenbahn eine Sitzreihe hinter ihm Platz nehmen. Andere Stalker nehmen bei ihrer Verfolgung direkt Kontakt mit ihrem Opfer auf, sprechen es an, stellen sich ihm in den Weg, rufen Bedrohungen zu oder erklären ihre Liebe und

bitten um ein Treffen. Zu weiteren Formen des Stalking gehört das akribische Ausspionieren der Lebensgewohnheiten des Opfers. Der Stalker taucht dann z. B. am Arbeitsplatz, im Fitness-Center, im Einkaufsmarkt oder Kino auf und signalisiert dem Opfer so, dass es unter ständiger Überwachung steht. Bei den Betroffenen entsteht das Gefühl, keinen unbeobachteten Schritt machen zu können und manche Opfer fangen an, bestimmte Straßen oder Plätze zu meiden und nehmen unter Umständen große Umwege in Kauf, um an ihr Ziel zu gelangen, nur um dem Stalker nicht begegnen zu müssen. Das kann bis zu einer kompletten Umstellung von Lebensgewohnheiten führen und der Stalker kann so Macht über das Leben seines Opfers gewinnen.

4. Zusendung von Geschenken, Bestellungen im Auftrag des Opfers
Die Opfer erhalten von ihrem Verfolger unter Umständen auch Geschenke wie z. B. Blumen, Bücher, Süßigkeiten, gelegentlich aber auch makabere oder ekelerregende Sendungen wie z. B. tote Haustiere oder Exkremente. Einige Täter geben auch im Namen des Opfers Warenbestellungen in Auftrag oder tätigen Reisebuchungen oder Abonnements im vermeintlichen Auftrag des Opfers. Die Betroffenen müssen sich dann um die Rücksendung dieser Waren kümmern, um Mahnverfahren oder Zahlungsklagen zu vermeiden, was erheblichen Zeitaufwand bedeuten kann. Es werden auch Krankenwagen und Feuerwehr an die Adresse des Opfers bestellt oder der Stalker lässt Strom, Wasser und Gasversorgung sperren.

5. Beschädigung von Eigentum, Hausfriedensbruch
Eine kleinere Gruppe von Stalkern geht aggressiver vor und beschädigt das Eigentum des Opfers. Typische Verhaltensweisen sind hier z. B. das Zerstechen der Autoreifen, das Zerkratzen des Pkws, das Beschmieren des Pkws oder Hauses mit Graffiti. Zu anderen Formen gehört das Eindringen des Stalkers in die Wohnung des Opfers, entweder gewaltsam oder mit Haustürschlüsseln, die er aus Zeiten gemeinsamen Zusammenlebens noch besitzt. Manche warten dort, bis das Opfer in die Wohnung kommt und erzwingen ein Gespräch. Andere hinterlassen Nachrichten oder stehlen EC-Karten, Adressbücher, Fotos und ähnliches, wobei sie mit den gestohlenen Gegenständen ihr Stalking weiter fortsetzen können, indem sie etwa persönliche Fotos in der Öffentlichkeit verbreiten.

6. Drohungen
Explizite Drohungen werden als eine häufige Form des Stalking beobachtet. Diese Drohungen können zum Inhalt haben, dass das Opfer angegriffen oder sogar getötet werden soll, gelegentlich wird auch mit aggressiven Angriffen auf Familienmitglieder oder Freunde des Opfers gedroht. Auch wenn schwere Körperverletzungen und Tötungsdelikte im Zusammenhang mit

Stalking glücklicherweise eher die Ausnahme sind, müssen solche Drohungen sehr ernst genommen werden, da Untersuchungen zeigen, dass tatsächlich gewaltsamen Handlungen in etwa 80 % der Fälle entsprechende Drohungen vorausgehen (Mullen et al., 1999). Eine fachkundige Risikoeinschätzung und Einleitung adäquater Interventionen ist bei gewalttätigen Drohungen deshalb unabdingbar.

7. Körperverletzung, aggressive Gewalthandlungen, sexuelle Nötigung
Nur einige Stalkern gehen zu manifest gewalttätigem Verhalten über. Im Kontext von Stalking wurden schwere Körperverletzungen und auch einzelne Tötungsdelikte beschrieben. Es kommen auch sexuelle Übergriffe in Form von Nötigung und Vergewaltigung vor. Da im Einzelfall immer schwer vorherzusehen ist, welcher Stalker tatsächlich zu gewalttätigem Verhalten neigt, ist im Falle einer Gewaltandrohung immer eine Risikoeinschätzung vorzunehmen, die nur in der Materie erfahrene Personen leisten können. Am besten ist dabei eine enge Kooperation von Polizei, Justizorganen und ärztlichen oder psychologischen Therapeuten. In keinem Fall sollten Drohungen bagatellisiert werden. Vielmehr muss eine kompetente Risikoanalyse vorgenommen werden, da durch frühzeitige Interventionen eine Eskalation der Gewalt häufig verhindert werden kann.

8. Kontaktaufnahme über Dritte («Stalking by Proxy»)
Es gibt Stalker, die sich bei ihren Aktivitäten der Verfolgung und Belästigung der Hilfe anderer Personen bedienen. Dies können z. B. Freunde des Stalkers oder des Opfers sein oder auch Familienangehörige. Diese Helfer werden dann selbst in aller Regel unwissentlich und ohne böse Absichten in das Stalking mit eingespannt. Der Stalker täuscht seine Helfer über seine wahren Motive, etwa indem er falsche Informationen über das Opfer in die Welt setzt. So können Stalker z. B. behaupten, selbst vom Opfer verfolgt zu werden und bitten deshalb ihren Helfer, das Opfer zu verfolgen und zu überwachen, um so relevante Informationen über die Lebensgewohnheiten des Opfers zu erhalten. Dieses Stalking durch einen unwissenden Stellvertreter wird auch als «Stalking by Proxy» bezeichnet.

1.3 Wie lange kann Stalking dauern?

Stalking ist meistens ein chronisches Phänomen, das sich häufig über einen längeren Zeitraum erstreckt. Der Zeitraum, über den Stalking-Verhalten andauert, kann recht unterschiedlich sein. Die zu diesem Thema vorliegenden Studien kommen aber übereinstimmend zu dem Ergebnis, dass Stalking im Durchschnitt ein länger andauerndes Phänomen ist. In einer australischen Studie gaben die Stalking-Opfer an, im Durchschnitt 24 Monate der Verfolgung und Belästigung ausgesetzt gewesen zu sein (Pathé/Mullen, 1997). Noch längere Zeiträume fanden sich in einer holländischen Untersuchungsstichprobe, in der die mittlere Dauer der Verfolgung 48 Monate betrug, wobei in 13 % der Fälle der Zeitraum sogar bei mehr als zehn Jahren lag (Blaauw et al., 2002 b). Hall fand in einer in den USA durchgeführten Studie eine mittlere Dauer der Verfolgung von mehr als fünf Jahren (Hall, 1998). Auch die Ergebnisse der ersten in einer deutschen Bevölkerungsstichprobe durchgeführten Studie zeigen, dass Stalking häufig über einen längeren Zeitraum hinweg anhält (**Abb. 1**). Die Verfolgung und Belästigung dauerte in fast 25 % der Fälle länger als ein Jahr (Dreßing et al., 2005).

Stalker setzen in der Regel auch unterschiedliche Methoden der Verfolgung, Belästigung und Bedrohung ein. Stalking-Verhaltensweisen sind also keine isolierten Phänomene, sondern die meisten Stalking-Opfer sind mehreren Stalking-Verhaltensweisen ausgesetzt. So zeigten die Ergebnisse einer Studie, dass die Opfer im Durchschnitt sechs verschiedenen Stalking-Verhaltensweisen ausgesetzt waren (Blaauw et al., 2002b). Zu einem ähnlichen Ergebnis kam auch eine andere Untersuchung, in der 63 % der Stalker durchschnittlich drei bis fünf unterschiedliche Stalking-Methoden benutzten (Mullen et al., 1999).

Stalker verwenden also in aller Regel verschiedene Vorgehensweisen, um ihr Opfer zu verfolgen und zu tyrannisieren. Die oben beschriebenen Verhaltensweisen stellen nur besonders häufig vorkommende Methoden dar, die meistens in Kombination zum Einsatz kommen und durch vielfältige individuelle Stalking-Taktiken oftmals noch ergänzt werden.

Die erste in einer deutschen Bevölkerungsstichprobe durchgeführte Studie zeigte, dass trotz vielfältiger Unterschiede im Einzelfall dennoch ein relativ gleichförmiges Grundmuster an Stalking-Methoden zum Einsatz kommt, wobei unerwünschte Telefonanrufe, Drohungen, In- der-Nähe-Herumtreiben, Auflauern und Verfolgen die mit Abstand am häufigsten vorkommenden Stalking-Methoden darstellen (Dreßing et al., 2005). In 35 % der Fälle

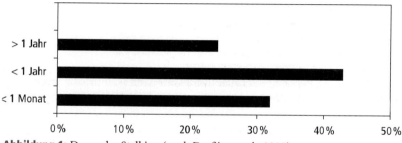

Abbildung 1: Dauer des Stalking (nach Dreßing et al., 2005)

waren die Opfer mehrmals wöchentlich unerwünschten Kontaktaufnahmen ausgesetzt, in 9 % der Fälle waren sie sogar mit mehrmals täglichen Kontaktversuchen der Stalker konfrontiert (**Abb. 2** und **3**).

Zusammenfassend verdeutlichen die bisher vorliegenden Studienergebnisse, dass Stalking ein Problem darstellt, das sich in aller Regel über einen längeren Zeitraum hinzieht und bei dem die Opfer mehreren unterschiedlichen Methoden der Verfolgung, Bedrohung und Belästigung ausgesetzt sind. Das bedeutet für die Opfer eine chronische und kaum kontrollierbare Stresssituation, der sie mehr oder weniger hilflos ausgesetzt sind.

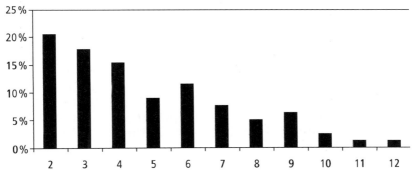

Abbildung 2: Anzahl der Stalkingmethoden (nach Dreßing et al., 2005)

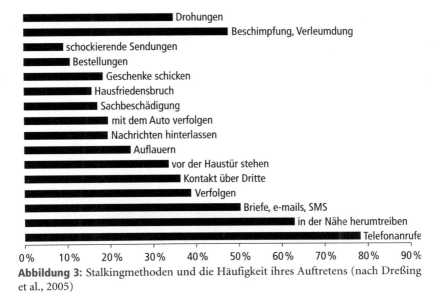

Abbildung 3: Stalkingmethoden und die Häufigkeit ihres Auftretens (nach Dreßing et al., 2005)

1.4 Wie häufig ist Stalking?

Die Prävalenz von Stalking ist abhängig von der zu Grunde liegenden Stalking-Definition. Einige Anti-Stalking-Gesetze in den USA sprechen bereits dann von Stalking, wenn es zu zwei unerwünschten Kontaktaufnahmen gekommen ist. Bei einer solch breiten Definition ergeben sich natürlich sehr hohe Prävalenzraten. Bezieht man in die Stalking-Definition das Kriterium mit ein, dass die betroffenen Opfer durch das Verhalten des Stalkers Angst erleiden, so hat man schon eine engere Definition gewählt und wird niedrigere Prävalenzraten in den entsprechenden Untersuchungen erhalten. Studien, die an die Zeitdauer des Stalking weitergehende restriktive Kriterien anlegen (z. B. Dauer des Stalking mindestens zwei Wochen oder länger) werden noch niedrigere Prävalenzraten ergeben.

Wenn man über die Häufigkeit von Stalking spricht und Zahlen aus unterschiedlichen Studien vergleicht, ist es also wichtig zu beachten, welche Verhaltensweisen als Stalking in der entsprechenden Studie einbezogen sind. Unterschiedliche Definitionen ergeben sich besonders im Hinblick auf Häufigkeit und Dauer des Stalking-Verhaltens und auf das Auslösen von Angst bei den betroffenen Opfern. Man muss sich vergegenwärtigen, dass aufgrund unterschiedlicher Stalking-Definitionen derzeit recht unterschiedliche Verhaltensweisen unter dieses Phänomen subsummiert werden.

Bisher gibt es nur wenige Studien, die die Prävalenz von Stalking in repräsentativen Bevölkerungsstichproben untersucht haben. In einer in den USA durchgeführten epidemiologischen Studie wurden 8000 Frauen und 8000 Männer telefonisch befragt, ob sie irgendwann in ihrem Leben einmal Opfer eines Stalkers geworden waren, wobei mindestens zwei unerwünschte Kontaktaufnahmen stattgefunden haben mussten (Tjaden/Thoenness, 1997). Dabei gaben 12 % der befragten Frauen und 4 % der befragten Männer an, dass sie einmal in ihrem Leben Opfer eines Stalkers waren. Stalking wurde in dieser Studie nur angenommen, wenn die Befragten zumindest leichte Angst als Folge des Stalking empfunden hatten. Wurde die Definition von Stalking enger gefasst und die Opfer danach befragt, ob die Stalking-Verhaltensweisen erhebliche Angst ausgelöst hatten, so erfüllten nur noch 8 % der befragten Frauen und 2 % der befragten Männer die Stalking- Kriterien.

Diese Studienergebnisse verdeutlichen einerseits, dass Stalking ein relativ häufiges Phänomen ist, wobei insbesondere Frauen wesentlich eher Opfer von Stalkern werden als Männer. Andererseits veranschaulicht diese Studie auch, dass die Prävalenzzahlen für Stalking sehr stark von der zugrunde liegenden Stalking-Definition abhängig sind. In einer weiteren epidemiologischen Studie, die etwa 10 000 Einwohner von England und Wales umfasste, ergab sich eine Lebenszeitprävalenz für Stalking von 16 % bei den Frauen und 7 % bei den Männern (Budd/Mattinson, 2000). In einer australischen Studie wurden 3700 Männer und Frauen, die zufällig aus Listen des Einwohnermeldeamtes ausgewählt wurden, postalisch befragt, ob sie irgendwann in ihrem Leben mit Stalking konfrontiert waren (Purcell et al., 2002). Abhängig von den zugrunde gelegten Stalking-Definitionen ergaben sich die folgenden Lebenszeitprävalenzen. Wurde nach 2 oder mehr unerwünschten Kontaktaufnahmen gefragt, die Angst verursacht hatten, so gaben 12,8 % der befragten Männer und 32,4 % der befragten Frauen an, dass dies einmal in ihrem Leben vorgekommen war. Wurde das zeitliche Kriterium enger gefasst und von Stalking nur dann gesprochen, wenn diese unerwünschten Kontaktaufnahmen mehr als zwei Wochen anhielten, so erfüllten noch 7,2 % der befragten Männer und 17,5 % der befragten Frauen die Stalking-Kriterien. Bei noch restriktiverer Definition von Stalking (10 oder mehr unerwünschte Kontaktaufnahmen, die länger als 4 Wochen anhielten) gaben 6,1 % der befragten Männer und 14,9 % der befragten Frauen an, einmal in ihrem Leben Opfer eines Stalkers gewesen zu sein. Auch diese Studienergebnisse verdeutlichen, dass Zahlen über die Häufigkeit von Stalking kritisch im Hinblick auf die zugrunde liegende Stalking-Definition interpretiert werden müssen.

In der ersten deutschen Studie zur Häufigkeit von Stalking in der Bevölkerung wurden 2000 nach repräsentativen Kriterien aus der Einwohnermeldedatei der Stadt Mannheim ausgewählte Personen postalisch befragt. Dabei gaben 11,6 % der Befragten an, einmal in ihrem Leben Opfer eines Stalkers gewesen zu sein, wobei hier von Stalking ausgegangen wurde, wenn mindestens zwei unterschiedliche unerwünschte Kontaktaufnahmen für eine Dauer von mindestens 14 Tagen aufgetreten waren. Unter den Stalking-Opfern waren 87,2 % Frauen und nur 12,8 % Männer (Dreßing et al., 2005).

Die bisher vorliegenden epidemiologischen Studien zeigen aber recht einheitlich, dass trotz teilweise unterschiedlicher Stalking-Definitionen grundsätzlich von recht hohen Lebenszeitprävalenzraten für Stalking auszugehen ist. Unter Berücksichtigung aller epidemiologischer Studien ist davon auszugehen, dass ungefähr 12 bis 16 % der Frauen und etwa 4 bis 7 % der Männer einmal in ihrem Leben Opfer eines Stalkers werden (Sheridan et al., 2003). Stalking stellt also in unterschiedlichen Kulturen und Kontinenten ein relativ gleichförmiges und häufiges Problem dar. In bestimmten Bevölkerungsgruppen finden sich sogar noch höhere Prävalenzraten für Stalking. So gaben in einer Stichprobe von College-Studenten 31 % der Frauen und 17 % der Männer an, einmal in ihrem Leben gestalkt worden zu sein (Fremouw et al., 1997). Die Relevanz von Stalking wird auch dadurch verdeutlicht, dass Stalking der Vorbote erheblicher Gewalttaten sein kann. So fand

24 1. Aktueller Forschungsstand

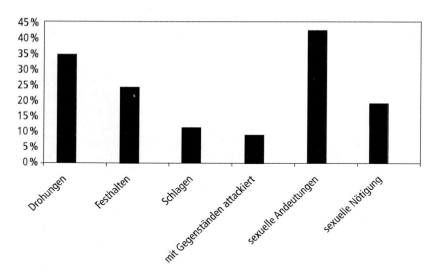

Abbildung 4: Stalking und Gewalt (nach Dreßing et al., 2005)

sich in einer Untersuchung von 141 Frauen, die von ihrem Ex-Partner getötet wurden, bei 76 % im Vorfeld Stalking durch den Täter (McFarlane et al., 1999). Auch in unserer eigenen Untersuchung fand sich im Zusammenhang mit Stalking ein hohes Maß an Gewalt (**Abb. 4**). In 34,6 % der Fälle wurden explizite Drohungen ausgesprochen wurden und in 30,4 % folgten auch tatsächliche Gewalthandlungen seitens des Stalkers. 24,4 % der Betroffenen berichteten, dass sie von ihrem Stalker gegen ihren Willen mit körperlicher Gewalt festgehalten wurden, 11,5 % wurden geschlagen, 9 % mit Gegenständen attackiert, 42,3 % sexuell belästigt und 19,2 % sexuell genötigt. Das bedeutet, dass man Stalking keineswegs als harmlose Belästigung abtun kann, sondern zumindest in bestimmten Risikokonstellationen als einen Vorboten von Gewalt sehen muss. Auch in anderen Untersuchungen fand sich, dass tatsächlicher Gewaltanwendung von Seiten des Stalkers in 80 % der Fälle entsprechende Drohungen vorausgingen (Mullen et al., 1999). Dies bedeutet, dass Drohungen von Stalkern ernst zu nehmen sind und in jedem Fall eine individuelle Risikoanalyse erfolgen sollte.

1.5 Wer sind die Täter?

Stalker kommen aus allen sozialen Schichten und Altersgruppen. Es gibt sowohl weibliche als auch männliche Stalker, wobei aber ein deutliches Überwiegen von Männern typisch ist. Etwa 80 % der Stalker sind männlich, die meisten zwischen 30 und 40 Jahre alt (Spitzberg, 2002). Das Durchschnittsalter von Stalkern ist also im Vergleich zu anderen Straftätern eher höher. Viele Stalker sind arbeitslos oder haben aufgrund des sehr zeitaufwändigen Stalking-Verhaltens sogar ihre Arbeitsstelle verloren. Auffällig ist, dass unter den Stalkern viele Personen mit gescheiterten Beziehungen sind (Meloy, 1999). In einer wissenschaftlichen Untersuchung von 145 Stalkern, die strafrechtlich belangt und begutachtet wurden, fand sich, dass mehr als die Hälfte niemals eine länger dauernde Beziehung hatte und 30 % geschieden waren oder getrennt lebten (Mullen et al., 1999). In dieser Studie fand sich in der Gruppe der Stalker auch ein hohes Ausmaß von psychischen Störungen und Erkrankungen. 35 % der Stalker hatten eine Alkohol- oder Drogenabhängigkeit, 25 % eine affektive Erkrankung, 15 % eine Anpassungsstörung, 5 % litten unter Schizophrenie, 10 % unter wahnhaften Störungen und 5 % unter sexuellen Deviationen. Zusätzlich zu diesen psychiatrischen Diagnosen erfüllten 75 % der Stalker noch die diagnostischen Kriterien einer Persönlichkeitsstörung. Am häufigsten fanden sich bei den Stalkern dissoziale Persönlichkeitsstörungen, narzisstische Persönlichkeitsstörungen und Borderline-Persönlichkeitsstörungen.

Insgesamt ist nach derzeitigem Kenntnisstand davon auszugehen, dass es eine Gruppe von Stalkern gibt, die psychiatrisch erheblich erkrankt ist und bei der das Stalking-Verhalten auch Symptom und Ausdruck ihrer psychischen Erkrankung ist. Die vermutlich größere Gruppe von Stalkern ist zwar psychisch auffällig, in aller Regel aber nicht so gestört, dass sie für ihr Verhalten nicht strafrechtlich verantwortlich gemacht werden könnte. Es macht auch keinen Sinn, diese psychisch nicht schwer erkrankte Gruppe von Stalkern in die Psychiatrie einzuweisen (Habermeyer/Norra, 2004). Diese zweite Gruppe von Stalkern ist zwar uneinsichtig im Hinblick auf ihr Fehlverhalten, dies ist aber nicht mit einer psychischen Störung gleichzusetzen. Eine Verhaltensänderung bei dieser Gruppe ist weniger von einer zwangsweisen Therapie in der psychiatrischen Klinik zu erwarten, sondern eher von einer frühzeitigen und empfindlichen Strafe durch das Rechtssystem.

Die Gruppe der Stalker ist sowohl hinsichtlich soziodemographischer als auch psychiatrischer Kriterien sehr heterogen. Meloy (1999) hat den typischen Stalker zwar als einen arbeitslosen oder unterhalb der eigenen Möglichkeiten beschäftigten Mann beschrieben, zwischen 30 und 40 Jahre alt, alleinstehend oder geschieden, mit eher überdurchschnittlicher Ausbildung und überdurchschnittlicher Intelligenz. Nach gegenwärtigem Kenntnisstand muss man aber davon ausgehen, dass es den «typischen Stalker» nicht gibt. Es sind sogar typische Stalking-Verhaltensweisen von Kindern und Jugendlichen beschrieben worden, die denen von erwachsenen Stalkern vollständig gleichen (McCann, 2000). Das verdeutlicht, dass Stalking offensichtlich eine ubiquitäre und archetypische menschliche Verhaltensweise darstellt, die keinesfalls typisch für eine bestimmte Persönlichkeitsstruktur, psychische Krankheit oder soziale Situation ist.

Dennoch gibt es verschiedene Versuche, die Stalker nach unterschiedlichen Kriterien zu typologisieren. Das Ziel solcher Klassifikationen ist es, Aussagen über den Verlauf, die Gefährlichkeit und Interventionsmöglichkeiten bei bestimmten Gruppen von Stalkern machen zu können.

Eine der ersten Klassifikationen wurde von Zona und Kollegen vorgenommen (1993), der drei Gruppen von Stalkern unterschied. In der ersten Gruppe finden sich Stalker mit einem Liebeswahn. Diese Personen sind wahnhaft davon überzeugt, dass das Opfer, das sie verfolgen, sie selbst liebe, obwohl sie niemals zuvor eine Beziehung zu der verfolgten Person hatten. Mit Ausnahme dieses Liebeswahnes sind die zu dieser Gruppe gehörenden Stalker ansonsten psychisch gesund. In der zweiten Gruppe finden sich Stalker, die an weitergehenden psychischen Störungen leiden, meistens an einer Schizophrenie oder an einer affektiven Erkrankung. Als Folge dieser psychischen Störung entwickeln die davon Betroffenen auch Wahnsymptome, wobei sich neben einem Liebeswahn auch andere Wahneinfälle finden. So kann der Stalker z. B. wahnhaft davon überzeugt sein, dass das Opfer selbst ihn verfolgen oder beeinträchtigen will. Durch den Wahn kommt es sozusagen zu einer Umkehr der realen Verhältnisse, das heißt der Stalker erlebt sich selbst gar nicht als Verfolger, sondern ist unkorrigierbar und wahnhaft davon überzeugt, selbst das Opfer einer Verfolgung zu sein. Das eigene Verhalten des Stalkers wird schließlich von ihm nur als Reaktion auf das vermeintliche Verhalten des Opfers empfunden. Weder die Stalker der ersten noch der zweiten Gruppe haben in aller Regel eine tatsächliche Beziehung zu ihrem Opfer gehabt, obwohl sie sich eine solche in ihrem Wahnerleben einbilden. Im Gegensatz hierzu hatten die von Zona zu einer dritten Gruppe zusammengefassten Stalker im Vorfeld eine reale Beziehung zu ihrem Opfer. Am häufigsten sind die Opfer bei diesem Stalker-Typus ehemalige Intimpartner, potentielle Opfer können aber auch Nachbarn, Bekannte oder Arbeitskollegen sein.

Harmon und Kollegen (1995) typologisierten die von ihnen untersuchten Stalker nach zwei Kriterien. Auf einer ersten Achse teilten sie die Stalker nach der Art der motivationalen Beziehung zwischen Stalker und Opfer ein, wobei sie zwei Gruppen unterschieden: in der ersten Gruppe ist die Beziehung zwischen Stalker und Opfer von Liebe und Bewunderung geprägt, in der zweiten Gruppe von Ärger und Rache. Auf einer zweiten Achse gruppierten Harmon und Kollegen die Stalker nach der Qualität der Beziehung. Dabei unterschieden sie tiefere persönliche Beziehungen zwischen Stalker und Opfer, oberflächliche Bekanntschaft, professionelle Beziehungen, Kenntnisse des Stalkers über das Opfer aus Medienberichten sowie eine Gruppe von Stalkern, die vorher keinerlei Beziehungen zu ihrem Opfer hatte.

Harmon und Kollegen wiesen darauf hin, dass die Motivation für das Stalking durchaus auch ambivalent sein kann bzw. von einer zunächst liebevollen Motivation in ein Stalking-Verhalten übergehen kann, das durch Rache und Ärger motiviert ist, insbesondere wenn es zu Zurückweisungen des Stalkers durch das Opfer gekommen ist.

Kienlen und Kollegen (1997) teilten die Stalker ebenfalls in zwei Gruppen ein, wobei sie eine Gruppe psychotischer Stalker von einer Gruppe nicht psychotischer Stalker unterschieden. Die psychotischen Stalker leiden unter einem Liebeswahn, einem Verfolgungs- oder Beeinträchtigungswahn, einem Größenwahn oder anderen Wahnvorstellungen. Unter Zugrundelegung dieser Typologie fanden Kienlen und Kollegen überraschenderweise, dass insbesondere die nicht psychotischen Stalker häufiger gewaltsame Handlungen androhen und diese dann auch geplant und umsichtig in die Tat umsetzen. Im Gegensatz dazu fand sich in der Gruppe der psychotisch erkrankten Stalker nur eine geringe Rate von Gewalttaten.

Schwartz-Watts und Morgan (1998) unterschieden gewalttätige und nicht gewalttätige Stalker. Dabei fanden sie zwischen beiden Gruppen keine Unterschiede im Hinblick auf Lebensalter, Geschlecht, Bildung und Vorbelastung mit psychischen Krankheiten oder Substanzmittelmissbrauch. Der wesentliche Unterschied zwischen gewalttätigen und nicht gewalttätigen Stalkern in dieser Typologie besteht darin, dass gewalttätige Stalker eine frühere intime Beziehung zum Opfer hatten, die zerbrochen ist.

Im Hinblick auf die dem Stalking zugrunde liegende Motivation unterschied DeBecker (1997) vier Gruppen von Stalkern:

1. den Beziehung suchenden Stalker,
2. den Identität suchenden Stalker,
3. den zurückgewiesenen Stalker,
4. den wahnhaften Stalker.

Der Beziehung suchende Stalker will mit seinem Opfer eine Beziehung aufbauen, die bisher nicht existiert. Häufig wird die Beziehung auch nur in der Phantasie ausgelebt, unter Umständen besteht sogar ein Liebeswahn, das heißt der Stalker geht von der wahnhaften Überzeugung aus, dass sein Opfer ihn tatsächlich auch liebt. Potentielle Opfer dieses Typus können öffentlich exponierte Personen oder Stars aus der Unterhaltungsbranche sein. So wurde zum Beispiel die Popsängerin Madonna 1995 von einem Stalker verfolgt, der ihr nachstellte und ihr in Briefen und Graffitis seine Liebe erklärte: «I love you. Will you be my wife for keeps. Robert Dewey Hoskins» (zitiert nach Saunders, 1998).

Auch die Opfer des Identität suchenden Stalkers sind in der Regel berühmte Personen. Die narzisstische Motivation dieses Stalker-Typus besteht darin, den eigenen bis dahin unbekannten Namen mit dem berühmten Namen des verfolgten Stars für immer zu verbinden, um sich so selbst aufzuwerten. Als Beispiel für diesen Stalker-Typus kann Mark Chapman angeführt werden, der den Sänger John Lennon ermordete und diesem im Vorfeld Briefe schickte und ihm nachstellte. Durch die Tötung von John Lennon ist der Name Chapman für immer mit dem des berühmten Stars verbunden, und der Täter hat so an Bedeutung und Identität gewonnen. Nach der Tat soll Chapman gesagt haben, dass er davor ein Nobody gewesen sei und nun, nachdem er den größten «Somebody» getötet habe, auch kein Nobody mehr sei.

Der Typus des zurückgewiesenen Stalkers hat eine reale Beziehung zu seinem Opfer, die entweder noch besteht oder zerbrochen ist. Der Stalker fühlt sich durch eine tatsächliche oder vermeintliche Handlung seines Opfers gekränkt und zurückgewiesen und versucht, sich durch das Stalking zu rächen. Wahnhafte Stalker sind dagegen psychisch krank und ihr Stalking-Verhalten ist durch der Realität nicht entsprechende Überzeugungen motiviert. DeBecker geht davon aus, dass der Typus des zurückgewiesenen Stalkers und der Typus des Identität suchenden Stalkers das größte Gewaltpotential haben.

Mullen und Kollegen (1999) nahmen eine multiaxiale Typologisierung der Stalker vor, die in der Forschung breite Zustimmung erfahren hat. Die Typologisierung der Stalker erfolgt hierbei nach der zugrundeliegenden Motivation, der Beziehung zwischen Täter und Opfer sowie der psychiatrischen Diagnose. Mullen und Kollegen unterschieden fünf Gruppen von Stalkern:

1. den zurückgewiesenen Stalker,
2. den Liebe suchenden Stalker,
3. den inkompetenten Stalker,
4. den Rache suchenden Stalker,
5. den beutelüsternen Stalker.

Der zurückgewiesene Stalker hat eine frühere, in der Regel intime Beziehung zu seinem Opfer und beginnt seine Verfolgung, nachdem diese Beziehung zerbrochen ist. Die Motivation für die Stalking-Verhaltensweisen sind Rache und/oder Hoffnung auf Wiederherstellung der Beziehung. Häufig findet sich auch eine Mischung aus diesen Motiven mit einer ausgesprochen ambivalenten Einstellung des Stalkers gegenüber seinem Opfer. Für den Täter wird das Stalking gleichsam zum Ersatz für die frühere Beziehung. Im Hinblick auf Drohungen und aggressive Übergriffe besteht bei diesem Typus ein hohes Risiko. Häufig gibt der Täter das Stalking-Verhalten erst auf, wenn er eine neue, befriedigende Beziehung findet, wobei dann auch wieder ein hohes Risiko besteht, dass sich Stalking-Verhaltensweisen in der neuen Beziehung wiederholen werden.

Der Liebe, Nähe und Zuwendung suchende Stalker wünscht sich eine Beziehung mit seinem Opfer. Nicht selten verkennt der Täter die Realität völlig und geht im Rahmen eines Liebeswahns davon aus, dass sein Opfer ihn selbst auch liebe. Dieser Stalker-Typus negiert Zurückweisungen der betroffenen Opfer oder interpretiert sie sogar im Rahmen des Liebeswahns als versteckte Zeichen der Wertschätzung und Liebe. Opfer dieses Stalker-Typus sind häufig fremde Personen, zu denen nie eine Beziehung bestand oder berühmte Medienstars oder Politiker. In der Fantasie des Stalkers entsteht eine auf Gegenseitigkeit beruhende Beziehung, wobei auffällig ist, dass dieser Stalker-Typus in der Realität häufig völlig isoliert ist. Da die Motivation für das Stalking in dieser Gruppe auf Liebe und Zuwendung ausgerichtet ist, finden sich selten Drohungen oder aggressive Übergriffe, wobei diese natürlich auch nicht völlig auszuschließen sind und sogar seltene Tötungsdelikte vorkommen können. Eine Erklärung für aggressive Übergriffe dieses Stalker-Typus auf das eigentlich geliebte Objekt ergibt die folgende Bemerkung von John Bardo, der die Schauspielerin Rebecca Schaeffer letztlich tötete, nachdem er sie zuvor lange gestalkt hatte. Vor dem Tötungsdelikt schrieb John Bardo an seine Schwester, dass er eine obsessive Liebesbeziehung zu einer Person habe, die er nie erreichen könne und er deshalb töten müsse, was er nicht besitzen könne (Saunders, 1998).

Der Typus des inkompetenten Stalkers zeigt eine geringe intellektuelle und soziale Kompetenz, er ist unerfahren in der Anbahnung und Aufrechterhaltung von Beziehungen. In aller Regel wünscht er sich auch keine tiefer gehende differenzierte Beziehung, sondern nur einen sexuellen Kontakt. Durch die Stalking-Verhaltensweisen, die sehr häufig auch mit Drohungen verbunden sind, versucht der inkompetente Stalker dieses Ziel zu erreichen, wobei er in der Regel nicht in der Lage ist, Zurückweisungen der von ihm verfolgten Person auch richtig zu interpretieren. Da der inkompetente Stalker in der Mehrzahl der Fälle mit seinen Verhaltensweisen nicht erfolgreich ist, gibt er das Stalking nach kürzerer Zeit wieder auf, um sich einem neuen Opfer zuzuwenden. Tatsächlich aggressives Verhalten oder die Umsetzung der Drohungen in die Realität sind bei diesem Stalker-Typus die Ausnahme. Für die betroffenen Opfer ist das Verhalten dieses Verfolger-Typus daher zwar lästig, in aller Regel aber nicht wirklich gefährlich und aufgrund der Kürze der Dauer auch mit eher geringen Folgen für die psychische und körperliche Gesundheit verbunden.

Der Rache suchende Stalker verfolgt seine Opfer aufgrund eines tatsächlich oder vermeintlich erlittenen Unrechts. Das erklärte Ziel dieses Stalker-Typus ist es, sein Opfer in Angst und Schrecken zu versetzen. Dieser Stalker-

Typus fühlt sich selbst als das Opfer eines erlittenen Unrechts und insofern sieht er sein Stalking-Verhalten als vollkommen gerechtfertigt an. Verfolgen, Bedrohen und Einschüchtern bewirken bei diesem Stalker das Gefühl, Macht und Kontrolle über sein Opfer zu haben, was sein Rachegefühl befriedigt. Häufiger sind es professionelle Kontakte, die zu einem rachemotivierten Stalking-Verhalten führen. Tatsächliche oder vermeintliche Behandlungsfehler bei Ärzten oder Therapeuten, tatsächliche oder vermeintliche Beratungsfehler bei Rechtsanwälten, tatsächliche oder vermeintliche ungerechtfertigte Reaktionen am Arbeitsplatz sind typische Motivationsgrundlagen für diesen Stalker-Typus. Die bei diesem Stalker-Typus fast obligatorisch auftretenden Drohungen sind nicht allzu häufig von tatsächlich gewalttätigem Verhalten gefolgt, wobei es allerdings auch hier zu vereinzelten tragischen Tötungsdelikten kommen kann.

Der beutelüsterne Stalker plant einen sexuellen Übergriff auf sein Opfer. Im Vorfeld verfolgt er sein Opfer, späht es aus und entwickelt Fantasien bezüglich eines immer konkretere Gestalt annehmenden sexuellen Übergriffs. Während der Stalking-Phase bezieht der Täter aus dem Verfolgen und Ausspähen ein Gefühl der Macht und Kontrolle über sein Opfer und teilweise auch voyeuristische Befriedigung. Dieser Stalker-Typus will unerkannt bleiben, deshalb sind Drohungen bei diesem Stalker-Typus eher selten. Einzelne Stalker machen aber anonyme Drohungen, durch die sie ihr Opfer überhaupt erst von der Verfolgung in Kenntnis setzen, woraus wiederum ein sadistisches Gefühl der Befriedigung beim Täter entsteht, weil er über sein Opfer nach Belieben Macht und Kontrolle ausüben kann. Es gibt Täter, die auf dieser Stufe verbleiben und hieraus eine voyeuristisch-sadistische Befriedigung beziehen. Das Risiko, dass diesen Stalking-Verhaltensweisen ein gewaltsamer sexueller Übergriff folgt, ist aber als sehr hoch einzuschätzen. Insgesamt ist die Gruppe der beutelüsternen Stalker klein und macht nur einen geringen Prozentsatz aller Stalker aus. Im Kontext von Sexualverbrechen finden sich entsprechende Verhaltensweisen im Vorfeld allerdings durchaus häufiger.

Eine weitere Stalker-Typologie stammt von Boon und Sheridan (2001), die im Hinblick auf die Motivation des Stalking vier Stalker-Typen unterschieden:

1. Ex-Partner-Stalking,
2. Stalking aus Liebe,
3. wahnhaft motiviertes Stalking,
4. sadistisch motiviertes Stalking.

Es gibt eine Reihe weiterer Einteilungsversuche, wobei jedoch keine der vorgestellten Typologien bisher generelle Akzeptanz gefunden hat. Keine Typologie berücksichtigt alle Aspekte der zugrunde liegenden Problematik umfassend (Dreßing/Gass, 2002). Die Schwierigkeit von Einteilungsversuchen ist in der Komplexität der Stalking-Verhaltensweisen begründet. Es gibt mannigfache Arten, wie sich Stalking manifestieren kann und ebenso zahlreich sind die zugrunde liegenden Beziehungen zwischen Täter und Opfer sowie die Motive des Stalkers. Letztlich ist jede Beziehung in ihrer Art einzigartig, so dass Typologien immer vereinfachen und unter Umständen auch zu Fehlschlüssen führen können. Eine weitere Problematik der bisher publizierten Typologien besteht darin, dass die untersuchten Kollektive von Stalkern und Opfern sehr unterschiedlich und keineswegs repräsentativ sind. Zu beachten ist auch die Intention, die mit den verschiedenen Typologien verfolgt wird. Dabei sind insbesondere rechtliche, medizinische oder prognostische Erkenntnisinteressen jeweils vorrangig.

Es zeigt sich jedoch immer deutlicher, dass insbesondere die Beziehung zwischen Täter und Opfer sehr bedeutsam ist, sowohl im Hinblick auf das Verständnis der zugrunde liegenden Motivation für das Stalking, als auch auf eine Risikoeinschätzung zukünftiger Gefährlichkeit des Stalkers. Allerdings sind auch die Kategorisierungen der zugrunde liegenden Beziehung zwischen Stalker und Opfer keineswegs einheitlich. Zona und Kollegen (1993) schlugen eine dichotome Kategorisierung vor. Sie unterschieden bezüglich der Beziehung zwischen Täter und Opfer eine erste Gruppe, in der der Stalker sein Opfer persönlich kennt und eine zweite Gruppe, in der kein realer persönlicher Kontakt zwischen Täter und Opfer im Vorfeld des Stalking bestanden hat. Differenziertere Typologisierungen der Täter-Opfer-Beziehung nahmen Harmon und Kollegen vor (1995). Folgende Beziehungen zwischen Stalker und Opfer wurden von Harmon und Kollegen angeführt: persönliche Beziehung, professioneller Kontakt, Arbeitskollege, Medienstar, oberflächliche Bekanntschaft, kein realer Kontakt zwischen Täter und Opfer.

Noch differenzierter kategorisierte Pathé (2002) die Täter-Opfer-Beziehung und unterscheidet die folgenden Stalker-Opfer-Beziehungen:

1. enge persönliche Beziehungen (z. B. intime Beziehungen, Familienbeziehungen, enge Freundschaften),
2. oberflächliche Bekanntschaften und Freundschaften,
3. professionelle Kontakte,
4. Arbeitsplatzkontakte,
5. Fremde,
6. berühmte Personen, die dem Stalker durch die Medien bekannt wurden,
7. Freunde oder Bekannte eines Stalking-Opfers, die in das Stalking-Verhalten später mit einbezogen werden.

Unabhängig von den unterschiedlichsten Typologien zeigen die bisher vorliegenden Studien aber übereinstimmend, dass sich die mit Abstand größte

Gruppe der Stalker aus Ex-Partnern des Opfers rekrutiert (**Abb. 5**). Diese Konstellation findet sich in bis zu 50 % der Fälle von Stalking, wobei diese Verteilung auch in der ersten deutschen epidemiologischen Studie gefunden wurde (Dreßing et al., 2005).

Relevant ist diese Täter-Opfer-Beziehung auch im Hinblick auf aggressives und gewalttätiges Verhalten des Stalkers, da bei dieser Beziehungskonstellation die Stalker am häufigsten zu offen gewalttätigem Verhalten übergehen (Spitzberg, 2002).

Aus Erfahrungen, die aus eigener forensischer Praxis herrühren, erscheint die folgende Typologie sinnvoll und wird derzeit auch von den Autoren wissenschaftlich geprüft (Dreßing/Gass, unveröffentlichtes Manuskript). Die Klassifikation erfolgt auf drei Ebenen. Auf der ersten Ebene der Psychopathologie wird zwischen psychotischen und nicht psychotischen Stalkern unterschieden. Diese dichotome Einteilung ist im Hinblick auf strafrechtliche Verantwortlichkeit, Therapie und Prognose besonders wichtig. Für beide Gruppen erfolgt dann auf einer zweiten Ebene die Klassifikation nach der

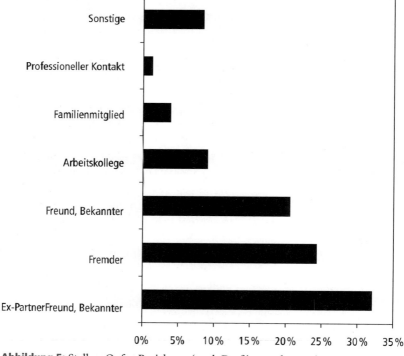

Abbildung 5: Stalker-Opfer-Beziehung (nach Dreßing et al., 2005)

Beziehung zwischen Stalker und Opfer, wobei hier drei Gruppen besonders im Hinblick auf die Prognose für potentiell gewalttätiges Verhalten des Stalkers bedeutsam sind:

1. Fremdes Opfer
2. Opfer ist Bekannte/r
3. Opfer ist (ehemalige/r) Intimpartner/in.

Nach der Klassifikation auf dieser zweiten Ebene ergeben sich insgesamt also sechs mögliche Kombinationen. Diese sechs Gruppen werden dann auf einer dritten Ebene noch einmal im Hinblick auf die Motivation des Stalkers unterteilt. Dabei werden die folgenden Motivationen unterschieden:

1. Rache,
2. Liebe,
3. narzisstisches Bedürfnis.

Zusammenfassend ergeben sich bei dieser Klassifikation 18 verschiedene Stalkertypologien. Der Vorteil dieses derzeit in wissenschaftlicher Überprüfung befindlichen Klassifikationsvorschlags ist, dass er sowohl die Psychopathologie als auch die Beziehung zwischen Täter und Opfer sowie die Motivation des Stalkers erstmals in systematischer Weise integriert.

1.6 Welche Auswirkungen hat Stalking auf die Opfer?

Stalking stellt für die betroffenen Opfer eine chronische Stresssituation dar, der sie sich nur sehr schwer entziehen können. Da viele Stalking-Verhaltensweisen auch oft sehr unvermittelt für die Opfer auftreten, können sie psychotraumatisch wirken und körperliche und seelische Krankheitszustände auslösen und unterhalten. Nur wenige Studien haben bisher die Auswirkungen von Stalking auf die Opfer untersucht. In diesen Untersuchungen zeigten die Stalking-Opfer oft erhebliche gesundheitliche Beeinträchtigungen. So litten in einer Studie, die 100 Stalking-Opfer umfasste, 74 % an chronischen Schlafstörungen, 55 % an Müdigkeit und Antriebslosigkeit, 48 % klagten Appetitstörungen, 47 % litten unter häufigen Kopfschmerzen und 30 % unter chronischer Übelkeit. 83 % gaben eine erhöhte Ängstlichkeit an und 37 % der Stalking-Opfer litten sogar unter einer posttraumatischen Belastungsstörung (Mullen/Pathé, 1994).

Die posttraumatische Belastungsstörung entsteht gewöhnlich als eine Reaktion auf außergewöhnlich belastende Ereignisse oder Bedrohungen wie z. B. das Miterleben von Naturkatastrophen oder schweren Unfällen. Typische Merkmale der posttraumatischen Belastungsstörung sind das wiederholte Erleben der traumatischen Situation in sich aufdrängenden Erinnerungen und Alpträumen vor dem Hintergrund eines andauernden Gefühls von Betäubtsein und emotionaler Stumpfheit, Teilnahmslosigkeit der Umgebung gegenüber sowie einer Vermeidung von Aktivitäten und Situationen, die Erinnerungen an das Trauma wachrufen können. Obwohl die posttraumatische Belastungsstörung also typischerweise nur durch schwere traumatische Situationen ausgelöst wird, können auch bestimmte Verhaltensweisen des Stalkers bei den Opfern diese schwere psychische Störung auslösen. Dies kann soweit gehen, dass z. B. das Klingeln des Telefons beim Opfer eine massive Panikattacke auslöst und die Betroffenen aus ihrer Angst heraus nicht mehr fähig sind, das Telefon zu benutzen. Andere Opfer verlassen nicht mehr ihre Wohnung, weil das Zusammentreffen mit ihrem Verfolger eine massive Angstattacke auslöst, was sie vermeiden wollen.

In einer weiteren Opferstudie litten sogar 59 % der von Stalking Betroffenen unter Symptomen einer posttraumatischen Belastungsstörung (Kamphuis/Emmelkamp, 2001). Die psychischen Folgen von Stalking beschränken sich aber nicht nur auf die Symptome einer posttraumatischen Belastungsstörung, sondern die Betroffenen leiden auch vermehrt unter Symptomen einer Depression, einer generalisierten Angststörung oder unter anderen psychischen Störungen. In einer weiteren Opferstudie erfüllten sogar 78 % der Untersuchten die Kriterien einer psychischen Erkrankung (Blaauw et al., 2002a).

Ein Kritikpunkt an diesen Studien ist, dass hierin ausschließlich Stalking-Opfer untersucht wurden und eine Vergleichsgruppe fehlt. Dieser Untersuchungsansatz kann dazu führen, dass die tatsächlichen Folgen von Stalking möglicherweise überbewertet werden. Deshalb wurden in der ersten deutschen epidemiologischen Studie (Dreßing et al., 2005) alle Teilnehmer – also auch die nicht von Stalking betroffenen Personen – nach ihrem Gesundheitszustand befragt. Darüber hinaus füllten alle Befragten – unabhängig davon, ob sie Stalking-Opfer waren oder nicht – den WHO-5 Well Being Index aus (WHO, 1998). Dieser Index ist eine Skala zur Einschätzung der psychischen Befindlichkeit, der sich in epidemiologischen Studien auch als Screening-Instrument zur Depressionsdiagnostik bewährt hat (Henkel et al., 2003). Dabei zeigt ein Wert von < 13 auf dieser Skala eine beeinträchtigte psychische Befindlichkeit an und stellt eine Indikation für eine eingehendere Untersuchung hinsichtlich eines depressiven Syndroms dar (Bech, 2004). 56,8 % der Stalking-Opfer in unserer Studie gaben verstärkte Unruhe, 43,6 % Angstsymptome, 41 % Schlafstörungen, 34,6 % Magenbeschwerden, 28,2 % Depression, 14,1 % Kopfschmerzen und 11,5 % Panikattacken an. 30,8 % der Befragten hatte aggressive Gedanken gegen den Stalker entwickelt und 38,5 % schätzten sich als Folge des Stalking auch gegenüber anderen Menschen als verstärkt misstrauisch ein. Knapp ein Fünftel (18 %) war zeitweise als Folge des Stalking krankgeschrieben. Auch der durchschnittliche WHO-5 Well-Being Score war bei Stalking-Opfern signifikant niedriger als in der Vergleichsgruppe (**Abb. 6**).

Diese Studienergebnisse verdeutlichen, dass viele Stalking-Opfer unter erheblichen gesundheitlichen Problemen leiden, die auf das Stalking zurückzuführen sind.

Es sind aber nicht nur die gesundheitlichen Folgen von Stalking zu bedenken. Vielmehr kann Stalking auch zu erheblichen wirtschaftlichen und sozialen Problemen führen. Die betroffenen Opfer geben unter Umständen Geld für Sicherheitsmaßnahmen aus (Sicherheitsschloss, Wachdienst) oder müssen Geld für gestohlene oder beschädigte Gegenstände ausgeben. Krankschreibung infolge gesundheitlicher Probleme kann zu einem Einkommensverlust bis hin zum Verlust des Arbeitsplatzes führen. Tätigt der Stalker auf Rechnung seines Opfers Bestellungen, so kann alleine die Rücksendung der Waren mit einem erheblichen Kosten- und Zeitaufwand verbunden sein.

Stalking kann weitere gravierende Auswirkungen auf die Gestaltung des Alltags der Opfer haben. Im Extremfall sehen die Betroffenen keine andere Wahl, als Wohnort, Freunde und Arbeitsplatz zu verlassen und an einem weit entfernten Ort in der Anonymität einen neuen Anfang zu versuchen, in der Hoffnung, dass der Stalker sie dort nicht findet. Solche extremen Maßnahmen sind zwar eher selten, die meisten Opfer nehmen aber durchaus

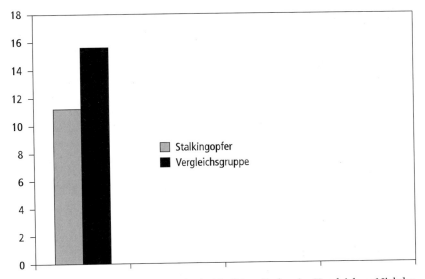

Abbildung 6: WHO-Well Being Index bei Stalking-Opfern im Vergleich zu Nichtbetroffenen (nach Dreßing et al., 2005)

gewichtige Änderungen in ihrem alltäglichen Leben vor. Opfer meiden z. B. Straßen und Plätze, an denen sie ein Zusammentreffen mit dem Stalker befürchten und nehmen hierfür oft lange Umwege in Kauf. Viele ändern ihre Telefonnummer und ziehen sich sozial zurück. Diese tiefgreifenden Einschnitte in die Lebenswelten der Opfer konnte auch unsere Untersuchung in einer deutschen Bevölkerungsstichprobe bestätigen. Dort gaben 32,4 % der Befragten an, dass sie ihre Telefonnummer änderten, 16,7 % ergriffen zusätzliche Sicherheitsmaßnahmen (z. B. neues Türschloss, Mitführen von Reizgas). Bei einigen Betroffenen kam es zu einschneidenden Lebensveränderungen mit Wohnungswechsel (16,7 %) und Arbeitsplatzwechsel (5,1 %). Dagegen wurden externe Hilfen eher selten gesucht. Nur 20,5 % erstatteten eine Anzeige bei der Polizei, obwohl es sogar zu tätlichen oder sexuellen Übergriffen gekommen war, 11,5 % konsultierten einen Rechtsanwalt. Dagegen suchten immerhin 24,4 % der Opfer Hilfe bei Therapeuten. Stalking führt demnach bei vielen Betroffenen zu ganz erheblichen gesundheitlichen, wirtschaftlichen und sozialen Folgeproblemen.

1.7 Wer sind die Opfer?

Als man sich zu Beginn der 1990er-Jahre mit dem Phänomen Stalking zu beschäftigen anfing, ging man davon aus, dass Stalking ein Problem von berühmten Personen wie z. B. Hollywood-Stars ist und die Opfer fast ausschließlich aus der Prominentenszene stammen. Wenig später entdeckte man dann aber, dass Stalking-Opfer auch in der Durchschnittsbevölkerung zu finden sind und Stalker sich keineswegs nur berühmte Menschen als Opfer aussuchen. Aus vielen Studien ist mittlerweile hinlänglich bekannt, dass grundsätzlich jeder Mensch unabhängig von der sozialen Schicht und individuellen Persönlichkeitsstruktur Opfer eines Stalkers werden kann. Es gibt aber einige Charakteristika, die mit einem höheren Risiko verbunden sind, Stalking-Opfer zu werden. Der in allen Studien eindeutigste Befund diesbezüglich ist, dass mehr als 75 % der Opfer weiblichen Geschlechts sind (Spitzberg, 2002). Überzufällig häufig sind Stalking-Opfer auch Singles und leben alleine, oder sie haben eine Beziehung zu ihrem Stalker beendet (Tjaden/Thoennes, 1997; Hall, 1998). Stalking-Opfer sind selbst auch häufig früher schon einmal Opfer körperlicher Misshandlung und sexuellen Missbrauchs gewesen. Auch Menschen, die in exponierten Berufen arbeiten, haben ein erhöhtes Risiko, Opfer eines Stalkers zu werden (Sheridan et al., 2001). Das gilt für berühmte Stars aber auch für Politiker, Nachrichtensprecher oder für Personen, die beruflich häufiger mit alleinstehenden Menschen in Kontakt kommen (Professoren, Lehrer, Rechtsanwälte, Ärzte, Krankenschwestern usw.). In einer Studie, die die Persönlichkeitsstrukturen der

Opfer im Vergleich zu von Stalking nicht betroffenen Personen untersuchte, fiel auf, dass Stalking-Opfer signifikant häufiger eine dependente Charakterstruktur aufweisen (Dreßing et al., 2005). Menschen mit einer dependenten Charakterstruktur überlassen die Verantwortung für wichtige Bereiche des eigenen Lebens anderen Personen und neigen dazu, die eigenen Bedürfnisse unter diejenigen des Partners unterzuordnen. Das führt dazu, dass sie sich als abhängig und hilflos erleben und häufig auch Ängste vor Verlassenwerden haben. Es liegt auf der Hand, dass Personen mit einer solchen Charakterstruktur ein höheres Risiko haben, Opfer eines Stalkers zu werden, da sie bei Beendigung einer Beziehung und dem Beginn von Stalking vermutlich weniger klar und deutlich dem Stalker die Botschaft vermitteln, dass sie keinen Kontakt mehr wünschen. Vielmehr verhalten sie sich eher selbstunsicher und bestärken den Stalker damit indirekt, sein Verhalten fortzusetzen. Das bedeutet natürlich nicht, dass diese Opfer sozusagen selbst daran Schuld sind, dass sie gestalkt werden. Vielmehr handelt es sich bei Opfern mit diesen Charaktereigenschaften um eine Risikogruppe, der durch Beratung und eventuell eine Psychotherapie geholfen werden muss.

Obwohl es also Personengruppen gibt, die in einem etwas höheren Risiko stehen, Opfer eines Stalkers zu werden, ist zu betonen, dass sich Stalking-Opfer in allen Berufsgruppen und sozialen Schichten finden und grundsätzlich jeder von diesem Problem betroffen sein kann.

Neben «echten Opfern» findet sich in allen Studien auch eine Gruppe sogenannter «falscher Opfer». Das sind Menschen, die fälschlicherweise angeben, Opfer eines Stalkers zu sein. Die Motive hierfür sind unterschiedlich: Es gibt eine Gruppe von Stalkern, die selbst angeben, Opfer eines Stalkers zu sein. Unter den «falschen Opfern» finden sich auch Menschen, die unter einem Verfolgungswahn leiden (Dreßing et al., 2005). «Falsche Opfer» können auch persönliche Ziele verfolgen, wenn sie bei Polizei oder Gericht angeben, gestalkt zu werden. Hintergrund für ein solches Verhalten können Rachegefühle gegen die beschuldigte Person sein oder die Hoffnung auf materielle Entschädigung. Der Anteil «falscher Opfer» ist aber als niedrig einzuschätzen und beträgt in Studien nur etwa 2 bis 10 % (Sheridan et al., 2003).

2. Stalking: Forensisch-psychiatrische Aspekte

Elmar Habermeyer

2.1 Kategorien von Stalking

Stalking bezeichnet nach einer Definition von Meloy und Gothard (1995) das wiederholte, vorsätzliche und böswillige Verfolgen oder Belästigen einer Person, die dadurch in ihrer Sicherheit bedroht wird. In den letzten Jahren gewannen diese Verhaltensweisen nicht zuletzt aufgrund öffentlichkeitwirksamer Belästigungen prominenter Personen und filmischer Bearbeitung des Themas (z. B. im Kinofilm «Fatal attraction») an Bedeutung. Während sich die Diskussion Anfang des letzten Jahrhunderts hauptsächlich auf wahnhafte Ausgestaltung, also den Liebeswahn (Kraepelin, 1909) bzw. die «Erotomanie» (de Clérambault, 1942) konzentrierte, werden in modernen Einteilungsversuchen vorwiegend Aspekte der Täter-Opfer-Beziehung, der Motivation des Täters und der von ihm eingesetzten Verhaltensweisen zur Einteilung herangezogen (Habermeyer/Hoff, 2002): Zona und Mitarbeiter (1993) unterscheiden z. B. eine «simple obsessional» Gruppe, bei der eine vorangegangene Beziehung zwischen Stalker und Opfer bestand, von einer «love obsessional» Gruppe, bei der keine vorherige Beziehung zwischen Stalker und Opfer besteht. Mitglieder der letztgenannten Gruppe belästigen häufig auch prominente Personen, die sie lediglich aus den Medien kennen. Außerdem weist Zona der «Erotomanie», bei der die wahnhafte Überzeugung besteht, dass das Opfer den Stalker liebe, eine Sonderrolle zu.

Schon in dieser Einteilung wird deutlich, dass Stalking einerseits Ausdruck eines Beziehungskonfliktes oder Reaktion auf das Scheitern eines Beziehungsversuches sein kann. Andererseits kann Stalking aber auch durch eine schwerwiegende psychische Erkrankung mit Störungen der Realitätskontrolle begründet sein. Dieser Aspekt spiegelt sich auch in einer klinisch orientierten Einteilung von Kamphuis und Emmelkamp (2000) wider, die nach der DSM-IV-Klassifikation psychischer Störungen (APA, 1996) in psychotische (Achse 1) und persönlichkeitsgestörte Stalker (Achse 2) unterteilen.

Auch hier wird eine Unterscheidung getroffen zwischen tiefgreifend gestörten psychotischen Tätern mit Störungen des Realitätsbezuges und in ihrer Realitätskontrolle ungestörten Stalkern, die zeitlich überdauernde Auffälligkeiten in den folgenden Bereichen aufweisen: 1.) der Kognition, d. h. der Art, sich selbst, andere Menschen und Ereignisse wahrzunehmen und zu interpretieren; 2.) der Affektivität, d. h. der Variationsbreite, Intensität und Angemessenheit emotionaler Reaktionen; 3.) der Gestaltung zwischenmenschlicher Beziehungen und 4.) der Impulskontrolle.

Stärker an den Motiven der Täter und weniger an klinischen Überlegungen orientiert ist die Einteilung von Mullen und Mitarbeitern (1999), deren «rejected stalker» wegen einer Zurückweisung aus Rachegefühlen oder aufgrund des Bedürfnisses nach Versöhnung handelt. Hier ergeben sich Parallelen zum «simple obsessional stalker» nach Zona. Als zweite Gruppe wird der «intimacy seeking stalker» gesehen, der oftmals unter Wahnideen leidet und dem Erotomanen von Zona entsprechen kann. Darüber hinaus spricht Mullen vom «incompetent stalker» mit intellektueller Grenzbegabung und «resentful stalker», die ihre Opfer ängstigen wollen sowie «predatory stalkern», die ein Sexualverbrechen vorbereiten. Auch bei Mullen wird deutlich, dass es sich bei Stalking um ein enorm vielschichtiges Phänomen handelt, das sich monokausalen Erklärungsansätzen entzieht. Das Spektrum reicht von Beziehungstaten bis hin zur geplanten Vorbereitung eines Gewaltverbrechens. Klinisch bedeutsame Aspekte umfassen die Minderbegabungen, aber auch Wahnsymptome.

Die vorab vorgestellten Einteilungsversuche haben viel zum Verständnis des Phänomens Stalking beigetragen, dennoch kann keiner von ihnen Allgemeingültigkeit beanspruchen. Außerdem bleibt das Fehlen systematisch erhobener Daten zu Persönlichkeitseigenschaften bzw. psychischen Störungen von Stalkern zu beklagen (Kamphuis/Emmelkamp, 2000). Vor dem Hintergrund der ungeklärten Sachlage wird zur Zeit darüber spekuliert, ob es sich beim Großteil der einfachen obsessiven Fälle um narzisstische Reaktionen auf eine Zurückweisung oder den Verlust einer Beziehung handeln könnte. Des Weiteren existieren Theorien über gestörte Objektbeziehungen, die sich auf den Befund stützen, dass ein großer Anteil von Stalkern in der Kindheit unterschiedliche Bezugspersonen aufgewiesen oder früh relevante Bezugspersonen verloren hat (Kienlen, 1998). Eine Übersicht zur Klassifikation von Stalking-Verhalten, Gewalttätigkeit und psychischen Störungen geben Kamleiter und Laakmann (2003).

Abgesehen von den Unsicherheiten bezüglich einer Gruppeneinteilung und den verschiedenen Interpretationen über die Motive von Stalkern bleibt jedoch festzuhalten, dass es sich beim Stalking keinesfalls um ein Kavaliersdelikt handelt, sondern dass solche Nachstellungen für die größtenteils weiblichen Opfer erhebliche Gefährdungen mit sich bringen: Mullen und Mitarbeiter sahen z. B. 36 % ihrer forensischen Populationen von Stalkern, nachdem diese Gewalttaten begangen hatten (Mullen et al., 1999). In den USA soll die Inzidenz von Tötungsdelikten im Zusammenhang mit Stalking bei ungefähr 2 % liegen (Meloy, 1996). Dabei erscheint die Rate von Gewaltdelikten in Beziehungskonstellationen besonders hoch zu sein: Farnham und Kollegen (2000) beschrieben, dass ehemalige Partner in 70 % auch Gewaltdelikte begingen, während von den Stalkern, die zuvor keine Beziehung zum Opfer hatten, lediglich in 28 % Gewaltdelikte begangen wurden. Aus psychiatrischer Sicht ist dieser Befund bedeutsam, da psychotische Patienten in der Gruppe der dem Opfer unbekannten Stalker mit 73 % überrepräsentiert waren. Demgegenüber litten in der Gruppe der Ex-Partner nur 20 % an psychotischen Symptomen. Entgegen vieler Vorurteile scheinen somit weniger die psychisch tiefgreifend gestörten Stalker als vielmehr die Gruppe der Beziehungstäter, die prinzipiell zur Realitätskontrolle in der Lage sind, gefährlich zu sein. Jedoch sind auch bezüglich der von Stalkern ausgehenden Gefährlichkeit keine allgemein gültigen Aussagen möglich, da diese durch Persönlichkeit des Täters, dessen kriminelle Vorgeschichte, seinen Substanzkonsum, die Täter-Opfer-Beziehung aber auch durch situative Aspekte und Reaktionen des Opfers auf die Belästigung beeinflusst wird (Hoffmann, 2002; James/Farnham, 2002,2003). Zusammenfassend bleibt zur Zeit jedoch ein Fehlen methodisch ausgereifter Studien zur Thematik zu beklagen (Kamphuis/Emmelkamp, 2000). Schwachpunkte der Auseinandersetzung liegen z. B. darin, dass sich die Beschäftigung mit Stalkern auf Nordamerika und Australien konzentriert. Außerdem wurden vorwiegend forensische Populationen untersucht, was die erhobenen Daten in Richtung einer erhöhten Gewaltbereitschaft und deutlicheren psychopathologischen Auffälligkeiten verzerrt. Vor diesem Hintergrund kann nicht davon ausgegangen werden, dass die aktuell vorliegenden Daten die große Variabilität der Täter-Opfer-Konstellation und insbesondere den breiten Grenz- bzw. Überlappungsbereich zwischen psychischer Störung und «Normalität», in dem sich ein Großteil der Täter bewegen dürfte, angemessen repräsentieren.

2.2 Wann wird Stalking zum psychiatrischen Problem?

Die Einleitung sollte deutlich gemacht haben, dass die Beantwortung dieser Frage nicht einfach ist. Zunächst einmal bleibt festzuhalten, dass Stalking-Verhalten vorwiegend wegen der Auswirkungen auf die Opfer zum psychiatrischen Problem wird. Die Opfer leiden unter zum Teil massiven Auswirkungen der stattgehabten Belästigungen und benötigen oftmals psychotherapeutische Hilfe und/oder eine psychopharmakologische Behandlung (Mullen et al., 2001; Dressing, 2005). Außerdem scheinen sie durch die aktuellen gesetzlichen Möglichkeiten nur unzureichend vor den Tätern geschützt zu sein (von Pechstaedt, 2002). Die divergierenden psychopathologischen Ausgangsvoraussetzungen und Verhaltensweisen der Täter sind jedoch weitaus weniger vergleichbar als die Folgen für die überwiegend weiblichen Opfer, die häufig unter Unruhe, Angstsymptomen, Schlafstörungen, Magenbeschwerden und nahezu in einem Drittel der Fälle auch an Symptomen einer Depression leiden (Dressing et al., 2005). Dennoch soll an dieser Stelle der Versuch unternommen werden, Grundlagen für die psychiatrische Auseinandersetzung mit den Tätern vorzustellen und auf dieser Basis auch Behandlungsempfehlungen zu vermitteln.

Unstrittig dürfte die herausragende psychiatrische Bedeutung sein, die der von Zona charakterisierten Gruppe der Erotomanen bzw. einem Großteil der «intimacy seeking stalker» von Mullen zukommt. Die betroffenen Täter leiden unter schwerwiegenden Störungen der Realitätskontrolle: Ihr Stalking-Verhalten ist wahnhaft motiviert, d. h. es wird durch sachlich ungerechtfertigte Denkinhalte, die für Betroffene selbst nicht hinterfragbar bzw. im Kontakt mit ihnen nicht zu diskutieren sind, bestimmt. Betroffene sind in einer sozial unverbindlichen, psychotischen Eigenwelt eingebunden, deren Abgleich mit den Realitäten nur noch unvollständig bzw. gar nicht mehr gelingt. Eine solche wahnhafte Symptomatik erfordert eine kompetente psychiatrische Behandlung, bei der üblicherweise antipsychotisch wirksame Medikamente, sogenannte Neuroleptika, zum Einsatz kommen. Ohne diese kausal wirksame medikamentöse Behandlung ist nicht damit zu rechnen, dass Patienten sich von ihrem Wahn und den damit verbundenen problematischen und sachlich ungerechtfertigten Verhaltensweisen distanzieren. Dieser Sachverhalt sei an einem Beispiel illustriert: Ein junger Mann berichtete bei der Aufnahme zur stationären psychiatrischen Behandlung, dass eine Popsängerin in ihn verliebt sei. Ihren Liedtexten, Interviews und Videos könne er entnehmen, dass sie Interesse an einer Beziehung mit ihm habe. Die Tatsache, dass mehrere Briefe, die er an die Sängerin geschrieben hatte, nicht beantwortet wurden, führte er darauf zurück, dass ihr Management gegen diese Beziehung arbeite. Das veranlasste ihn dazu, persönliche Kontakte zu ihr zu suchen und Drohbriefe an einen Musiksender zu schreiben. Schon diese kurze Darstellung des Falles macht deutlich, dass hier ein manifester Liebeswahn vorliegt. Das Stalking-Verhalten wurde darüber hinaus von weiteren massiven Auffälligkeiten begleitet. Es bestanden erhebliche formale Denkstörungen und Konzentrationsschwierigkeiten. Weiterhin war es zu einem deutlichen Leistungsknick gekommen, der u. a. dazu führte, dass der

Betroffene sein begonnenes Studium nicht mehr fortführen konnte. Der Wahn bettete sich in das typische Symptombild einer schizophrenen Psychose ein, die dem Patienten die Orientierung an den Gegebenheiten der Realität unmöglich machte. Es dürfte unstrittig sein, dass solche Fälle eines wahnhaft oder psychotisch motivierten Stalking-Verhaltens einer psychiatrischen Behandlung bedürfen und auch unter dem Schutz des Krankheitsbegriffes stehen können (Dressing et al., 2002).

Viel häufiger scheinen jedoch Fälle zu sein, in denen der Abbruch einer Beziehung oder ein fehlgeschlagener Versuch des oftmals männlichen Täters, eine Beziehung zu etablieren, dazu führt, dass ein Stalking-Verhalten eingeleitet wird. Selbstverständlich können auch solche Verhaltensweisen Außenstehende erheblich befremden und den Eindruck erwecken, dass der Täter krank sei. Dem ist aus psychiatrischer Sicht jedoch entgegenzuhalten, dass ungewöhnliches Verhalten allein noch keine psychische Störung belegen kann. So sieht Zona in der Gruppe der «simple obsessional stalker» z. B. nur in 40 % psychiatrische Störungen. Dies liegt daran, dass es für die Diagnose einer psychischen Störung von entscheidender Bedeutung ist, ob das auffällige Verhalten in Beziehung zum psychopathologischen Erfahrungswissen über krankhafte Veränderungen des Persönlichkeitsgefüges steht (Saß, 2003). Die Feststellung einer psychischen Störung ist also an die Feststellung umschriebener, im Gefolge der Störung regelhaft vorkommender psychopathologischer Auffälligkeiten gekoppelt. Dies können z. B. die vorab erwähnten Wahnsymptome sein, die in Kombination mit akustischen Halluzinationen auf Störungen aus dem schizophrenen Formenkreis verweisen. Fehlen solche psychopathologischen Phänomene, bleibt abweichendes Verhalten ein soziales bzw. juristisches und kein medizinisches Problem (Habermeyer/Norra, 2003).

Somit gilt es auszuloten, inwiefern das Stalking-Verhalten auf psychopathologisch fassbare Phänomene zurückzuführen ist. Außerdem gilt es zu klären, ob es in Übereinstimmung mit persönlichen Werten durchgeführt und vom Täter als unproblematisch bzw. berechtigt erlebt wird. In diesem Fall ist die psychotherapeutische Bearbeitung des Fehlverhaltens mit Schwierigkeiten verbunden. Sie ist nämlich nur dann erfolgversprechend, wenn der Täter ein gewisses Bewusstsein für die Problematik seines Verhaltens aufweist und auf dieser Basis auch die Bereitschaft besitzt, Verhaltensänderungen vorzunehmen. Gerade in der Gruppe der Beziehungstäter besteht jedoch häufig keine Behandlungsmotivation (Kamphuis/Emmelkamp, 2000). Illustriert sei diese Problematik am Beispiel eines Mannes, der seine getrennt von ihm lebende Ehefrau mehrfach tätlich angegriffen hatte. Seine wiederholten Attacken hatten zu erheblichen sozialen Verwicklungen und auch zu Anzeigen geführt.

Im Gefolge wurde die Problematik als Ausdruck einer Persönlichkeitsstörung gewertet und eine gesetzliche Betreuung eingerichtet. Der Täter wurde daraufhin aufgrund fortgesetzten aggressiven Verhaltens in die psychiatrische Klinik eingewiesen, wovon sich der Betreuer eine psychotherapeutische Behandlung und anschließende Besserung des Zustandsbildes versprach. Jedoch bestand keinerlei Problembewusstsein für die aggressiven Verhaltensweisen. Der Patient sah seine Übergriffe als gerechtfertigte Reaktion auf vermeintliches Fehlverhalten der Frau und war nicht bereit, eigenes Verhalten in Frage zu stellen (Habermeyer/Norra, 2004). Im Unterschied zum ersten Fallbeispiel bettete sich die Problematik auch nicht in ein über die aggressiven Verhaltensweisen hinausreichendes schwerwiegendes Symptombild ein. Darüber hinaus zeigte sich in der Vorgeschichte auch kein Hinweis auf durchgängig vorhandene problematische Denkstile oder Verhaltensmuster, die die Diagnose einer Persönlichkeitsstörung hätten rechtfertigen können. Selbst nach mehrtägiger Beobachtung im stationären Kontext konnten die aggressiven Verhaltenweisen des Patienten keinesfalls als krankheitswertig gewertet werden. Vielmehr stellten sie eine Variante häuslicher Gewalt dar, wie sie oftmals (Curd, 1995; Walker/Meloy, 1998; Löhmann, 2002) im Kontext des Stalking-Verhaltens beschrieben wurde und im Übrigen nicht selten auch schon während der Beziehung ausgeübt wurde. Sie wurde z. B. in der Hilflosigkeit der zumeist männlichen Täter angesichts zunehmender Autonomie der Frauen begründet (Mullen et al., 2001), andererseits aber auch als Ausdruck eines anhaltenden Kontrollbedürfnisses gewertet (Löhmann, 2002).

Letztgenanntes Fallbeispiel repräsentiert eine Tätergruppe, die für den Großteil der Stalking-Verhaltensweisen verantwortlich ist und dabei in besonderer Weise auch zu Gewalttaten neigt (Meloy/Gothard, 1995; Farnham et al., 2000). Solche Täter lediglich aufgrund ihres aggressiven und sozial störenden Verhaltens als psychisch krank oder psychiatrisch bzw. psychotherapeutisch behandlungsbedürftig zu klassifizieren, ist nicht gerechtfertigt (Habermeyer/Hoff, 2002). Außerdem würde die Gleichsetzung von Stalking mit psychischer Krankheit lediglich bedeuten, dass ein schwieriges soziales Problem auf eine medizinische Disziplin abgewälzt wird. Dabei ist auch zu bedenken, dass die Psychiatrie hierzu keine geeigneten Behandlungskonzepte aufbieten kann und daher lediglich als Sicherungsinstrument missbraucht würde. Aus diesem Grund ist die individuelle Betrachtung und Bewertung der psychiatrischen bzw. psychotherapeutischen Relevanz einzelner Fälle für das weitere Vorgehen entscheidend und unverzichtbar. Dies soll an einem dritten Beispiel illustriert werden, in dem eine erfolgreiche psychotherapeutische Behandlung durchgeführt werden konnte. Ähnlich wie der Patient in der zweiten Fallkonstellation handelt es sich bei dieser Patientin um eine «simple obsessional» Stalkerin, die mehrfach Bezugspersonen, z. B. eine Professorin, zu Hause aufgesucht, ihr aufgelauert und auf diese Weise «zufällige» Treffen arrangiert hatte. Nachdem dieses Verhalten überhand genommen hatte, veranlasste die Professorin ein Verbot der Kontaktaufnahme und die Drohung mit Exmatrikulation. Dies wiederum veranlasste die Patientin, eine stationäre Behandlung anzustreben, wobei sie selbst darum bat, ein Muster von Überidealisierung bzw. späterer Ablehnung ihrer Bezugsperson bearbeiten zu können. Jedoch kam es im Verlauf der Behandlung dazu, dass die Patientin auch die behandelnde Therapeutin bedrängte, indem sie z. B. anonyme Anrufe tätigte oder beim Einwohnermeldeamt Informationen über ihre Wohnung, Familienverhältnisse und ähnliches einholte. Das störende Verhalten der Patientin bettete sich ein in eine intensive, die Persönlichkeitsentwicklung pathologisch prägende Beziehungsstörung mit Merkmalen einer Borderline-Persönlichkeitsstörung. Diese hatte seit der Jugend zu erheblichen Auffälligkeiten mit Bedrängen von Bezugspersonen und sozialen Schwierigkeiten geführt, die schließlich auch die berufliche Ausbildung der Täterin und bezeichnenderweise dann auch die Psychotherapie massiv gefährdeten. Als das störende Verhalten der Patientin jedoch im Folgenden in einen Therapievertrag integriert werden konnte, ließ sich die Behandlung fortsetzen. Hierbei konnte auch ein Therapeutenwechsel akzeptiert werden. Die Patientin beendete das Studium, ohne dass es zu weiteren schwerwiegenden Schwierigkeiten gekommen wäre. Dieses Fallbeispiel zeigt, dass es bei ausreichender Behandlungsmotivation – trotz initialer Schwierigkeiten – gelingen kann, hartnäckig eingeschliffene problematische Verhaltensmuster zu modifizieren. Es besteht also auch bei den Stalkern mit lebensgeschichtlich entstandenen Schwierigkeiten bei der Beziehungsgestaltung kein Anlass für einen therapeutischen Nihilismus nach dem Motto «nothing works».

Die bislang gemachten Angaben sollen verdeutlichen, dass ein breiter Übergangsbereich zwischen psychotisch erkrankten Tätern mit schwerwiegenden Störungen der Realitätskontrolle und psychisch weitgehend unbeeinträchtigten Tätern, die in aggressiver Weise versuchen, eigene Wünsche unter Missachtung der Rechte Anderer durchzusetzen, besteht. In diesem Übergangsbereich stellen diejenigen Täter eine psychotherapeutisch behandlungsbedürftige Gruppe dar, deren Stalking-Verhalten zeitlich überdauernd in verschiedenen Beziehungskonstellationen eine wesentliche Rolle spielte und bei denen es sich in eine Symptomatik mit überdauernden kognitiven, affektiven und den zwischenmenschlichen Bereich betreffenden Persönlichkeitsauffälligkeiten einglieder. Die Möglichkeiten einer solchen Psychotherapie sind jedoch äußerst eng begrenzt, wenn keine Motivation des Patienten besteht. Außerdem ist eine gewisse Skepsis angebracht, wenn sich die Therapiemotivation erst im Zusammenhang mit drohenden juristischen

Konsequenzen ergibt. Unser Fallbeispiel hat jedoch gezeigt, dass auch vor dem Hintergrund solcher Verwicklungen ein tragfähiges Problembewusstsein entstehen kann. Aus diesem Grunde muss der Kreis der primär psychiatrisch bzw. psychotherapeutisch erreichbaren Täter auf 1.) psychotische Stalker, die mit Hilfe einer geeigneten psychopharmakologischen Behandlung Distanz zu ihren Wahnphänomenen finden können, und 2.) (therapiemotivierte) Täter, die als Ausdruck einer Persönlichkeitsstörung bzw. im Rahmen einer Anpassungsstörung Stalking-Verhaltensweisen entwickeln, begrenzt werden. Weiterführende Überlegungen insbesondere zum Bereich der Täter ohne Problembewusstsein und Therapiemotivation ergeben sich über den strafrechtlichen Kontext, auf den in den nächsten Abschnitten eingegangen wird.

2.3 Überlegungen zur Schuldfähigkeit

Die Überlegungen zur Krankheitswertigkeit des Stalking-Verhaltens sollten klar gemacht haben, dass lediglich der Nachweis von wiederholten Stalking-Verhaltensweisen nicht dazu geeignet ist, die Schuldfähigkeit eines Stalkers in Frage zu stellen. Schließlich fordern die Paragraphen 20 und 21 des deutschen Strafgesetzbuchs (StGB) zum Ausschluss von Schuld bzw. zur Schuldminderung, dass in der Tatsituation die Fähigkeit, eine Handlung einsichtsgemäß zu steuern, aufgrund einer 1.) krankhaften seelischen Störung, 2.) Schwachsinn, 3.) tiefgreifender Bewusstseinsstörung oder 4.) einer schweren anderen seelischen Abartigkeit aufgehoben oder erheblich vermindert sein muss. Die vorab skizzierten psychiatrisch relevanten psychotischen Störungsbilder wären dabei der krankhaften seelischen Störung, die Persönlichkeitsstörungen dem Bereich der schweren anderen seelischen Abartigkeit zuzuordnen. Aus Sicht des Autors greift die Kategorie der tiefgreifenden Bewusstseinsstörung im Kontext Stalking nicht. In der Regel wird diese Kategorie nämlich im Zusammenhang von Gewalttaten diskutiert, die sich aus affektiv hoch aufgeladenen konflikthaften Tatsituationen heraus abrupt und nicht vorhersehbar entwickelt haben. Das typische Stalking Verhalten manifestiert sich aber definitionsgemäß über einen längeren Zeitraum in massiven, bedrohlichen bzw. aggressiven Verhaltensauffälligkeiten des Täters. Es bleibt damit entscheidend durch den Täter und weniger durch die Tatsituation beeinflusst.

Ähnlich wie für die diagnostische Überlegung bleibt auch für die forensische Beurteilung eines Stalking-Falles die Frage entscheidend, inwiefern umschriebene psychopathologische Phänomene das Geschehen beeinflusst und die Fähigkeit zu normgerechtem Handeln vermindert haben. Zu solchen psychopathologischen Erwägungen können die verschiedenen Einteilungsversuche sowohl von Zona und Mitarbeitern (1993) sowie Mullen und Mitarbeitern (1997) als auch die Einteilung von Kamphuis und Emmelkamp (2000) nicht entscheidend beitragen. Dies liegt hauptsächlich darin begründet, dass sie sich an der zugrunde liegenden Täter-Opfer-Beziehung bzw. an Verhaltensmerkmalen des Täters und weniger an der zugrunde liegenden Psychopathologie orientieren (Nadkarni/Grubin, 2000). Angesichts der erheblichen Unterschiede zwischen der wahnhaften Entwicklung des Erotomanen und der Zuspitzung eines von häuslicher Gewalt des Mannes bestimmten Ehekonfliktes muss eindringlich davor gewarnt werden, Stalking-Verhaltensweisen zur alleinigen Grundlage forensisch-psychiatrischer Schlussfolgerungen zu machen. Ein solches Vorgehen würde nämlich, da es in juristischen Zusammenhängen zur Strafminderung führen kann, einen großen Teil der Täter in unzulässiger Weise privilegieren. Die ungünstigen Folgen einer solchen Vermengung von Delinquenz und psychischer Erkrankung wurden am zweiten Fallbeispiel thematisiert. Es kommt dabei nicht selten dazu, dass aggressive Täter ihre psychiatrische «Diagnose» als Legitimiation weiterer aggressiver Handlungen nutzen. Es geht hier also weniger um psychiatrische/psychotherapeutische Behandlung, sondern um eine sachgerechte und möglichst präzise Grenzziehung zwischen sozial störendem Verhalten und Krankheit. Ersteres erfordert das Einschreiten der Justiz, zweites eine Behandlung der Grunderkrankung. Die bisherigen Einteilungsversuche des Stalking-Verhaltens tragen zu der hier geforderten Grenzziehung jedoch nur unwesentlich bei und sind gelegentlich sogar dazu geeignet, diese durch unklare Begrifflichkeiten zu erschweren. So ist z. B. die Einteilung von Zona und Mitarbeitern (1993) missverständlich, da der Begriff «obsessional» einen Bezug zu Zwangserkrankungen (engl. «obsessive compulsive disorders») nahe legt. Von Zwangsstörungen betroffene Patienten erleben ihre Zwangsgedanken aber als unsinnig und sich von außen aufdrängend. Zwangshandlungen (wie z. B. mehrmaliges Waschen) werden zur Abwehr von Ängsten durchgeführt. Auch diesen Verhaltensweisen gegenüber besteht eine gewisse kritische Distanz, d.h. sie werden auch von Zwangspatienten oft als übertrieben gewertet. Demgegenüber wird sich beim Großteil der Stalker herausstellen, dass das Stalking-Verhalten ichsynton ist und zumeist dem Bedürfnis des Täters nach Versöhnung oder Vergeltung entspricht (Kamphuis/Emmelkamp, 2000). Rasch (1995) hat die forensische Bedeutung solcher Fälle in seiner Monographie über Tötungsdelikte in Beziehungskonstellationen ausführlich geschildert und typische Tatkonstellationen herausgearbeitet. Allerdings hat er dabei auch zu Recht darauf hingewiesen, dass das Vorliegen solcher typischen Konstellationen noch keine abschließende Aussage zur Krankhaftigkeit oder Schuldfähigkeit zulässt.

Rezidivierende «simple stalking» Verhaltensweisen zeigen phänomenologisch weniger Berührungspunkte mit Zwangsstörungen als vielmehr stärkere Ähnlichkeiten mit Störungen der Impulskontrolle. Deren Hauptmerkmal ist laut DSM-IV (1996) das «Versagen, dem Impuls, Trieb oder der Versuchung zu widerstehen, eine Handlung auszuführen, die für die Person selbst oder für andere schädlich ist». Genau hier dürfte für den Großteil der «simple stalker» von Zona das Kernproblem liegen. Die Gruppe der Impulskontrollstörung war aber zu Recht mehrfach Gegenstand fundierter-fachlicher Kritik (Saß/Wiegard, 1990; Mundt/Spitzer, 1999). Sie umfasst vorwiegend deskriptiv und ohne die zugrunde liegende Psychopathologie bzw. Persönlichkeitsdimensionen angemessen zu würdigen, eng umschriebene Problembereiche, die entweder einen gewissen Suchtcharakter tragen oder sozial störende Auswirkungen nach sich ziehen. Dadurch ergeben sich in der forensischen Anwendung erhebliche Probleme, die sich am Stalking-Verhalten beispielhaft demonstrieren lassen, andererseits aber bislang hauptsächlich am Problem der Kleptomanie diskutiert wurden, die schließlich auch in die psychiatrischen Klassifikationssysteme aufgenommen wurde und daher bedauerlicherweise trotz ihrer vielgestaltigen Erscheinungsformen und Ursachen als relevante Störungsentität anerkannt ist. Hier wird einer definierbaren Verhaltensabweichung Störungscharakter beigemessen, ohne dass sich die breite Variabilität zugrunde liegender Motive und psychopathologischer Phänomene auch nur ansatzweise in den diagnostischen Kriterien widerspiegelt (Osburg, 1993; Habermeyer/Heekeren 2004). Es bleibt zu hoffen, dass sich diese unkritische Gleichsetzung im Kontext zunehmender Auseinandersetzung mit dem Phänomen Stalking nicht wiederholt. In Übereinstimmung mit Kröber (1988) bleibt es nämlich dabei, dass weder «die Feststellung, dass ein Handeln triebbestimmt ist, noch die Annahme, dass dem Täter die Motive seines Handelns nicht bekannt waren, noch Ehekonflikt», die Eingangsvoraussetzungen der Paragraphen 20, 21 StGB konstituieren. Stalking-Verhaltensweisen sind daher, selbst wenn sie Außenstehenden befremdlich oder unvernünftig erscheinen und für die Opfer bedrohlichen Charakter annehmen, für sich genommen kein ausreichender Grund, eine De- oder Exkulpation zu begründen. Dies gilt zunächst auch dann, wenn der Täter sich darauf beruft, nicht anders handeln zu können.

Von verminderter oder gar aufgehobener Schuldfähigkeit kann erst dann gesprochen werden, wenn der Nachweis konkreter psychopathologischer Auffälligkeiten gelingt. Darüber hinaus müssen die vorgenannten psychopathologischen Auffälligkeiten in der Tatsituation Auswirkungen auf die vom Gesetzgeber vorausgesetzte Handlungsfreiheit haben (Habermeyer, 2004). In diesem Fall dürften sich die handlungsbestimmenden Symptome jedoch unabhängig vom Stalking-Verhalten auch in anderen Lebensbereichen nachweisen lassen. Dieser Nachweis kann z. B. im Fall des ersten Patienten mit schizophrener Erkrankung und der schließlich erfolgreich therapierten Patientin mit einer Persönlichkeitsstörung geführt werden. Darüber hinaus sind aber auch entindividualisierende Verstrickungen in Beziehungskonflikte und die im Gefolge des Konfliktes entstehende Deformierungen und Primitivierungen des Ich-Gefüges (Kröber, 1995) zu berücksichtigen, die zu deutlichen Veränderungen der Persönlichkeit mit einer Zunahme aggressiver Verhaltenstendenzen führen können.

Entscheidend für die gutachterliche Beurteilung ist die Frage, ob das Stalking-Verhalten in Verbindung zu einer psychischen Störung steht. Wenn ja, sollte die diagnostizierte Störung als Grundlage der Verhaltensabweichung benannt und den Eingangskriterien der Schuldfähigkeitsparagraphen zugeordnet werden. Die weitere Unterteilung nach den Modalitäten der eingesetzten Verhaltensweisen oder der Täter-Opfer-Beziehung ist nicht zwingend erforderlich, kann dem Gericht aber einen genaueren Verstehenshintergrund offerieren. Die gegebene bzw. fehlende Fähigkeit, dieses Verhalten zu unterlassen, entscheidet dann über Einsichts- und Steuerungsfähigkeit und letztendlich über Schuldfähigkeit.

Dabei ergibt sich auch für persönlichkeitsgestörte Täter bzw. solche mit Anpassungsstörungen, d. h. abnormen Reaktionen auf Beziehungskonflikte, ein praktikabler Arbeitsansatz: Nach den psychopathologischen Referenzsystemen von Saß (1985) soll nämlich bei Prüfung einer schweren anderen seelischen Abartigkeit darauf geachtet werden, ob die Auswirkungen der festgestellten Symptome oder der diagnostizierten Störung denjenigen einer krankhaften Störung im engeren Sinne gleichkommen. Das heterogene Klientel der Stalker stellt die Möglichkeit einer internen Referenz bereit, da auf die primären oder sekundären erotomanen Entwicklungen im Sinne de Clérambaults (1942) bzw. in der Terminologie der aktuellen Klassifikationssysteme (APA, 1996; WHO, 1994) auf die wahnhafte Störung mit Liebeswahn und die damit verbundenen Auswirkungen auf Einsichts- und Handlungskompetenz Bezug genommen werden kann. Auf die hierbei resultierende störungsbedingte Desintegration psychischer Funktionen kann auch im Hinblick auf andere psychopathologische Grundvoraussetzungen, z. B. im Rahmen schwerer Persönlichkeitsstörungen oder alkoholischer Enthemmungen, eingegangen werden. Üblicherweise kann auf diese Weise der Schweregrad und damit auch die Voraussetzung einer Schuldminderung oder Exkulpation verlässlich beurteilt werden.

2.4 Welche Konsequenzen ergeben sich aus gegebener, verminderter bzw. fehlender Schuldfähigkeit?

Die im vorigen Abschnitt gemachten Angaben dürften deutlich gemacht haben, dass dem Stalking-Verhalten im Regelfall keine forensisch-psychiatrischen Konsequenzen im Sinne einer Schuldminderung zukommen. Es handelt sich vorwiegend um ein juristisches und nicht um ein psychiatrisch-psychotherapeutisches Problem. Wenn in einem Strafverfahren jedoch der Rückschluss auf eine verminderte oder gar aufgehobene Schuldfähigkeit aufgrund krankhafter seelischer Störung bzw. schwerer anderer seelischer Abartigkeit gezogen werden kann, ist im nächsten Schritt die Frage zu prüfen, ob weitere störungsbedingte Gefahren drohen. Dies dürfte bei den zur Schuldminderung geforderten schwerwiegenden psychopathologischen Auffälligkeiten im Großteil der Fälle zu bejahen sein, weshalb sich zur Abwehr weiterer störungsbedingter Gefahren die Notwendigkeit einer Unterbringung in einer forensisch-psychiatrischen Maßregelvollzugsklinik gemäß § 63 StGB ergibt. Hier ist das bestehende Störungsbild so lange zu behandeln, bis die Therapie die Risiken einer erneuten Straftat gemindert hat. Im Unterschied zu den vorab dargestellten Grundlagen der psychotherapeutischen Behandlungen, die im Regelfall an eine Behandlungsmotivation bzw. Behandlungsbereitschaft des Patienten gebunden sind, kann die Unterbringung in einer psychiatrischen Maßregelvollzugsklinik auch gegen den Willen des Betroffenen erfolgen. Jedoch bleibt auch hier die psychotherapeutische Arbeit mit Betroffenen in ihren Erfolgsaussichten eng an die Frage der Behandlungsmotivation gebunden, so dass für uneinsichtige, wenig therapiemotivierte Täter eine längere Zeit in der Unterbringung erwartet werden muss.

3. Stalking – Falldarstellung einer betroffenen Psychologin

Monika Pleyer

Nachdem ich meine Praxis als psychologische Psychotherapeutin eröffnet hatte, stellten sich nach den ersten Jahren meiner Selbständigkeit auch die ersten Erfolge ein, und so plante ich, mir eine neue Wohnung anzumieten, da mittlerweile ein etwas größerer Arbeitsbereich vonnöten war. Gleichzeitig versuchte ich zu jener Zeit auch, mich wieder etwas mehr meiner Gesundheit und Fitness zu widmen, wenn die Zukunft schon ein Mehr an Einsatz von mir abverlangen würde. Da seinerzeit Radfahren eine meiner bevorzugten Sportarten war, entschied ich mich kurzfristig, mein angestaubtes Rad wieder aus dem Keller zu holen, dessen Zustand zu überprüfen und die Reifen nach langer Winterpause wieder aufpumpen zu lassen. Dieser Entschluss führte mich in einen Radladen, der nur zwei Straßenecken entfernt lag. Und an jenem Tag, im Frühling 2001, begann für mich ein schmerzhaftes und lehrreiches Schicksal.

Als ich an diesem freien Mittag im Mai in besagtem Radladen ankam und neugierig hineinschaute, erschien sofort ein Mann um die dreißig an der Ladentür. Er war Brillenträger, etwa einsneunzig groß und von recht bulliger Statur; denken Sie sich noch einen breiten, nordbadischen Dialekt hinzu, und Sie haben fast schon sein Erscheinungsbild. Ich erklärte diesem Mann kurz die Situation. Daraufhin nahm er mein Rad und hievte es schwungvoll ins Ladeninnere. Während er die Reifen prüfte und Luft einließ, begann er ein Gespräch mit mir. Er machte einen höflichen und interessierten Eindruck, fragte nach, wo ich denn wohne und ob ich häufiger mit dem Rad unterwegs wäre. Ich erklärte ihm, dass ich in unmittelbarer Nähe wohnte und mich endlich mehr um meine Fitness kümmern wolle. Er sagte, er kenne das Haus, weil ein Bekannter von ihm auch dort wohne. Es endete damit, dass ich doch irgendwann einmal wieder vorbeischauen solle, möglichst nach Geschäftsschluss oder während der Mittagspause, um eine gemeinsame Radtour zu verabreden, da er selber auch gerne mit dem Rad fahre.

Die Tage vergingen, die Arbeit und die Ereignisse häuften sich und ich vergaß den Mann aus dem Radladen. Nach einigen kürzeren Touren freute ich mich auf das kommende Wochenende, da ich eine ausgiebige Fahrt mit meinem frisch instandgesetzten Gefährt geplant hatte. Als ich losradeln wollte, entdeckte ich, dass meine Fahrradlampe entfernt worden war. Ich schnappte mir mein Rad und machte mich wieder zu dem erwähnten Radladen auf. Die Freude über unser «zufälliges» Wiedersehen war von Seiten des besagten Radmechanikers offensichtlich groß, und nach einem längeren Gespräch tauschten wir unsere Telefonnummern aus, um uns irgendwann einmal für ein gemeinsames Essen zu verabreden. Die Lampe überließ er mir übrigens kostenfrei und ich konnte endlich zu meiner lang ersehnten Radtour aufbrechen.

Zwei Tage später läutete das Telefon. Am anderen Ende meldete sich eine männliche Stimme. Er sei der «Torsten aus dem Radladen». Wir verabredeten uns für den nächsten Freitag zum Essen. Der Abend verlief sehr unterhaltsam, romantisch. Danach gingen wir einige Male mit seinem Hund in der freien Natur spazieren, was meinem überlasteten Kopf und meinem etwas vernachlässigten Körper sichtlich gut bekam. So vergingen die Tage und wir trafen uns immer wieder zu gemeinsamen Wanderungen am Neckarufer oder im Odenwald. Irgendwann, nach einem dieser längeren Spaziergänge, gab es den ersten Abschiedskuss. Wir verabredeten uns für das kommende Wochenende und so kam es dann auch zu ersten Intimitäten.

Über all die Zeit hinterließ er bei mir den Eindruck eines freundlichen, offenen, wie auch aufmerksamen Menschen. Er schien stets überaus aufmerksam, – ganz Aug´ und Ohr zu sein. Dass er während unserer Gespräche primär Informationen über mich, meine Einstellungen und mein soziales Umfeld akribisch für sich zusammentrug, kam mir seinerzeit noch nicht in den Sinn.

Schon zu Beginn unserer «näheren» Bekanntschaft war es mir wichtig, die Verhältnisse zu klären. Das bedeutete, dass wir uns einig waren, hin und wieder ein paar nette Stunden miteinander zu verbringen, während derer wir auch anregende Gespräche führen würden. Nachdem er mir den Umgang mit meinem bis dahin ungenutzten Handy erklärt hatte, erhielt ich täglich dutzende SMS-Botschaften mit romantischen und schwärmerischen Inhalten. Anfänglich war dies noch schmeichelhaft, aber mitunter schien es mir auch ein wenig zu überzogen, in Anbetracht unseres eher unverbindlichen Verhältnisses. Ein solches Maß an Nähe und Kontakt wollte ich tatsächlich nicht, und so redete ich auch mit ihm darüber. Er versuchte, mich zu verstehen und versprach, mehr Ruhe walten zu lassen. Ein paar Tage hielt er sich ein wenig zurück, dann fing es wieder an. Zehn bis zwanzig SMS und Anrufe, wie auch kurze Stippvisiten à la «wollte nur mal hallo sagen» vor meiner Haustür. Zudem hatten wir bereits einige Wochen nach unserem Kennenlernen manche Auseinandersetzung, da einiges, wovon er mir erzählte, offenbar in keinster Weise der Realität entsprach. Eigentlich konnte es mir ja einerlei sein, aber gelegentlich verärgerte mich seine unaufrichtige Art, wie auch seine Dreistigkeit.

Ich versuchte ihm dann verständlich zu machen, dass ich diese Freundschaft im Moment nicht wollte, und es doch besser wäre, wenn wir den Kontakt vorerst abbrechen würden. Dies überging er einfach und überlud mich wieder täglich mit SMS und Briefen. Er brachte eine unglaubliche Energie dafür auf, mich davon zu überzeugen, dass ich dies doch alles «falsch sehen würde» und ich ihm - «dem armen Kerl» - doch eine Chance lassen solle. Manchmal, wenn ich abends nach Hause kam, sah ich ihn um meine Wohnung schleichen. Ich bat ihn darum, dass er künftig damit aufhören solle, mich auf solche Weise zu bedrängen, woraufhin ich am nächsten Tag einen riesigen Strauß Rosen, wie auch eine Kombination aus Entschuldigungs- und Liebesbrief von seinem Praktikanten überstellt bekam. Ich bat ihn abermals darum, dies doch besser zu lassen, oder wir sollten uns eine «Auszeit» nehmen. Ich wollte Zeit und Abstand gewinnen, stets in der Hoffnung, dass sich sein Eifer durch meine Distanzierung von selbst etwas legen würde. Welch eine Illusion!

Wieder entschuldigte er sich danach und beteuerte unter Tränen, dass ihm alles sehr leid täte und er nun mal «so unsäglich an mir hänge». Nach Wochen nervenaufreibender, zermürbender Belagerung hatte er mich dann wieder so weit, und wir trafen uns zu einem Gespräch beim Essen. Ich kann mich erinnern, dass ich zum damaligen Zeitpunkt häufig dachte, dass er doch ein äußerst zäher Charakter sei. Er gebärdete sich ungewohnt einsichtig in sein Verhalten und er konnte all die Verdrießlichkeiten nachvollziehen, die er mir bereitet hatte; es täte ihm «alles so unendlich leid», aber jetzt habe er ja endlich verstanden, er habe tatsächlich dazugelernt.

Je besser ich ihn kennen lernte, desto mehr erfuhr ich natürlich auch von seinem Umfeld und der Qualität seines Verhaltens anderen gegenüber. Auffällig war seine «unsagbare Hilfsbereitschaft». Jedem bot er ständig irgendwelche Hilfestellungen, Ratschläge oder Unterstützung an. Immer wieder mal läutete es an seiner Tür, und Nachbarn oder Personen aus seinem Bekanntenkreis baten ihn wiederholt um irgendwelche Gefälligkeiten. Da er stets darauf versessen war, zu erfahren, was und wo ich denn arbeitete, blieb es auch nicht aus, dass er mich «freundlicherweise» von meinem neuen Nebenjob (Betreuung einer offenen Jungenwohngruppe) abholen wollte. Während er auf mich wartete, nahm er Kontakt zu einigen Jungs auf, und sie tauschten später ohne mein Wissen ihre Handynummern aus. Auf Steffen, einen der Jungs, hatte er seinerzeit sein besonderes Augenmerk gerichtet. Vor diesem müsse ich mich «besonders hüten», erklärte er mir eines Tages in vertraulichem Ton. Dieser habe so etwas «Linkisches in seinen Augen», dem könne «man nicht trauen», da solle ich «doch besser aufpassen». Wie recht er doch behielt, denn er machte ihn später zu seinem Komplizen gegen mich. Da er den Kontakt zu den Jungs stillschweigend aufrechterhielt, gab es erneut Streit, und ich bat ihn wiederholt darum, mich vorerst in Ruhe zu lassen. Kurzzeitig bekam ich auch ein wenig mehr Ruhe.

Dann verschwand schließlich mein Fahrradsattel, und dies, obwohl ich das Gefährt zuvor im hauseigenen Fahrradkeller abgestellt hatte. Im Laufe eines seiner endlosen Anrufe erwähnte ich den Diebstahl, und er bat mich daraufhin, doch möglichst sofort in den Radladen zu kommen, er könnte mir doch wenigstens dabei behilflich sein; ich solle ihm doch wenigstens diese Chance lassen. Ich brachte mein Rad dann während seiner Mittagspause zu ihm in den Laden, und wir redeten abermals fast zwei Stunden miteinander. Wir verabredeten uns zu einem Kaffee und einige Zeit darauf hatten wir auch wieder unsere «gemeinsamen, intimen Stunden». Völlig konfliktfrei, versteht sich! Seine Anrufe, SMS und E-mails mehrten sich dann nach einigen Tagen der Zurückhaltung wieder entsprechend. Ich musste hinnehmen, dass er wieder zunehmend in mein Leben eindrang. Zum damaligen Zeitpunkt wurde mir dies nicht nur lästig, sondern kostete auch ständig Energie und Aufmerksamkeit, so dass mein Beruf und mein Privatleben nicht unbeträchtlich darunter zu leiden begannen. Immer wieder bat ich ihn in langen Gesprächen um Verständnis dafür, dass ich aufgrund meiner beruflichen Auslastung eben nun mal nicht die Zeit für solch häufige Gespräche und persönliche Aufwartungen hätte. Zuerst musste ich Eifersuchtsanfälle hinnehmen, danach folgten wieder seine Schuldbekenntnisse und Bittreden, bis er dann schließlich «seine Versöhnung» wieder einmal erreicht hatte.

Zu jener Zeit war ich aufgrund besagter Auseinandersetzungen, wie auch meiner laufenden Verpflichtungen, bereits sichtlich erschöpft. Zudem hatte ich über Jahre hinweg alleine gelebt und somit natürlich auch meine individuellen Tagesrhythmen und Gewohnheiten entwickelt. So war für mich Feierabend gleichbedeutend mit Regeneration, was ich ihm auch zu verstehen gab. Allerdings ging er darauf nicht wirklich ein, sondern erwies sich diesbezüglich schlichtweg als äußerst ignorant und begriffsresistent.

Kurze Zeit später gab es einen Auslöser, der seinen Hass gegen mich entzünden sollte. Es war eine spontane, unbedarfte, aber ehrlich gemeinte Äußerung meinerseits. Als er mich nämlich darum bat, ihm meine Gefühle für ihn mitzuteilen, war eine meiner Bemerkungen sinngemäß, dass ich ihn zwar mögen aber sicherlich nicht heiraten würde. Daraufhin wurde die Zeit mit ihm zunehmend anstrengender und nervlich belastender. Ich hatte schon wieder an Gewicht verloren und mein Schlaf wurde immer unruhiger und kürzer. Er erzeugte bewusst eine Atmosphäre, die signalisieren sollte: Wenn ich gehe, wirst du die Hölle haben; bleibe ich aber, dann mach dich mal besser ganz klein. Kurz vor Weihnachten begann ich, mich von ihm zu distanzieren. Aber als ich erneut versuchte, ihm klar zu machen, dass wir dieses Verhältnis besser ganz bleiben lassen sollten, lief er wieder mal zu Hochform auf, schickte Blumen und Briefe, E-mails, SMS, rief bei mir an und stand überraschend vor der Tür. Bis dahin war die ganze Geschichte belastend, beängstigend und mitunter reichlich unverschämt, aber zum Teil auch mitleiderregend.

Etwa zwei Monate später geschah folgendes: da er mich immer wieder und mit Nachdruck aufforderte, ihm erneut zu vertrauen, weil dies das Wichtigste für ihn wäre, tat ich das, worum er mich so oft gebeten hatten, ich überprüfte tatsächlich seine Ehrlichkeit. Ich bemerkte, wie schon des öfteren zuvor, eine recht üppige Ansammlung von Notizzettelchen, auf denen diverse E-mail-Adressen oder Handynummern von irgendwelchen Frauen zu lesen waren. Üblicherweise nahm ich keinen Anstoß daran, schließlich waren sie Teil seines Privatlebens. An diesem Tag aber stellte ich ihm lapidar die Frage, ob er denn mal wieder andere Frauen kennengelernt, oder Telefonnummern bzw. E-mail-Adressen mit ihnen getauscht habe. Er reagierte ausgesprochen heftig und leugnete dies. Daraufhin nahm ich einige der besagten Notizen von seinem Schreibtisch, legte sie einfach vor seine Nase, und fragte ihn, was dies denn dann wohl sei. Er fuhr hoch und machte Anstalten auf mich loszugehen. Ich rannte ins Badezimmer, da offensichtlich Unheil drohte. Ich hörte einen laut krachenden Schlag und sah seine Faust durch das zerbrochene Holz der Badzimmertür fahren. Dann ging er auf mich los und schrie: «Das hast du doch gewollt, oder?», während ich zwischenzeitlich nach hinten zurückwich bis ich die Wanne erreichte, rückwärts einstieg und mich stehend an die Wand presste. Plötzlich fühlte ich nur noch seine Hand um meinen Hals, sah seinen wirren Blick, wollte noch um Hilfe rufen und wurde daraufhin ohnmächtig. Als ich wieder zu mir kam, lag ich auf dem Boden und fühlte mich wie im Aufwachraum nach einer Vollnarkose. Allmählich kam ich wieder in die Gegenwart zurück und sah ihn über mir stehen. Er sagte dann zu mir, ich hätte wohl Probleme mit dem Kreislauf bekommen. Ich stand unter Schock, weinte leise vor mich hin und wollte nur noch weg und nach Hause. Dort angekommen ließ ich am hellen Tage sofort meine Rollos herunter, bemerkte zwei gerötete, längliche Blessuren an der rechten Halsseite, vergrub mich im Bettzeug und dachte darüber nach, ob ich denn dieses schreckliche Erlebnis möglicherweise sogar verdient hätte, weil ich zuvor wieder einmal seinem Drängen nachgegeben hatte.

Noch in derselben Nacht gingen dann die ersten Entschuldigungsbekundungen per SMS bei mir ein. Mir wurde wieder kalt und ich fing an zu zittern. Seltsamerweise hatte ich dann aber einige Tage Ruhe. Da ich auf keine seiner

SMS reagierte, hegte ich die Hoffnung, er könnte möglicherweise tatsächlich einsichtig geworden sein, oder er würde aus Scham endgültig Abstand von mir nehmen. Einige Tage darauf versuchte er jedoch wiederholt, telefonischen Kontakt zu mir aufzunehmen; allerdings legte ich jedesmal wieder auf. Inzwischen sagte ich alle Termine ab, da ich nervlich ziemlich am Ende war und eine Auszeit benötigte. In diesem zermürbten Zustand konnte ich für niemanden ein wahrer Beistand sein, sondern musste erst meine eigene Situation mit allen mir zur Verfügung stehenden Mitteln klären. Ich hatte die Hoffnung, in einigen Wochen könne dieser Spuk vorüber sein. Glücklicherweise verfügte ich noch über etwas erspartes Geld, mit dem ich eine gewisse Zeit lang über die Runden kam. Doch wieder gingen E-mails und Faxnachrichten bei mir ein. Ich fand Briefe vor meiner Haustür oder auf meiner Fensterbank, es folgten auch kleinere Geschenke und Blumen mit angehefteten Entschuldigungskärtchen.

Dann wurde wieder eine Zeit der «schönen Worte» eingeläutet. Mehrmals täglich wurde ich über die verschiedensten Kommunikationskanäle darüber informiert, wie leid ihm all das Vorgefallene doch täte, dass er ja schließlich «nur abdrehen» würde, weil er «so an mir hänge», weil «seine Vergangenheit und seine Verlustängste ihn wieder einholen» würden, usw. Er fing wiederum an, mir fast komplette Spiralblöcke voll zu schreiben, um mir mitzuteilen, was er «inzwischen alles verstanden hätte» und was ihm die Gespräche mit mir «gebracht» hätten; er habe nun auch «seinen Glauben entdeckt» und denke häufig über sein vergangenes Handeln und die Konsequenzen nach. Meine Person gäbe ihm dabei so viel Kraft und Motivation, und ich solle ihn doch jetzt nicht «fallen lassen». Jetzt (!), da er doch endlich wirklich begreife, was er mir alles angetan hätte. Ich reagierte nicht. Daher rief er immer häufiger an und legte auf, wenn ich den Hörer abnahm oder er ließ bis zu 30 oder 40 Mal am Tag mein Telefon läuten. Ich hatte keine ruhige Minute mehr, ein absoluter Belagerungszustand war eingetreten.

Eine weitere Variante kam hinzu, denn einige Tage danach nahm plötzlich seine Mutter telefonischen Kontakt zu mir auf. Sie versuchte, mich davon zu überzeugen, dass dieser «Gewaltausbruch» mit Sicherheit ein «einmaliger Ausrutscher in seinem Leben» gewesen sei, sie kenne doch ihren eigenen Sohn. Zudem betonte sie mehrfach, dass sie sich nicht erinnern könne, dass er «jemals so gelitten» hätte unter dem, was er getan habe, und wie sehr er mich «doch schätze und verehre», wie leid ihm das alles täte. Sie bat um Verständnis für ihn, dass ich ihm doch eine Chance als Mensch lassen solle.

Später gingen dann erste Selbstmorddrohungen per SMS ein. Sein Leben hätte ohnehin keinen Sinn mehr, da ihn niemand brauchen oder vermissen würde. Ich zeigte keine Reaktion. Jede Nacht hörte ich seinen Motor aufheulen und ums Haus rasen oder wurde von einem Rotlichtlaser durch mein

Küchenfenster genervt. Wann immer ich wagte, kurz das Haus zu verlassen, sah ich sein Auto draußen stehen. Besonders penetrant war er, als er Urlaub hatte. Fast jeden Morgen wenn ich die Rollläden hochzog, lag ein Brief auf der Fensterbank. Wenn ich meine Abschlusstür öffnete, lag einer davor auf dem Boden. Wenn das Telefon läutete, war er dran, und wann immer ich auf mein Handy sah, fand ich bereits mehrere SMS von ihm. Freunde und Bekannte teilten mir telefonisch mit, dass bei ihnen sowohl Briefe als auch SMS eingegangen waren, in denen er mich und sie selbst denunziere und mich darstelle, als sei ich meinen eigenen Freunden gegenüber feindlich eingestellt. Jedem Adressaten fügte er Kopien meiner letzten E-mails an ihn bei, deren Datum und Absendername er mit einem Textmarker hervorhob, wohlwissend, dass ich mit niemandem darüber gesprochen hatte. Es war ein Horrorszenario ohne Verschnaufpause, jeden Tag ein neuer Schrecken.

Hinzu kam, dass er Bernd, einem Bekannten, der mir einige Male in dieser Situation zur Seite stand, die Reifen durchstechen ließ. Daraufhin gingen wir beide zur Polizei diesen Sachverhalt und ebenso den der vergangenen Körperverletzung zur Anzeige zu bringen. Bedauerlicherweise konnte man uns dort nicht weiterhelfen und den genannten Sachverhalt schien man nicht ganz ernst zu nehmen. Nachdem Bernd von Torsten Geld für zwei neue Reifen bekommen hatte, wurden beide im Laufe ihrer folgenden Gespräche «gute Kumpels». Ich hatte einen Bekannten weniger und er einen Mitstreiter – gegen mich – mehr.

Seine ungeschminkten Drohbriefe wurden immer beleidigender. Er denunzierte mich ununterbrochen und belegte mich mit Kraftausdrücken. Jede Nacht wurde zwischen 1:00 Uhr und 5:00 Uhr früh an meine Rollläden geschlagen, die Türglocke läutete Sturm und sämtliche Telefone, die ich besaß, klingelten. So musste ich zusehen, dass ich nachts abstellte, was abzustellen war. Da ich inzwischen so gut wie gar nicht mehr schlafen und essen konnte und einen erhöhten Puls und Angstzustände bekam, sobald das Telefon oder die Haustürglocke läutete, suchte ich verzweifelt einen mir bekannten Neurologen auf. Nach einem langen Vorgespräch und einer eingehenden Untersuchung verordnete er mir einen Beta-Blocker (ein Medikament zur Dämpfung des Herzrhythmus unter Stress), ein Beruhigungsmittel, ein Schlafmittel und zu Beginn auch Psychopharmaka wegen meiner zunehmenden Angstzustände. Er sollte mir helfen, mit meinen letzten Energien noch einmal beherzt gegen den Terror anzukämpfen.

Allmählich begann ich aber auch, über eine Flucht nachzudenken, weit weg ans nördliche oder südliche Ende Deutschlands. Was aber würde er dann wohl unternehmen, würde er mich weiter verfolgen? Und was, wenn er mich dort ausfindig machen würde? Ich wäre alleine und völlig auf mich selbst gestellt, ohne Familie und Freunde, hätte überhaupt keinen Schutz mehr.

Dieser Gedanke ängstigte mich ebenso wie die Vorstellung, einfach hier zu bleiben und mich weiterhin wehrlos diesem Horror aussetzen zu müssen, denn gegen Psychoterror gab es noch keine gesetzliche Handhabe, ebensowenig gegen regelmäßige Präsenz und Belagerung vor der Haustür oder gegen Telefonterror ohne erkennbare Telefonnummer.

Mit der Zeit stellte sich heraus, dass es ihn einerseits leider nicht langweilte, wenn ich mich vollständig zurückzog, andererseits reagierte er auf jeden Versuch der Gegenwehr umso heftiger und aggressiver, so dass ich davon abließ. Es war ein Dilemma. Er wollte einfach Kontakt, koste es was es wolle. Mein Rückzug bedeutete für ihn die totale Ignoranz seiner Person, was er mit Hass und Racheaktionen beantwortete, gleichgültig gegenüber der Tatsache, in welchem Zustand ich mich befand, – vielleicht aber auch gerade deswegen. Gegen Ende des Jahres, inzwischen kannten wir uns fast 1,5 Jahre, schrieb er Verleumdungsbriefe bezüglich meiner Person an Menschen meines persönlichen Umfeldes. All diese perfiden Vorgehensweisen ruinierten mich physisch, psychisch und auch wirtschaftlich in einem Ausmaß, dass ich schließlich keine Telefongespräche mehr entgegennahm, fast nicht mehr das Haus verließ und manchmal sogar tagsüber die Rollläden unten ließ. Ich wünschte mir, dass er annehmen würde, ich wäre nicht zuhause und hoffte, dadurch wenigstens einen Tag Ruhe zu bekommen.

Immer häufiger flüchtete ich zu Familie und Freunden; auch während der kommenden Weihnachten und Feiertage ließ ich mich nicht in meiner Wohnung blicken. Allenfalls den Silvesterabend 2002 auf 2003 wollte ich mit meiner besten Freundin gemeinsam verbringen, und so entschloss ich mich, sie zu besuchen, da ihre Wohnung ohnehin nicht allzu weit von der meinigen entfernt lag. Nachdem mein Bruder mich von meinem Unterschlupf bei meiner Mutter nach Hause gefahren hatte, sagte Torsten mir wie auch meinem Bruder telefonisch, dass er mich ab sofort in Ruhe lassen würde. Irgendwie musste er mitbekommen haben, dass wir uns in meiner Wohnung aufhielten. Daraufhin ließ mein Bruder mich beruhigt in meiner Wohnung zurück, mit der Bitte, dass ich mich sofort melden solle, wenn ich wieder Hilfe bräuchte. Später dann, unterwegs zu meiner Freundin, verfolgte mich Torsten mit seinem Fahrzeug und ließ auch in der Folge seinen Motor vor Gabys Haus immer wieder laut aufheulen. Nachdem Gaby mich nachts nach Hause begleitet hatte, wurde auch sie auf ihrem Rückweg von ihm verfolgt und recht derb aus seinem Fahrzeug heraus «angepöbelt». Im Anschluss kreuzte er wieder vor meiner Tür auf und terrorisierte mich lautstark vor meinem Fenster. Ich rief die Polizei. Die Beamten waren in jener Nacht allerdings alle im Einsatz. Ich erreichte meinen Bruder über Handy, schilderte ihm in kurzen Worten das Geschehene, worauf er mir umgehend anbot, mich abzuholen und in Sicherheit zu bringen. Panikartig packte ich einige Kleinigkeiten zusammen und musste mich dabei mehrmals übergeben.

Torsten verfolgte uns bis zur Wohnung von Peters Freundin und ließ bis in die frühen Morgenstunden wiederholt seinen Motor aufheulen und seine Scheinwerferlichter durch die Zimmerfenster dringen.

Ich ging dort einige Tage in Deckung und brachte es schließlich fertig, die letzten Briefe und Zettel gemeinsam mit anderen Menschen zu lesen. Unter anderem schrieb er, dass die Art, wie ich Weihnachten und Neujahr verbringen würde, ganz von mir abhinge, und dass es auf jeden Fall so werden würde wie sein Weihnachten. Auf einem Zettel mit einem angehefteten Tütchen Samen vierblättriger Kleeblätter vermerkte er, dass mich «meine Einstellung vielleicht mein Leben kosten» könnte. Wir nutzten diese Zeit, um gemeinsam eine sogenannte «eidesstattliche Versicherung» zu verfassen, welche wir beim Amtsgericht einreichen wollten, um eine «einstweilige Verfügung» zu erwirken. Ich achtete darauf, dass ich nur die Vorfälle erwähnte, die ich auch tatsächlich beweisen konnte. Kurz nach Neujahr überließen wir meine eidesstattliche Versicherung dem Amtsgericht, woraufhin der Beschluss für eine Verfügung wegen Dringlichkeit noch am selben Tage festgesetzt und dem Gerichtsvollzieher zur Überbringung ausgehändigt wurde. Laut Auflage sollte er über eine Dauer von 2 Jahren mindestens 20 m Abstand von mir einhalten, und es wurde ihm außerdem untersagt, jeglichen Kontakt zu mir aufzunehmen. Noch am selben Abend erhielt Torsten diesen Beschluss und wir warteten ab, was jetzt wohl geschehen möge. In derselben Nacht noch heftete er meinem Bruder, der sich inzwischen als Schutzperson bei mir eingenistet hatte, eine Mitteilung an die Windschutzscheibe seines Fahrzeugs, das vor meiner Wohnung geparkt stand. Sie hatte zum Inhalt, dass wir das ja «alle ganz toll gemacht» hätten, dass wir ihn «jetzt gemeinschaftlich fertig machen wollten»; aber «das Schicksal würde sich rächen».

Kurze Zeit danach ließ er mich schriftlich wissen, dass er gegen die Verfügung Widerspruch einlegen werde. Da ich inzwischen nicht mehr in der Lage war, seine Botschaften zu lesen, ohne dass mir dabei übel wurde, las mein Bruder sie mir vor, wobei er mir auf schonende Weise nur die wirklich wichtigen Passagen vortrug. Torsten setzte sowohl den Telefonterror als auch seine Klingelaktionen an meiner Haustür zu allen Tages- und Nachtzeiten und trotz der erlassenen Verfügung unbekümmert fort, inklusive der Schläge gegen meine Rollläden zur Schlafenszeit. Da inzwischen die Nerven meiner Familie, Freunde und Nachbarn recht blank lagen, entschloss ich mich, seine Verstöße dem Amtsgericht zu melden. Daraufhin legte er Widerspruch ein, er wollte das Strafgeld nicht bezahlen und seinerseits erwirken, dass die Verfügung aufgehoben werde. So wurde also ein Termin für eine Anhörung anberaumt, bei der ich anwesend sein musste. Vorab erhielt ich eine Zuschrift vom Gericht. Bereits beim Lesen der Argumente bezüglich seines Widerspruches wurde mir übel. Ich hatte bis dato noch nie mit einem Menschen zu tun gehabt, der sich mir gegenüber in einer derart linkischen, hinterhältigen und unverfroren dreisten Art offenbart hatte.

Zwischenzeitlich setzte er weiterhin sämtliche Hebel in Bewegung, um zu erwirken, dass ich die Verfügung aus freien Stücken zurückziehe. Er setzte sich über die Verfügung hinweg, rief mich an, und ließ mir E-mails zukommen, in denen er mir nahe legte, dieselbe doch zurückzunehmen. Ob einer solchen Unverfrorenheit musste ich mich dann auch immer wieder selbst fragen, wann dieser Albtraum denn endlich enden würde. Meine Hoffnungslosigkeit wuchs über mich hinaus.

Der Anhörungstermin rückte immer näher. Kurz davor beschloss ich, einige Zeugenaussagen zusammenzustellen, die seine Vorgehensweise dokumentieren sollten. Dies in der irrigen Annahme, dass auch ich Gehör eingeräumt bekäme. Alle Beteiligten erklärten sich auch hierzu bereit und so stellte ich akribisch Aussagen zusammen, inklusive seiner gesamten Flut an E-mails, Briefen, Faxen und schriftlichen Botschaften. Insgesamt ergab dies einen gefüllten Ordner und zwei Einkaufstüten voll mit schriftlichen Mitteilungen. Je näher der Termin rückte, desto intensiver wurden seine Terroraktionen. Seine Aktivitäten startete er jeweils gegen Mitternacht, wobei er seinen Motor aufheulen ließ und endlos ums Haus raste.

Leider hatte ich damals noch keine Videokamera, solcherlei Hilfsmittel wie auch eine elektronische Anruferkontrolle legte ich mir erst zu einem späteren Zeitpunkt zu. Ich hatte vor besagtem Anhörungstermin noch einen Termin bei meinem Neurologen, der inzwischen sehr besorgt war, da sich zum einen mein Gesundheitszustand nicht merklich gebessert hatte, und andererseits kurz vor dem Gerichtstermin eine zunehmend diffuse Angst in mir aufkam. Mein Arzt tat alles, um mich zu ermutigen und bot mir obendrein auch eine gerichtlich verwendbare schriftliche Stellungnahme zur Erläuterung meines entstandenen Krankheitsbildes an. Er erklärte mir, dass auch dies eine weitere Möglichkeit sei, um klar herauszustellen, was mir bisher alles widerfahren war, wie dieser Mensch mich bis in die Krankheit hinein zu terrorisieren verstand. Über so manche Aspekte wäre die Richterin ja sicherlich auch noch nicht informiert.

Die Nacht vor diesem Termin war ebenso kurz wie grauenhaft. Entsprechend fühlte ich mich natürlich auch. Aber ich wollte diesen Tyrannen meinen Zustand nicht anmerken lassen. Mir war bewusst, dass ihn das triumphieren lassen würde. Endlich aber traf auch die Richterin ein. Sie würdigte mich allerdings kaum eines Blickes, was nicht unbedingt zu meiner Ermutigung beitrug. Ich war etwas irritiert, allerdings aber auch zu nervös, um mir

Gedanken darüber zu machen. Ich platzierte mich anschließend so neben ihn, dass er fast außerhalb meines Gesichtsfeldes saß. Als es dann endlich losging, lieferte er sofort einige Kostproben seiner Dreistigkeit. Was er alles für mich getan habe – und wie ich ihn jetzt darstellen würde. Offensichtlich war die Richterin ihm recht zugetan; sie ließ ihn ununterbrochen argumentieren, unterbrach mich selbst aber, wenn ich den einen oder anderen Einwand äußern wollte. Ich hätte ja wohl meine Aussage bereits gemacht, jetzt sei Herr M. dran. Er fuhr also fort in seiner gewohnten Dreistigkeit: Ich selber würde mich ja bei ihm melden, ich würde ihn nerven, nicht umgekehrt. Ich schüttelte verneinend den Kopf und deutete auf meine zusammengestellte Beweismappe, welche ich der Richterin vorab bereits zur Einsicht geben wollte, was sie aber ablehnte. Es war für mich unfassbar, was hier ablief. Die Richterin riss mich aus meinen Gedanken mit der Bemerkung, dass ich «daraus etwas lernen» sollte. Nachdem ich abermals von ihr dazu ermahnt wurde, etwas daraus zu lernen, stimmte Torsten der Auflage zu, mich künftig in Ruhe zu lassen; und dies auch zu Feiertagen oder sonstigen Anlässen. Die Verfügung wurde also aufrechterhalten. Im Gegenzug sollte ich meinen Strafantrag zurücknehmen. Ich stimmte dem zu, denn eine andere Möglichkeit blieb mir ja nicht. Die Sitzung war beendet.

Wie man sich mittlerweile denken kann, ging es dann kurze Zeit später auch schon wieder los. Er setzte seine Belästigungen fort und wieder meldete ich alle Vorfälle dem Amtsgericht schriftlich. Da die zu entrichtenden Strafgelder von mal zu mal angehoben wurden, ließen seine Aktionen auch allmählich nach. Eines Tages meldete er sich dann doch wieder per SMS und bat darum, ich möge diesen Verstoß nicht der Polizei melden, aber «sein Vater sei vor einigen Stunden gestorben»; «er sei fertig und weine die ganze Zeit». Natürlich antwortete ich nicht. Etwas später ging dann das Telefon. Zuerst war ein Schluchzen zu vernehmen, anschließend dann auch seine Stimme: «Leg bitte nicht auf, ich bin völlig am Ende». Weinend fuhr er fort: «Mein Vater, weißt Du, mein Vater...», – ob er einen Moment reden dürfe. Ich sei der einzige Mensch gewesen, mit dem er je so offen sprechen konnte usw. Ich gab ihm zu verstehen, dass das nicht gehe; dass mir das sicherlich sehr leid täte, aber ich könne und wolle ihm nicht helfen.

Einige Wochen darauf meldete er sich noch einmal. Er sei so verzweifelt, da er zu einer «DNA-Analyse» müsse. Und dies im Zusammenhang mit einem «Mord an einem jungen Mädchen hier in der Nähe». An der Ladung zu dieser Analyse sei nur meine Verfügung schuld, weil er bei der Polizei nun aktenkundig geworden wäre etc. Ich legte den Hörer auf. In seiner «unsäglichen Trauer» blieb ihm dann offenbar auch nichts anderes übrig, als zur Nachtzeit meine Rollläden mit rohen Eiern zu bewerfen, wobei man ihn glücklicherweise mindestens einmal ertappte. Ein Nachbar fertigte umgehend eine schriftliche Zeugenaussage für meine nächste, anstehende Meldung. Dann wiederum fand ich auf meiner Fensterbank plötzlich einige seiner Gartenrosen zwischen besagten Eierschalen vor. Dies zu einem Zeitpunkt, der mich offenbar an das Datum unserer ersten Begegnung erinnern sollte. Allerdings ging er dann anschließend wieder zu Eiern über. Als mein Vermieter seinerzeit die Polizei aufgesucht hatte, um Anzeige zu erstatten, bestellte man ihm, dies sei eine «Privatsache zwischen Frau P. und Herrn M.».

Ich dokumentierte also unentwegt die Verstöße meines Verfolgers und meldete diese bei Gericht, in der Hoffnung, dass es daraufhin möglichst bald ein Ende nehmen würde. Offenbar kam es ihm aber überhaupt nicht in den Sinn, seine Aktionen einzustellen. Kurz nach meiner letzten Meldung fand ich im Abstand von einigen Tagen zwei tote Enten unter meinen Fenstern vor. Beide Vorfälle meldete ich umgehend den zuständigen Polizeibeamten, die sich daraufhin «halt mal» einen Vermerk machten, die Kadaver dann jeweils mitnahmen und anschließend entsorgten. Die zweite tote Ente wurde jedoch vorher auf Spuren untersucht und dabei festgestellt, dass dieses Tier von einem Hund gerissen worden war. Aber es lagen ja leider «keine hinreichenden Verdachtsmomente» vor, um möglichen Hinweisen in Herrn M.'s Fahrzeug nachzugehen. Und der zuständige Kommissar zeigte sich auch keineswegs an der Aufklärung interessiert. Immerhin nahm sich einer jener Beamten später wirklich meines Falles an. Er meldete sich eines Tages ganz unverhofft bei mir, da er von den ständigen Belästigungen erfahren hatte und der Meinung war, dass dies so nicht weitergehen könne. Endlich war da mal jemand, der sich offiziell für meine Belange einsetzte. Auf diese Weise wurde ich immerhin auch auf dem Laufenden gehalten, und ich fühlte mich zudem nicht mehr ganz so ausgeliefert und ungeschützt.

Nach und nach reduzierte Torsten seine Aktivitäten, und auch die Abstände zwischen den sporadischen Attacken wurden zunehmend größer. Eines Morgens lagen dann doch wiederum Bein -und Schädelknochen eines toten Tieres auf meiner Fensterbank. Umgehend meldete ich diesen Vorfall der Polizei. Die Beamten übergaben mir die Knochenreste in einem Klarsichtbeutel. Den Beutel hinterließ ich dann zusammen mit meiner neuesten Verstoßsammlung direkt im Sekretariat der zuständigen Richterin. Sollte sie doch selbst einmal davon Kenntnis nehmen, mit welch abartigen Vorgehensweisen ich konfrontiert war. Zudem legte ich ihr noch einige Infoblätter über das Stalking-Phänomen bei. Zwar musste Torsten daraufhin wiederholt zahlen, aber seine Aktionen endeten damit keineswegs. Unter anderem störte er einige Monate später die Feier meines 40. Geburtstags, als er kurz nach 0.00 Uhr per Handy Polizeibeamte zu uns kommen ließ; wegen Lärmbelästigung versteht sich. Als die Beamten damals erschienen, waren sie sichtlich betreten, denn weder die Musik noch meine Gäste waren zu laut gewesen. Wir erklärten ihnen kurz meine Leidensgeschichte und einer der

Beamten konnte ermitteln, dass der Anruf nicht aus unserem Haus kam. Sie wünschten uns noch eine schöne Feier.

Etwa zu dieser Zeit, im Juli 2003, erhielt ich von einem befreundeten Anwalt den Tipp, ich solle doch an die Öffentlichkeit gehen, das helfe noch am ehesten. Er stellte den Kontakt zwischen mir und einem Produktionsteam her, das für verschiedene Fernsehsender arbeitete. Einige Wochen später kamen sie auch schon angerückt mit einer Kamera und einer Menge Fragen. Durchlebte Szenen wurden vor Ort nachgestellt, der Sachverhalt wurde zusammengefasst und komplettiert durch ein Interview mit mir. Obendrein aber wurde Torsten an seinem Arbeitsplatz aufgesucht, da auch er zu den Vorfällen Stellung nehmen sollte. Zuerst wollte er sich nicht äußern, dann versuchte er mich lächerlich zu machen, dass ich mich wegen ein paar SMS aufregen würde usw. Schließlich erklärte er, dass ich psychisch nicht gesünder sein müsse, nur weil ich Psychologin sei. Am Ende des Gesprächs wurde Torsten zornig, da er nicht wollte, dass seine Aussagen ausgestrahlt würden. Gottlob war das Team über den tatsächlichen Hergang informiert, da ich ihnen im Vorfeld den kompletten Sachverhalt schildern und sämtliche Dokumentationen und Beweismittel vorab vorlegen musste. Alles in allem wurde eine knappe 5-Minuten-Reportage daraus. Wohlmeinend hatte man aber seine haltlosen Retourkutschen und Gemeinheiten herausgeschnitten. Einen seiner Sprüche hat man dann aber doch mit ausgestrahlt: «da gehören immer zwei dazu. Einer der es macht und einer der es mit sich machen lässt!» Einige Wochen später erfuhr ich, dass er seinen Arbeitsplatz aufgeben musste, weil sich herausgestellt hatte, dass er seinen Chef, den Inhaber des Radladens, bereits seit Jahren geschäftsschädigend hinterging.

Abschließend kann ich sagen: Ich wurde zum Kampf gefordert – und ich habe ihn angenommen. Zum ersten Mal habe ich wirklich um mein Leben, um meine gesamte Existenz gekämpft. Der Kampf hat sich gelohnt. Ich kann an dieser Stelle jedem Opfer nur Mut zusprechen, nicht aufzugeben. Und ich kann inzwischen auch behaupten, dass man nach einem solchen Kampf stärker ist als je zuvor. Aber man muss ihn mit aller Kraft und mit unbeugsamem Willen führen, frei von jeglicher Scham und Schuld. Außerdem muss man dazu bereit sein, aus dem, was einem widerfahren ist, zu lernen und mit sich selbst ins Reine zu kommen.

4. Wie man ein Stalking-Opfer wird und sich dagegen zur Wehr setzen kann

Peter Gass

Stalkee ist der Fachausdruck für Menschen, die von Stalkern verfolgt und heimgesucht werden (Hall, 1998). Viele von ihnen wollen nicht als Opfer bezeichnet werden, obwohl sie das oftmals zweifelsohne sind. Das Wort Opfer hat für sie jedoch die Konnotation von Hilflosigkeit, Wehrlosigkeit und Machtlosigkeit. Völlig hilf- und wehrlos sind Stalkees allerdings praktisch nie, außer aufgrund von falschen Grundüberzeugungen. Welche Art des Widerstands allerdings die beste ist, kann manchmal schwer zu entscheiden sein. Wie die vorangegangenen Kapitel aufgezeigt haben, sind Stalking-Verhaltensweisen hochkomplex und ebenso die Täter-Opfer-Beziehungen. Daher gibt es einerseits allgemeingültige, andererseits auch sehr spezielle Empfehlungen, wie sich Stalkees verhalten sollen. Diese Verhaltensregeln werden im vorliegenden Kapitel ausführlich erörtert und in einen lerntheoretischen Kontext gestellt. Wie so häufig im Leben gibt es dabei jedoch keine hundertprozentigen Garantien, dass diese Regeln auch immer greifen.

4.1 Wer wird gestalkt?

Stalking passiert häufiger, als dies gemeinhin angenommen wird. Untersuchungen in England, Australien und den Vereinigten Staaten haben ein Risiko von 10 bis 15 Prozent ergeben, irgendwann einmal im Leben gestalkt zu werden (Mullen et al., 2000). Auch eine erste deutsche epidemiologische Studie, die in einer mittleren Großstadt durchgeführt wurde, zeigte mit 11,3 % Prozent eine ähnliche Lebenszeitprävalenz (Dreßing et al., 2005). Praktisch jeder kann potenziell ein Opfer werden, unabhängig von Alter, Geschlecht, Beruf oder Religion. Allerdings sind etwa 80 Prozent der Täter Männer und etwa 80 Prozent der Opfer Frauen. Es gibt jedoch auch gleichgeschlechtliches Stalking (Dreßing et al. 2002). Der Einfachheit halber wird im folgenden immer die männliche Form «der Stalker» verwendet werden.

Stalkees können entsprechend der früheren Täter-Opfer-Beziehung in drei Gruppen eingeteilt werden (Dressing/Gass, 2005): 1.) das Opfer ist ein/e Fremde/r; 2.) das Opfer ist ein/e Bekannte/r; 3.) das Opfer ist ein/e ehemalige/r Intimpartner/in. Die meisten Stalkees gehören in die letzte Gruppe und sind gewöhnlich Frauen. Bei einigen Opfern beginnt ein Nachstellen bereits, bevor die Beziehung beendet ist, da ihre Partner chronisch eifersüchtig, kontrollierend und übergriffig sind. Die entsprechenden Verhaltensweisen der Stalker sollen die jeweiligen Partner/innen einschüchtern oder gar sozial isolieren, um ein Aussteigen aus der Beziehung zu verhindern. Manchmal beginnt das Stalking aber auch erst nach der Trennung und bei zuvor weitgehend unauffälligen Verhaltensweisen während der Beziehung. Mitunter fängt das Stalking aber auch erst an, nachdem der Ex-Partner eine neue Beziehung eingegangen ist. Ehemalige Intimpartner sind häufig die hartnäckigsten Stalker mit einem großen Spektrum von unerwünschten Verhaltensweisen, darunter auch in einem hohen Prozentsatz körperliche Gewalt (Walker/Meloy, 1998). Allerdings lassen sie sich auch oftmals durch polizeiliche oder juristische Maßnahmen einschüchtern. Schwierig wird die Situation dann, wenn Täter und Opfer gemeinsame Kinder haben, und der Stalker, zumeist der Vater, ein Besuchsrecht hat, welches er zur unerwünschten Kontaktaufnahme missbraucht. Dagegen zeigen Stalking-Verhaltensweisen, die nach eher kurzen Beziehungen auftreten, ein geringeres Risiko für körperliche Gewalttaten, möglicherweise weil der Täter weniger «emotional in die Beziehung investiert hat». Beziehungsgeschädigte, von Ex-Partnern verfolgte Stalkees leiden häufig an Schuldgefühlen, sei es wegen ihrer Partnerwahl, sei es ob der Tatsache, dass sie verfolgt werden. Gelegentlich werden diese Schuldgefühle auch noch von nahen Angehörigen verstärkt, die entweder «gleich gewusst haben», dass mit dem Ex-Partner etwas nicht stimmt, oder die im Gegenteil gar die Trennung kritisieren. Diesen Stalkees sollte vermittelt werden, dass die meisten Täter zuvor durchaus so angepasst sind, dass man das Stalking-Verhalten nicht vorhersagen kann. Abschließend bleibt festzuhalten, dass unsere eigene epidemiologische Studie gezeigt hat, dass eine Korrelation zwischen einem erhöhten Risiko, Stalking-Opfer zu werden, und abhängigen (dependenten) oder selbstunsicheren Persönlichkeitszügen besteht. (Dressing et al., 2005). Es bleibt derzeit offen, ob die erhobenen Persönlichkeitszüge eine Folge des Stalking-Verhaltens sind, oder aber vielmehr einen bereits zuvor schon bestehenden Risikofaktor darstellen. In jedem Fall tragen solche Persönlichkeitszüge zu einer Aufrechterhaltung des Stalking bei. Vermutlich fällt es nämlich Personen mit den genannten Charakterzügen schwerer als anderen Menschen, sich mit unmissverständlichen Aussagen klar gegenüber unerwünschten Verhaltensweisen abzugrenzen, möglicherweise verstärken sie sogar gelegentlich ungewollt solches Verhalten. Intermittierend verstärktes Verhalten ist jedoch, wie noch gezeigt werden wird, aus lerntheoretischer Sicht besonders löschungsresistent.

4.2 Warum wird gestalkt?

In unserer eigenen Klassifikation von Stalking-Verhaltensweisen unterscheiden wir in einer zugegebenermaßen recht groben Einteilung drei unterschiedliche Motive für Stalking: 1.) Hass/Rache; 2.) Liebe; 3.) narzisstische Bedürfnisse (Dressing/Gass, 2005). Dabei ist die Tatsache wichtig, dass die hier zuerst genannte Motivationslage das höchste Risiko für gewalttätiges Verhalten birgt. Die Risikoeinschätzung und Gefährlichkeitsprognose sollte grundsätzlich aber in jedem Einzelfall von einem professionellen Helfer getroffen werden. Am ehesten lassen sich noch Rückschlüsse über die Motivation des Stalking ziehen, wenn das Opfer seinen Verfolger kennt. Wenn es sich, entsprechend der ersten Ebene unserer eigenen Klassifikation (siehe 4.1), um einen psychotischen Stalker handelt, kann das Opfer beispielsweise eine gesetzliche Betreuung beantragen. Ein gesetzlicher Betreuer kümmert sich um den Betreuten, wenn Problemverhalten auftritt, und kann z. B. eine Einweisung in ein psychiatrisches Krankenhaus veranlassen, wo dann zumeist eine Behandlung eingeleitet wird. Häufig handelt es sich bei Stalkern jedoch nicht um Menschen, die an schweren psychiatrischen Erkrankungen leiden. Betrachtet man die unterschiedlichen Motive und die daraus resultierenden Verhaltensweisen verschiedener Stalking-Typen (Meloy, 1998; Mullen et al., 1999), so wird rasch deutlich, dass diese kaum mit einer einzigen Theorie erfasst oder gar erklärt werden können. Da pathologische Bindungsmuster und gestörtes Beziehungsverhalten das am häufigsten beobachtete Persönlichkeitsmerkmal von Stalkern darstellt, sind die am weitesten entwickelten Ansätze zur Erklärung des Phänomens im Bereich der psychoanalytischen Theorien zu finden (Voß, 2004). Dabei hebt vor allem die sogenannte Objektbeziehungstheorie (mit Objekt ist dabei ein anderer Mensch gemeint) auf eine gestörte Beziehungsentwicklung in der frühen Kindheit ab, insbesondere in der Beziehung zur primären Bezugsperson, in der Regel der Mutter. Ziel der frühkindlichen Persönlichkeitsentwicklung ist der Aufbau eines stabilen Selbst, das jene Instanz in einer Person repräsentiert, in die positive Erfahrungen über sich selbst aufgrund der Interaktion mit der Umwelt integriert werden. Störungen in der Bindungsgenese der frühen Kindheit oder gar das völlige Fehlen eines Bindungsaufbaus bewirken ihrerseits gestörte soziale Beziehungen im späteren Leben oder die Unfähigkeit, überhaupt eine auf Dauer angelegte befriedigende Beziehung zu einem Partner oder einer Partnerin aufzubauen.

Häufig bleiben jedoch die psychodynamischen (innerpsychischen) Ursachen für das Stalking-Verhalten verborgen und treten erst zutage, wenn therapiemotivierte Täter sich in psychiatrische Behandlung begeben. Anstatt über die Ursachen und Motive des Täters zu spekulieren scheint es aus der Sicht der

Opfer daher eher wichtig, die eigenen Verhaltensweisen so zu modifizieren, dass der eigene Leidensdruck so gering wie möglich bleibt und der Verfolger in seinem Tun so wenig wie möglich verstärkt wird. In dieser Hinsicht kann eine sogenannte Funktionsanalyse helfen, entsprechende Handlungsstrategien zu entwickeln (Westrup, 1998). Eine Funktionsanalyse ist ein klassisches Element der kognitiven behavioralen Lerntheorie und Verhaltenstherapie. Kurz gesagt versucht die Funktionsanalyse darüber Aufschluss zu geben, welche äußeren und inneren Faktoren ein bestimmtes Verhalten beeinflussen, und welche dieser Faktoren kontrolliert oder gar manipuliert werden können. Das von Skinner entwickelte Konzept des operanten Konditionierens bildet eine wesentliche Grundlage der Funktionsanalyse. Skinner konnte erstmalig zeigen, dass man die Auftretenswahrscheinlichkeit bestimmter Verhaltensweisen durch Belohnung oder Bestrafung beeinflussen kann. Nach diesem Konzept ist jeder Kontakt des Stalkers mit seinem Opfer und insbesondere jede Reaktion oder Zuwendung als eine positive Verstärkung (Belohnung) zu betrachten. Besonders effektiv ist intermittierende Verstärkung, d. h. also eine Verstärkung, die nicht regelmäßig auf ein bestimmtes Verhalten hin einsetzt, sondern nur sporadisch nach diesem Verhalten gezeigt wird. Um das einmal an einem anschaulichen Beispiel an der Eltern-Kind-Beziehung zu verdeutlichen: wenn man sich gelegentlich an der Kasse im Supermarkt vom Quengeln seines Kindes dahingehend beeinflussen lässt Süßigkeiten zu kaufen, darf man sich nicht wundern, wenn dieses Quengeln niemals aufhören wird. Ein Verhalten, das auf diese Weise intermittierend verstärkt wird, baut sich besonders intensiv auf und seine Auftretenswahrscheinlichkeit wird immer höher. Schließlich wird es immer unwahrscheinlicher, dass das unerwünschte Verhalten irgendwann einmal aufgegeben wird. Im Gegenteil, das Individuum lernt stattdessen, dass es ein bestimmtes Verhalten besonders häufig und hartnäckig zeigen muss, um belohnt zu werden.

Eine der häufigsten Stalking-Verhaltensweisen sind unerwünschte Telefonanrufe. Durch solche erfährt der Stalker am Anfang auch immer eine positive Verstärkung, da die zunächst ahnungslosen Opfer die Anrufe in der Regel entgegennehmen. Eine weitere positive Verstärkung kommt häufig dadurch zu Stande, dass die Stalkees, wenn sie merken, was es mit dem Anruf auf sich hat, eine vom Täter erwünschte oder erhoffte Reaktion zeigen. Dabei handelt es sich meist um Emotionen wie Angst, Ärger oder Wut. Daher sollte man, wenn man einen solchen Anruf entgegengenommen hat, einfach ruhig auflegen. Keinesfalls sollte man sich mit dem Täter in ein Gespräch einlassen. Höchst verhängnisvoll ist es, intermittierend zu verstärken, indem man nur gelegentlich (beispielsweise bei jedem zehnten oder zwölften Anruf) eine emotionale Reaktion zeigt oder gar ein Gesprächsangebot macht. Stalker verbinden mit ihren Telefonanrufen unterschiedliche Intentionen: manche wollen lediglich auf sich aufmerksam machen, andere möchten dadurch eine Beziehung aufbauen, dritte wollen einschüchtern oder ängstigen, und wieder andere versuchen, eine sexuelle Befriedigung aus dem telefonischen Kontakt zuziehen. Wenn man die Motivation des Stalkers kennt, kann man versuchen, diese zu konterkarieren. Wenn ein Stalker beispielsweise davon ausgeht, sein Opfer durch den Anruf zu ängstigen oder zu beschämen, so kann es ausgesprochen aversiv wirken, wenn der Stalkee einen scharfen Pfiff mit einer Polizeitrillerpfeife ausstößt. Allerdings besteht bei solchen Maßnahmen aber auch die Gefahr, dass man sich in der Motivation seines Verfolgers täuscht und letztendlich sein Verhalten doch verstärkt. Daher ist im Normalfall die beste Maßnahme darin zu sehen, sich einen Anrufbeantworter zuzulegen, so dass der Stalker am besten weder weiß, ob man zuhause ist, den Anruf wahrnimmt oder irgendwelche Botschaften überhaupt anhört. Der Anrufbeantworter sollte allerdings nicht vom Stalkee selbst besprochen werden, da es für den Stalker schon von großem Interesse sein kann, die Stimme seines Opfers zu hören. Unbedingt vermeiden sollte man jedoch auch, dass der Anrufbeantworter von einer Person besprochen wird, die ein anderes Geschlecht als das Opfer aufweist, da dadurch Eifersuchtsgefühle beim Stalker geweckt werden könnten. Konsequentes Nichtannehmen von Telefonaten führt am ehesten zur Löschung des unerwünschten Verhaltens.

Wenn ein Verhalten, das regelmäßig verstärkt wurde, auf einmal nicht mehr verstärkt wird, kann kurzzeitig aber auch eine ungewöhnlich starke Eskalation des unerwünschten Verhaltens auftreten, ein sogenannter «Extinction-Burst». Dies bedeutet, dass das zu löschende Fehlverhalten für einen kurzen Zeitraum lang besonders intensiv stattfindet. Um bei obigem Beispiel zu bleiben: wenn ein Kind gewohnt ist, an der Supermarktkasse immer mal wieder Süßigkeiten zu bekommen, kann unter Umständen ein Tobsuchtsanfall auftreten, wenn man ihm eröffnet, dass es fortan in dieser Situation keine Süßigkeiten mehr bekommen wird. Im Falle von Stalking kann so aus einem zuvor möglicherweise noch ungefährlichen Verhalten (Belästigung ohne physische Beeinträchtigung) unvermittelt ein offen aggressives Verhalten werden. Ähnlich hat man in manchen Fällen einen bis dahin nicht beobachteten Gewaltausbruch von Stalkern interpretiert, die mit Hilfe polizeilicher oder juristischer Maßnahmen daran gehindert wurden, in die Nähe ihrer Opfer zu gelangen. Tatsächlich kam es nach der Einführung von Anti-Stalking-Gesetzen in Kalifornien in drei Fällen zur Tötung von Frauen, die gerade eine Unterlassungsklage sowie eine Bannmeile gegen ihre Verfolger erwirkt hatten. Es führt aber letztendlich kein Weg an einer klaren Ziehung von Grenzen vorbei. Auch sind solche extremen Gewalttaten insgesamt sehr selten. Aufgrund des Extinction-Burst sollte in den ersten Wochen nach dem erzwungenen Kontaktabbruch die Situation eher mit erhöhter Aufmerksamkeit beobachtet werden und unter Umständen zusätzliche Sicherheitsmaßnahmen ergriffen werden (z. B. nicht alleine auszugehen, bei Freunden oder der Familie zu übernachten etc.).

4.3 Die Chance reduzieren ein Stalkee zu werden

In jenen Fällen, in denen der Stalker ein völlig Fremder ist, bestehen im Vorfeld normalerweise wenig Möglichkeiten, der Verfolgung zu entgehen. Anders ist das bei früheren Beziehungspartnern und bei beruflichen, geschäftlichen oder privaten Kontakten. Hier gibt es bestimmte Charakter- oder Verhaltenszüge, die einen zur Vorsicht ermahnen sollten. Dazu gehören ein hohes Ausmaß an Besitzergreifung, Neid, ausgeprägtes manipulatives Verhalten und obsessives Verhalten (zum Beispiel exzessive Verehrung von Berühmtheiten mit Erwerb von Devotionalien etc.). Solche Menschen zeigen oder erwarten häufig ein unrealistisch hohes Ausmaß an Engagement bereits im frühen Stadium einer Beziehung, verlangen ein hohes Maß an Kontrolle (z. B. über Aktivitäten, Kleidung etc. ihrer Partner) und schwanken in ihrer Haltung zwischen völliger Hingabe und gekränkter Zurückweisung. Viele Stalker haben nur wenige oder gar keine anderen Beziehungen, eine geringe Frustrationstoleranz und ein schlecht ausgeprägtes Selbstwertgefühl. Obwohl es sich dabei nicht um spezifische Indikatoren handelt, sollten einen solche Merkmale stutzig werden lassen. Wenn Partner, von denen man sich trennen möchte, einige oder gar zahlreiche der genannten Persönlichkeitsmerkmale aufweisen, sollte man versuchen, besonders klare und «saubere» Trennungen zu vollziehen, um potentiellem Stalking-Verhalten vorzubeugen.

Viele Menschen, denen unerwartet Avancen gemacht werden, wissen nicht so recht, wie sie damit umgehen sollen. Wenn man jedoch weiß, dass man keine Beziehung eingehen möchte oder noch nicht einmal Kontakt wünscht, sollte man dies möglichst frühzeitig und unmissverständlich zum Ausdruck bringen. Dabei sollte man sein Gegenüber das Gesicht wahren lassen und versuchen, Kränkung und Verärgerung beim anderen zu vermeiden. Manchmal sind solche Gefühle bei rachsüchtigen Menschen nämlich der Auslöser für chronische Verfolgung. Andererseits sollte man sich nicht aus Höflichkeit oder Mitleid auf unerwünschte Kontakte oder Beziehungsangebote einlassen. Dazu bedarf es auch nicht langer Erklärungen oder Rechtfertigungen. Man sollte sich auch nicht durch Androhung von selbstschädigendem Verhalten, zum Beispiel Suiziddrohungen, dazu nötigen lassen, Kontakt aufzunehmen oder aufrechtzuerhalten. Häufig versuchen potentielle Stalker auch bei ihren Opfern Schuldgefühle auszulösen und über diesen Weg den Kontakt zu erzwingen, etwa indem sie mitteilen, dass es ihnen gerade sehr schlecht geht, z. B. weil ein Familienmitglied schwer erkrankt sei.

Angesichts steigender Kommunikationsmöglichkeiten und zunehmender Vernetzung ist es umso wichtiger, seine Privatsphäre zu wahren und persönliche Informationen zu schützen. Daran sollte man vor allem denken, wenn man sich in der scheinbaren Anonymität des Internets wähnt. Vorsicht sollte ebenfalls eine Maxime im Umgang mit Kontaktanzeigen und Partnerschaftsagenturen sein. Menschen, die beruflich mit Publikumsverkehr oder Klienten zu tun haben, tragen ein höheres Risiko, ein Stalking-Opfer zu werden. Angehörige solcher Berufsgruppen, z. B. Ärzte, Therapeuten, Rechtsanwälte oder Sozialarbeiter, müssen besonders darauf achten, Berufliches und Privates strikt getrennt zu halten. Manche Menschen leiten aus der Tatsache, dass ein professioneller Helfer bestimmte Aspekte ihres Privatlebens gut kennt, irrtümlicherweise ab, umgekehrt ebenfalls ein Recht auf solche Kenntnisse zu besitzen. Trotz umsichtiger Verhaltensweisen ist man letztendlich jedoch nicht dagegen gefeit, ein Opfer von Stalking zu werden.

4.4 Wie kann man sich gegen Stalking zur Wehr setzen

Ein wichtiger Grundsatz bei Stalking ist, dass man in einem ersten Schritt zunächst einmal nur sein eigenes Verhalten verändern kann und erst in einem zweiten Schritt darauf hoffen darf, damit auch das Verhalten des Stalkers zu verändern. Dies scheint für die Opfer von chronischer Belästigung und Verfolgung zwar nicht gerecht, allein, es geht hier nicht um Gerechtigkeit sondern um Pragmatismus. Prinzipiell stehen jedem Menschen viele Möglichkeiten zur Verfügung, neue Verhaltensweisen zu entwickeln und andere aufzugeben. Für Stalkees ist es wichtig, sich klar zu machen, welche der möglichen eigenen Verhaltensveränderungen funktionell sind und welche eher dysfunktionalen Charakter haben. Da Stalking kein einheitliches Verhalten darstellt und Stalker ganz unterschiedliche Motive für ihr Tun aufweisen, kann es keine einzelne effektive Strategie geben, um Stalking zu stoppen. Entsprechende Strategien müssen daher zahlreiche Gesichtspunkte in Betracht ziehen: die individuellen Umstände einschließlich möglicher früherer Beziehungen zwischen Opfer und Stalker, die wahrscheinliche Motivation des Stalkers und seinen Geisteszustand, die Methoden, die er benutzt, und die rechtliche Situation, in der das Stalking geschieht. Es gibt jedoch eine ganze Reihe von grundsätzlichen Strategien, die sich als nützlich erwiesen haben, um Stalking zu bekämpfen (Pathe, 2002). Nicht alle diese Strategien sind in jedem Einzelfall gültig. Die oberste Maxime einer jeden Strategie sollte es sein, die Sicherheit des Opfers und seiner Angehörigen so gut wie möglich zu gewährleisten.

Kontakt vermeiden
Eine fast immer richtige Grundmaxime ist es, jeden Kontakt mit dem Verfolger so gut wie möglich zu vermeiden. Wenn man dem Täter einmal unmissverständlich gesagt hat, dass man keinerlei weitere Kontaktaufnahme wünscht, ist in der Regel jeder weitere Versuch zwecklos, an seine Vernunft oder sein Mitgefühl zu appellieren. Im Gegenteil, jede Kontaktaufnahme und jede Art von Antwort (positiv oder negativ) stellt eine Art Belohnung für den Verfolger dar, im Sinne der bereits beschriebenen intermittierenden Verstärkung. Dazu zählen auch vermeintlich ablehnende Antworten wie z. B. das Zurückschicken ungeöffneter Briefe oder Pakete. Oftmals wird jede dieser Antworten, vor allem von zurückgewiesenen, Liebe suchenden und inkompetenten Stalkern und erst recht von psychotischen Stalkern uminterpretiert, z. B. als eine Annahme des Kontaktangebots angesehen. So irrational es klingen mag, hoffen diese Menschen doch häufig, dass ihre Hartnäckigkeit eines Tages belohnt werden wird. Jede Art von Kontaktaufnahme zu meiden setzt erhebliches Beharrungsvermögen, Konsequenz und oftmals auch Mut voraus. Andererseits gibt es kein kontraproduktiveres Verhalten, als dass man irgendwann doch einmal ein Kontaktangebot des Stalkers annimmt. Wenn man zum 30. Mal von seinem Verfolger angerufen wird und aus Wut oder Frustration den nächsten Anruf entgegennimmt, um Dampf abzulassen, so lernt der Stalker nichts anderes, als dass man 30 Mal wählen muss um einmal durchzukommen. Im Sinne der oben erwähnten intermittierenden Verstärkung trägt man so, ohne es zu wollen, zur Fortsetzung oder Intensivierung des Stalking-Verhaltens bei.

Herstellen von Öffentlichkeit
Herstellen von Öffentlichkeit fällt manchen Stalking-Opfern schwer, da sie sich der Tatsache schämen, dass sie verfolgt werden. Unter Umständen führen auch Schuldgefühle des Opfers, etwa in dem Sinne, zu der Situation selbst beigetragen zu haben, dazu, dass die Betroffenen die Problematik für sich behalten. Es ist jedoch extrem wichtig, seine Familie, Nachbarn, Freunde und auch die Polizei über das Stalking zu informieren. Dies gewährleistet einerseits häufig Verständnis und Unterstützung und verhindert zum anderen, dass der Verfolger Menschen aus dem Umfeld seines Opfers unwissentlich für seine Zwecke einspannt oder ausnutzt. Außerdem erhöht dies die persönliche Sicherheit des Opfers. Wenn möglich, sollte das Opfer seinem Umfeld eine Beschreibung oder besser noch eine Fotografie des Stalkers

4. Wie man ein Stalking-Opfer wird und sich dagegen zur Wehr setzen kann

zukommen lassen. Diese Informationen sollten zusätzlich Vorgaben darüber enthalten, welche Maßnahmen zu treffen sind, falls der Verfolger auftaucht (z. B. die Polizei zu benachrichtigen). In jedem Fall sollte das Umfeld immer wieder instruiert werden, keinerlei persönliche Informationen preiszugeben. Falls Kinder im Haushalt des Opfers leben, müssen auch diese angehalten werden, keine Briefe oder Pakete anzunehmen und am Telefon keinerlei Informationen an fremde Anrufer weiterzugeben.

Dokumentation
Das Sammeln von Beweismaterial und die sorgfältige Dokumentation jeglichen Stalking-Verhaltens sind lästige und manchmal als entwürdigend empfundene Maßnahmen, aber ungeheuer wichtig. Man sollte jeden Vorfall mit einer kurzen Beschreibung sowie Datum und Uhrzeit dokumentieren, wenn möglich auch die Namen von Zeugen. Dies ist oft unabdingbare Voraussetzung für die Einleitung von polizeilichen oder gerichtlichen Maßnahmen. Man sollte Duplikate von diesen Aufzeichnungen anfertigen und diese an einem sicheren Ort aufbewahren. Wenn verfügbar, sollten zur Dokumentation moderne elektronische Medien (Anrufbeantworter, digitale Kameras etc.) benutzt werden. Mögliche Zeugen von übergriffigem Verhalten sollten kurze schriftliche Stellungnahmen abgeben. Außerdem sollte die Polizei umgehend über jede illegale oder kriminelle Tat in Kenntnis gesetzt werden.

Sicherheitsaspekte
Wohnung, Garage, Auto und auch ein potenzielles Ferienhaus sollten adäquat gesichert werden. Keinesfalls dürfen Fremde unter irgendwelchen Umständen in den Besitz von Schlüsseln gelangen. Die Sicherheitsmaßnahmen sollten jedoch auch realistisch bleiben und keine unnötig teuren Sicherheitsausrüstungen umfassen. Wichtig ist gute Beleuchtung an den gängigen Aufenthaltsorten, beispielsweise durch Bewegungsmelder, die so angebracht sind, dass sie nicht entfernt werden können.

Post
Falls man sehr viele unerwünschte Zusendungen erhält, sollte man seine Post von einem Vertrauten vorsortieren lassen, der alle unerwünschten Zusendungen separiert. Dabei muss man selbst nicht von jeder Sendung Kenntnis erhalten, insbesondere sollte man sich von besonders beleidigenden oder Ekel erregenden Zusendungen verschonen lassen. Von spezifischen oder realistischen Bedrohungen sollte man allerdings selbst Kenntnis erlangen.

Telefonterror
Telefonterror zählt zu den häufigsten Verfolgungsweisen, da er anonym, ohne unmittelbares Risiko und ohne größeren Aufwand praktisch zu jeder

Tages- und Nachtzeit durchgeführt werden kann. Dieses intrusive Verhalten sollte am besten mit Hilfe eines Anrufbeantworters abgeblockt werden. Außerdem kann ein solches Gerät die Anzahl und Uhrzeiten der Anrufe dokumentieren sowie etwaige unerwünschte Botschaften aufzeichnen. Selbst mit Hilfe der einfachsten Anrufbeantworter kann man heutzutage «echte» Anrufer filtern, indem man abwartet, wer sich meldet und erst dann den Anruf entgegennimmt. Technisch höherwertige Geräte gestatten die Blockade von unbekannten oder nicht identifizierbaren Nummern, oder zeigen die Nummer des Anrufers an, wenn dieser einen digitalen Anschluss hat. In Deutschland erfordert es leider einen höheren Aufwand als in anderen Ländern, eine sogenannte Fangschaltung legen zulassen. Viele Stalking-Opfer, die vorwiegend durch Telefonterror verfolgt werden, reservieren mit Hilfe moderner Telefonanlagen ihre offizielle Nummer allein für den Stalker, und nehmen ihre übrigen Anrufe über eine geheime Zweit- oder Drittnummer entgegen. Leider kann man sich zumindest derzeit noch nicht gegen unerwünschte SMS zu Wehr setzen, d. h. es gibt keine Möglichkeit, bestimmte Absender, wie das bei E-mails der Fall ist, durch einen Spam-Filter auszuschließen. Ein wenig überraschend lautet die Empfehlung des größten deutschen Telekom-Anbieters, «in diesem Fall das Handy einfach auszustellen».

Cyberstalking
Der Begriff Cyberstalking umfasst alle Arten von Stalking-Verhalten, die über das Internet stattfinden. Cyberstalker besitzen einerseits in der Regel profunde Computerkenntnisse, sind andererseits dagegen häufig emotional unreif und/oder sozial inkompetent. Typischerweise findet eine erste Kontaktaufnahme in einem sogenannten Chatroom statt. Wenn das Opfer dann den Kontakt abbricht, wird es häufig mit einer E-mail-Kampagne verfolgt, erhält Viren zugesandt oder findet Hetzschriften und Verleumdungen über sich im Internet. Wenn jemand den Fehler begangen hat, private Informationen (Liebesbriefe, Fotos etc.) preiszugeben, werden diese häufig veröffentlicht. Wenn der Cyberstalker gar private Kontaktadressen erhalten hat oder ausfindig machen konnte, geht die Verfolgung häufig offline weiter. Jeglicher Kontakt zu Fremden über das Internet sollte daher mit Zurückhaltung und Vorsicht aufgebaut werden, da man sich niemals sicher sein kann, wer der Kontaktpartner wirklich ist. Wenn man über das Internet verfolgt wird, sollte man frühzeitig den Administrator des Serviceproviders oder der Internetplattform kontaktieren. Beweismaterial sollte außerhalb des Computers auf Disketten oder CDs gesichert werden. Relativ frühzeitig sollte man auch die Polizei informieren. Im Internet selbst gibt es die sogenannten CyberAngels, ein Zusammenschluss von Tausenden von Freiwilligen in über 30 Ländern. Diese Organisation versucht das Internet zu überwachen und untersucht mehr als 10.000 Klagen über Nötigung oder Verfolgung pro Jahr.

Diese globale «neighbourhood watching organization» vertreibt ein Manual mit Ratschlägen und Maßnahmen wie mit CyberStalkern umzugehen ist (www.cyberangels.org).

Rechtliche Möglichkeiten
Für die Opfer besteht in Deutschland das Problem, dass eine strafrechtliche Verfolgung des Stalkers derzeit erst möglich ist, wenn es tatsächlich zu Körperverletzung, Sachbeschädigung, Hausfriedensbruch, Nötigung oder Bedrohung gekommen ist (vgl. Kapitel 6). Obwohl viele Stalking-Verhaltensweisen unterhalb dieser Schwelle bleiben, können sie eine erhebliche psychische Belastung darstellen. Auf zivilrechtlichem Weg kann zwar ein Unterlassungsanspruch geltend gemacht werden, dies ist jedoch mit einem nicht unerheblichen Kostenrisiko verbunden. Außerdem verstoßen viele Stalker gegen zivilrechtliche Anordnungen oder fühlen sich dadurch gar zu aggressiveren Vorgehensweisen provoziert. Da letztendlich jedoch nur Dinge juristisch verfolgt werden können, die auch zur Anzeige gebracht wurden, empfiehlt es sich, entsprechende Belästigungen und Übergriffe polizeilich dokumentieren zu lassen. Derzeit in Entstehung begriffene Stalking-Gesetze werden in Deutschland möglicherweise bald eine strafrechtliche Verfolgung auch komplexeren Stalking-Verhaltens in einer Weise zulassen, wie dies in den angelsächsischen Ländern schon heute gängige Praxis ist (vgl. Kapitel 6).

4.5 Was können Stalking-Opfer für sich selbst tun?

Ein erster Schritt, etwas für sich selbst zu tun, besteht häufig schon darin, sich auf den Gedanken einzulassen, im eigenen Denken, Fühlen und Verhalten etwas zu ändern und nicht ausschließlich auf den Stalker und dessen Verhalten fixiert zu sein. Manchmal sind Stalkees nämlich hartnäckig darauf festgelegt, das Verhalten des Stalkers zu verändern oder abzustellen. Da jedoch oftmals keine Möglichkeit besteht, aktiv auf den Stalker einzuwirken, führt eine solche Haltung regelhaft zu Frustration und Resignation. Ein alternativer Ansatz besteht daher darin, das eigene Verhalten so zu modifizieren, dass man sich trotz des lästigen Verfolgtwerdens ein möglichst hohes Maß an Freiheitsgraden, Handlungsspielräumen und Lebensqualität bewahrt. Wie bereits an anderer Stelle ausgeführt, betrifft Stalking häufig Menschen mit abhängigen oder selbstunsicheren Persönlichkeitszügen und einem geringen Selbstwertgefühl. Bei vielen Stalkees entwickelt sich auch erst unter der chronischen Verfolgung ein beeinträchtigtes Selbstbewusstsein. Hier bestehen zahlreiche Möglichkeiten, aktiv, unter Umständen auch therapeutisch, zu intervenieren.

Das Erlernen von Selbstverteidigungstechniken stellt in der Praxis nur selten eine Maßnahme dar, deren Anwendung unmittelbar nötig oder hilfreich ist. Bei manchen Opfern stärkt dies allerdings das Selbstvertrauen und vermindert das Gefühl von Hilflosigkeit und Verletzbarkeit. Verzichten sollte man allerdings unbedingt auf den Erwerb von Waffen, insbesondere von Handfeuerwaffen, da man dadurch häufig Unschuldige einschließlich sich selbst gefährdet, vor allem dann, wenn man (manchmal sogar grundlos) in Panik gerät. Oftmals ist der Verfolger auch skrupelloser als sein Opfer und kann es entwaffnen und die Waffe gegen den Stalkee einsetzen. Im Falle einer akuten Krise könnten manche Stalkees eine Waffe gar benutzen, um Selbstmord zu begehen.

Chronische Verfolgung erzeugt einen hohen Leidensdruck, der in manchen Fällen eine Krisenintervention notwendig machen kann. Der Verlust von Kontrolle über wichtige Lebensbereiche ist außerdem ein entscheidender psychischer Mechanismus, der das Entstehen psychiatrischer Störungen begünstigt. Wenn man solche Störungen in Kategorien der gängigen diagnostischen Manuale für psychische Erkrankungen (z. B. ICD-10 oder DSM-IV) fassen möchte, dann finden sich häufig phobische Störungen, Symptome einer posttraumatischen Belastungsstörung und/oder depressive Syndrome. Einige Stalking-Opfer sind so verzweifelt und eingeengt, dass sie Suizidgedanken entwickeln. Klassische therapeutische Maßnahmen umfassen Entlastung, Unterstützung und Ressourcenaktivierung und dienen neben der akuten Entlastung der Vorbeugung vor länger anhaltenden oder gar chronischen psychiatrischen Störungen. Wenn solche Störungen dennoch auftreten, werden sie durch spezifische Therapien behandelt, die exakt den gleichen Grundsätzen folgen, wie wenn diese Störungen durch andere Ursachen ausgelöst werden (vgl. Kapitel 5).

Für viele Stalking-Opfer ist es allerdings ausgesprochen problematisch, mit Psychiatern oder Psychologen in Kontakt zu kommen. Sie empfinden es zurecht als paradox, dass ein wie auch immer gestörter Täter sie in aller Regel zunächst einmal unbehelligt belästigen kann, während sie womöglich eine Patienten-Rolle einnehmen sollen und gewissermaßen «psychopathologisiert» werden. Wenn es einem Stalkee trotzdem gelingt, entsprechende professionelle Hilfe anzunehmen, ist dies in der Regel nicht mit einem Schritt in eine weitere Abhängigkeit gleichzusetzen, sondern bedeutet vielmehr eine Befreiung von äußerer und innerer Einengung. «Es tut mir gut, mich coachen zu lassen» und «ich kann Neues über mich und andere lernen» könnten Maximen darstellen, die es erleichtern, sich auf eine therapeutische Beziehung einzulassen.

4. Wie man ein Stalking-Opfer wird und sich dagegen zur Wehr setzen kann

In zahlreichen deutschen Städten gibt es inzwischen auch Selbsthilfegruppen für Stalking-Opfer (Übersicht bei Tholen, 2004). Die Kontaktadressen solcher Gruppen können in aller Regel mit Hilfe einer Suchmaschine, z. B. www.google.de, im Internet gefunden werden. Das Angebot solcher Selbsthilfegruppen umfasst in der Regel ein telefonisches Erstgespräch, persönliche Einzelberatung und Treffen mit der Gruppe. Bei den Teilnehmern handelt es sich fast ausschließlich um Frauen. Diese fühlen sich durch die Gruppe in ihren Problemen wahrgenommen, verstanden und gestärkt. Vielen geht es subjektiv besser, obwohl sich die Gewaltsituation objektiv nicht verändert hat. Stalking-Opfer brauchen Unterstützung. Dabei genügt es nicht, ihnen ein Formblatt in die Hand zu drücken, Ratschläge zu geben und sie zur Vorsicht zu ermahnen. Stalking-Opfer brauchen einen Coach, der ihnen hilft, das aus den Fugen geratene Leben wieder zu stabilisieren. Eine wichtige Botschaft dieser Gruppen ist auch: «du bist nicht alleine». Abschließend sind hier noch einmal tabellarisch zusammengefasst einige grundsätzliche «Anti-Stalking-Regeln».

Wichtige «Anti-Stalking-Regeln»

Nur *eine*, dafür aber unmissverständliche Erklärung, dass kein Kontakt gewünscht wird.

Ignorieren weiterer Kontaktangebote.

Herstellen von Öffentlichkeit, d. h. Information von Nachbarn, Kollegen und Freunden.

Dokumentation aller Vorkommnisse.

Bei Telefonterror: alte Telefonnummer nicht abmelden, sondern damit die Stalking-Anrufe mit einem Anrufbeantworter aufzeichnen (aber nicht entgegennehmen). Entgegennahme von allen übrigen Gesprächen unter einer Geheimnummer.

Anzeige bei der Polizei.

5. Gesundheitliche Folgen und Möglichkeiten der Therapie für Stalking-Opfer

Christine Kühner und Meike Weiß

Die Erfahrung gestalkt zu werden greift in vielen Fällen weitreichend in das Leben der betroffenen Opfer ein. Stalking löst bei den meisten Menschen starke Angst und Furcht aus, und viele Menschen entwickeln seelische und körperliche Beschwerden als Reaktion auf die Belastung. Dies ist zum Teil dadurch erklärbar, dass Stalking häufig keine klar abgrenzbare oder abgeschlossene Episode im Leben der Betroffenen darstellt, sondern eine sich über längere Zeit hinziehende, in vielen Fällen immer weiter bestehende oder wieder aufflammbare Bedrohung darstellt. Diese potenziell anhaltende «psychologische Terrorisierung» (Spitzberg, 2002) legt nahe, dass die Viktimisierung durch Stalking in vielen Fällen gravierende Folgen bei den Opfern hinterlässt. Dieses Kapitel gibt einen Überblick darüber, welche gesundheitlichen Folgen von Stalking für Opfer und deren Angehörige beschrieben werden, und welche therapeutischen Möglichkeiten im Umgang mit den Problemen der betroffenen Menschen existieren.

5.1 Gesundheitliche Folgen von Stalking für die Opfer

Erst seit jüngerer Zeit befassen sich Studien mit der Frage, welche psychischen und körperlichen Auswirkungen Stalking auf die Opfer hat. Ein Teil der vorliegenden Untersuchungen befragte die Opfer direkt zu ihren seelischen und körperlichen Reaktionen auf die Bedrohung (Brewster, 1997; Pathe/Mullen, 1997; Hall, 1998), andere Autoren gaben standardisierte Messinstrumente zu psychischen Symptomen vor, um Vergleiche mit Referenzdaten von klinischen und nichtklinischen Stichproben zu ermöglichen (Westrup et al., 1999; Mechanic et al., 2000; Kamphuis/Emmelkamp, 2001; Blaauw et al., 2002; Kamphuis et al., 2003).

Fast alle Untersuchungen befragten Stalking-Opfer, die entweder in einer Klinik behandelt oder über Beratungsstellen, Selbsthilfegruppen oder die Medien angesprochen wurden. Durch dieses Vorgehen dürften insbesondere schwerer beeinträchtigte Opfer erreicht werden, eine Verallgemeinerung über länger dauernde psychische Folgen von Stalking in der Bevölkerung lässt sich damit nicht sicher treffen. Derzeit sind uns nur zwei Untersuchungen bekannt, die im Rahmen eines epidemiologischen Ansatzes den Einfluss von Stalking auf die Gesundheit der Opfer erfassten, indem eine Stichprobe aus der Allgemeinbevölkerung befragt wurde und aus dieser Stichprobe Stalking-Opfer und Nicht-Opfer im Hinblick auf ihre psychische und körperliche Gesundheit verglichen wurden (Davis et al., 2002; Dressing et al., 2005).

5.1.1 Psychische Symptomatik

Sämtliche Untersuchungen zu gesundheitlichen Folgen berichten über ausgeprägte Ängste und weitere psychische Beschwerden von Opfern in Reaktion auf das Stalking. Pathe und Mullen (1997) befragten 100 australische Stalking-Opfer, die wiederholt mit multiplen Stalking-Methoden mindestens über einen Monat gestalkt worden waren. 34 % der Opfer waren vom Stalker gewalttätig angegriffen worden. Die meisten Opfer beschrieben eine Verschlechterung ihrer psychischen und körperlichen Gesundheit seit Beginn des Stalking. Fast alle berichteten über erhöhte Angst einschließlich Panikattacken und Übererregung (83 %) sowie über Schlafstörungen aufgrund Hypervigilanz, wiederkehrenden Alpträumen oder nächtlichen Anrufen des Stalkers (74 %). 48 % klagten über Appetitstörungen, meist in Kombination mit Gewichtsabnahme, fast ein Drittel über anhaltende Übelkeit oder Magen-Darm-Beschwerden. Etwa die Hälfte der Betroffenen litt auch an ausgeprägter Müdigkeit und Erschöpfung sowie an häufigen und intensiven Kopfschmerzen.

Brewster (1997) interviewte 187 weibliche Opfer, welche von ihrem Ex-Partner gestalkt wurden. Im Hinblick auf psychische Auswirkungen des Stalking berichteten 44 % der Frauen anwachsendes Misstrauen, 42 % erhöhte Ängstlichkeit, 36 % Paranoia, 31 % gesteigerte Nervosität, 27 % Ärger und 21 % depressive Symptomatik. Zudem wiesen die Frauen hohe Werte in einer standardisierten Skala auf, die Depression, Schlafstörungen und Anspannung erfasste.

In einer Studie von Blaauw et al. (2002) an 241 Stalking-Opfern hatten 78 % der Opfer in einem Gesundheitsfragebogen («General Health Questionnaire» GHQ-28, Goldberg/Hillier, 1979) auffallende Werte, die auf eine psychiatrische Störung hinwiesen. Die Ausprägungen der Beschwerden in den Bereichen somatische Störungen, Angststörungen, Schlafstörungen, soziale Funktionsstörungen und Depression waren ähnlich hoch wie die von psychiatrischen Patienten und deutlich höher als bei Personen in der Allgemeinbevölkerung. Häufigkeit, Dauer und Intensität des Stalking war mit der Ausprägung psychischer Beschwerden assoziiert.

Als besonderes Problem wurden in der Studie von Pathe und Mullen (1997) intrusive Wiedererinnerungen und traumabezogene Flashbacks identifiziert, die von vielen Stalking-Opfern geschildert wurden. Diese sind dadurch gekennzeichnet, dass durch bestimmte situative Merkmale, die auch im Kontext des Stalking auftraten (wie Telefonklingeln, eine Stimme, oder die Gestalt einer Person, die an den Stalker erinnert) sensorische Eindrücke und Emotionen, die während traumatischer Situationen erlebt wurden, in voller Stärke im «Hier und Jetzt» wieder aktualisiert werden. Diese Symptomatik ist Teil der posttraumatischen Belastungsstörung (PTBS), die als Folge einer akuten schweren Belastung oder eines anhaltenden Traumas entsteht. Symptome der PTBS sind sich aufdrängende belastende Gedanken und Erinnerungen an das Trauma oder Erinnerungslücken, physiologische Übererregung mit Schlafstörungen, Schreckhaftigkeit, vermehrter Reizbarkeit und Konzentrationsstörungen, Vermeidung trauma-assoziierter Situationen und emotionale Taubheit mit Rückzug, Interessensverlust und innerer Teilnahmslosigkeit. Tatsächlich wiesen in der Studie von Pathe und Mullen (1997) mehr als die Hälfte der Opfer (55 %) Symptome auf, welche die Diagnose einer PTBS rechtfertigen. Die meisten Opfer, die eine solche Störung entwickelten, waren Frauen, die von ihrem Ex-Partner gestalkt und gewalttätig angegriffen worden waren.

Ähnliche Befunde zur PTBS-Symptomatik bei Stalking-Opfern fanden Westrup et al. (1999), die zeigten, dass gestalkte College-Studentinnen auf einer Skala zur Erfassung von PTBS-Symptomen eine signifikant höhere Anzahl an Beschwerden aufwiesen als nicht gestalkte Studentinnen. Auch Kamphuis und Emmelkamp (2001) fanden in einer Untersuchung an 201 weiblichen Opfern, die von ihrem Ex-Partner gestalkt wurden, Symptome posttraumatischer Belastungsstörungen. Die Symptome der Frauen waren vergleichbar mit Stichproben von Personen, die andere Traumata erlebt hatten. Mechanic et al. (2000) zeigten, dass Frauen, die fortdauernd gestalkt wurden, höhere Werte auf einer PTBS-Skala aufwiesen als Frauen mit niedriger Stalking-Frequenz.

Die Erfahrung, gestalkt zu werden, löst bei vielen Opfern ein Gefühl durchgreifender Erschütterung des Vertrauens in sich selbst und in den bisherigen Glauben an eine gerechte Welt aus. Bestimmte kognitive Grundüberzeugungen über Sicherheit, Kontrollierbarkeit, Vertrauen und Vorhersehbarkeit im Leben können durch traumatische Erlebnisse massiv in Frage gestellt werden. Nach Mechanic (2002) kann das Bestreben, solche «Schema-Unterbrechungen» zu reparieren, u. a. dazu führen, dass das Opfer die Bedeutung oder Schwere des Traumas leugnet oder die Schuld auf sich selbst attribuiert. Ähnlich weisen Roberts und Dzielewski (1996) auf ein mögliches «Stockholm-Syndrom» beim Opfer hin, indem dieses versucht, negative Gefühle gegenüber dem Stalker zu unterdrücken, um zu überleben, und eventuell die Perspektive des Stalkers einnimmt.

Es ist plausibel, dass neben Angststörungen und posttraumatischen Belastungssymptomen auch das Risiko für die Entwicklung depressiver Erkrankungen in Folge des Stalking ansteigt. Allerdings haben bisher nur wenige Studien den Zusammenhang zwischen Stalking und depressiven Störungen untersucht. So zeigten Davis et al. (2002) anhand von Daten aus einer großen Bevölkerungsbefragung, dass Stalking-Opfer gegenüber Nicht-Opfern zu einem deutlich höheren Prozentsatz klinisch bedeutsame depressive Symptome aufwiesen. In unserer Studie (Dressing et al., 2005) zeigte sich ebenfalls, dass Stalking-Opfer in ihrem aktuellen psychischen Befinden im Vergleich zu Nicht-Opfern deutlich beeinträchtigt waren. Mehr als die Hälfte der Opfer (57.1%), aber nur 26.9% der Nichtbetroffenen, wiesen in einer WHO-Skala zum psychischen Wohlbefinden (WHO-5, WHO, 1998) kritische Werte auf, die eine depressive Störung nahelegten. In einem weiteren Verfahren zur Erfassung spezieller Symptome, dem Patient Health Questionnaire (PHQ-D, Loewe et al., 2001,2004) hatten die Stalking-Opfer in allen untersuchten Skalen aus den Bereichen Depressivität, somatische Symptome, Angstsymptome und allgemeine Stressbelastung deutlich höhere Ausprägungen als Nichtbetroffene. Weibliche und männliche Opfer waren dabei gleichermaßen von den psychischen Auswirkungen des Stalking betroffen (**Abb. 1**).

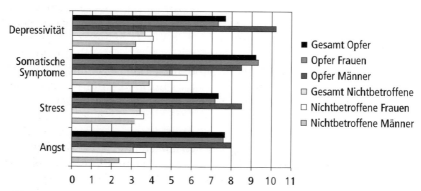

Abbildung 1: PHQ-D Skalensummenwerte männlicher und weiblicher Opfer und nichtbetroffen Männer und Frauen Mannheimer Stalking-Studie

Bei einem Teil der Opfer entwickelt sich aus dem Gefühl der Hoffnungslosigkeit gegenüber der traumatischen Situation heraus eine Suizidgefährdung, die sich in Suizidgedanken oder gar Suizidversuchen wiederspiegelt. In der Studie von Pathe und Mullen gaben 24 % der betroffenen Stalking-Opfer an, irgendwann im Verlauf des Stalking ernsthafte Suizidgedanken gehabt oder Suizidversuche unternommen zu haben. Ähnlich berichten Blauuw et al. (2002), dass 31 % der von ihnen befragten Opfer wiederholte Suizidgedanken hatten. Zahlen über vollendete Suizide von Stalking-Opfern liegen nicht vor.

5.1.2 Körperliche Folgen und Substanzmissbrauch

Verbunden mit Angst, Depression und posttraumatischen Stresssymptomen sind auch körperliche Reaktionen auf das Stalking. Bereits geschilderte Symptome wie Appetitstörungen, anhaltende Übelkeit, Verdauungsstörungen, Schlafstörungen, Müdigkeit, Erschöpfung und Kopfschmerzen spiegeln die körperliche Ebene der Auswirkungen anhaltender Verfolgung und Belästigung wieder. Pathe und Mullen (1997) berichten auch, dass bei einem Teil der Betroffenen körperliche Erkrankungen wie Psoriasis oder Asthma im Gefolge des Stalking erstmals auftraten oder sich bei bereits bestehender Vorerkrankung verschlimmerten. Stalking-Opfer der Studie von Davis et al. (2002) klagten über einen schlechteren allgemeinen Gesundheitszustand und über mehr chronische Erkrankungen als Nicht-Betroffene. Diese negativen Auswirkungen waren bei Männern und Frauen ähnlich.

Nicht zu vergessen sind mögliche körperliche Verletzungen des Opfers durch gewaltsames Stalking, über die allerdings kaum Zahlen vorliegen. In unserer eigenen Studie (Dressing et al., 2005) gaben 30.4 % der Opfer an, vom Stalker körperlich angegriffen worden zu sein, einen ähnlich hohen Prozentsatz an körperlichen Angriffen (38 %) fand eine Studie von Hall (1998). Davis et al. (2002) identifizierten bei Stalking-Opfern einen deutlich höheren Anteil an Personen mit aktuellen Verletzungen als entsprechend deren Verbreitung in der Bevölkerung zu erwarten war. Besonders gefährdet für gewaltsame Übergriffe sind Opfer, bei denen der ehemalige Partner der Stalker ist. Hier liegt der Anteil gewaltsamen Stalking deutlich über 50 % (Meloy, 2002), und auch das Risiko für Verletzungen ist besonders hoch, wenn der gewaltsame Stalker der Ex-Partner ist (Mechanic, 2002).

Als Reaktion auf die starke psychische Belastung besteht bei einem Teil der Stalking-Opfer die Gefahr sekundären Substanzmissbrauchs bis hin zu einer Abhängigkeitsentwicklung. So berichteten ein Viertel der befragten Opfer von Pathe und Mullen (1997) über eine Zunahme ihres Alkohol- oder Nikotinkonsums. Ähnlich fanden Davis et al. (2002) bei Stalking-Opfern einen erhöhten Gebrauch von Beruhigungs- und Schmerzmitteln, Alkohol und Nikotin, und zwar sowohl bei Männern als auch bei Frauen.

Es ist anzunehmen, dass der Zusammenhang zwischen psychischen Auswirkungen von Stalking und schlechter körperlicher Gesundheit auf verschiedenen Wegen zustande kommt. Zum einen sind bestimmte körperliche Symptome wie Schlafstörungen, Appetitverlust, Erschöpfung etc. Teilsymptomatik der psychiatrischen Erkrankungen, die bei Stalking-Opfern häufig sind (Angst, posttraumatische Belastungsstörung, Depression). Chronischer Stress beeinflusst verschiedene körperliche Funktionen über physiologische und endokrine Prozesse in direkter Weise (z. B. Blutdruck, andere kardiovaskuläre Funktionen, Immunfunktionen). Darüber hinaus ist wahrscheinlich, dass chronischer Stress und psychische Probleme zu ungünstigem Gesundheitsverhalten führen (z. B. zu schlechter Ernährung, Vernachlässigung) und damit auf indirektem Weg einen schädlichen Einfluss ausüben. Schließlich kann angenommen werden, dass Substanzmissbrauch als ungünstige Bewältigungsstrategie im Umgang mit dem Stressor die körperliche Gesundheit des Opfers weiter schwächt.

5.1.3 Sozialer Rückzug und Probleme bei der Arbeit

Die massive Erschütterung von Vertrauen und Sicherheit führt häufig auch zu einer Veränderung im Umgang mit anderen Menschen. So beschreiben Opfer, dass sie sich als Folge des Stalking emotional von anderen Menschen entfremdet fühlen und Kontakte und Aktivitäten aufgeben, die ihnen früher wichtig waren. In unserer Studie (Dressing et al., 2005) beschrieben 38 % der Betroffenen, dass sie durch die Erfahrung als Stalking-Opfer insgesamt misstrauischer und verschlossener gegenüber anderen wurden. Hall (1998) befragte 145 Betroffene, von denen 83 % berichteten, dass sich ihre Persönlichkeit aufgrund des Stalking verändert habe. Fast alle Betroffenen gaben an, nun sehr vorsichtig zu sein. Als deutlich aggressiver beschrieben sich 27 % der Befragten. Obwohl Vorsicht und Misstrauen angesichts der gemachten Erfahrungen verständlich sind, kann der Rückzug des Opfers von gewohnten sozialen Kontakten dazu führen, dass es wichtige Quellen sozialer Unterstützung verliert, die zur Stabilisierung seines Wohlbefindens beitragen. Gerade in Zeiten hoher psychischer Belastung stellt soziale Unterstützung durch Familie und Freunde einen wichtigen Schutzfaktor und Stresspuffer dar.

Umgekehrt können jedoch auch die sozialen Beziehungen des Opfers durch das Stalking stark belastet sein. So kann es vorkommen, dass Angehörige dem Opfer mangelndes Verständnis entgegen bringen oder ihm eventuell Mitschuld an der Situation geben und damit Schuldgefühle verstärken, mit denen es sich vielleicht selbst bereits quält. Weiterhin besteht die Gefahr, dass Angehörige und Freunde sich zurückziehen, weil die ständige

Bedrohung und die Reaktionen des Opfers für sie selbst zur unerträglichen Belastung werden (Mullen et al., 2000). Soziale Unterstützung kann auch dann verloren gehen, wenn das Opfer nicht mehr arbeiten kann oder gar den Wohnort wechselt. Dies führt zu einem weiteren Bereich potenzieller Beeinträchtigungen. Störungen bei der Arbeit und Arbeitsunterbrechungen bis hin zur Aufgabe oder zum Verlust des Arbeitsplatzes sind ebenfalls mögliche gravierende Folgen für das Opfer (Abrams/Robinson, 2002). Hierfür können verschiedene Faktoren verantwortlich sein. Wenn die Belästigung durch den Stalker am Arbeitsplatz stattfindet, so wird letzterer zu einem unsicheren Ort. Weiterhin beeinträchtigen chronische Stressreaktionen, Ängste und Depressionen die Konzentrations- und Merkfähigkeit und können so die Arbeitsfähigkeit der Betroffenen deutlich beeinträchtigen. In unserer Studie (Dressing et al., 2005) gab fast ein Fünftel der Betroffenen an, aufgrund der Auswirkungen des Stalking mindestens einmal krankgeschrieben gewesen zu sein. Aus anderen Untersuchungen werden noch höhere Zahlen berichtet (Mechanic, 2002). In einigen Fällen kann die Arbeitsunfähigkeit zum Verlust des Arbeitsplatzes führen (Abrams/Robinson, 2002).

5.1.4 Auswirkungen auf Partner und Familie

Zu den psychischen Auswirkungen von Stalking auf die Angehörigen von Opfern liegen bislang noch keine systematischen Untersuchungen vor. Klar ist jedoch, dass die permanente Bedrohung und Belästigung durch den Stalker auch massive Beeinträchtigungen bei Partner und Familie (und natürlich auch sonstigen nahestehenden Personen) bewirken kann, die sich in körperlichen und psychischen Stressreaktionen niederschlagen. Dies ist z. B. dann gegeben, wenn Partner oder Angehörige sekundäre Opfer des Stalkers werden, entweder weil sie nach dessen Einschätzung seiner Beziehung zum Opfer im Weg stehen, oder aber weil sich die Hass- und Rachegefühle des Stalkers auf die Angehörigen ausweiten. Unabhängig davon ist die Familie auch immer dadurch einbezogen, dass sie die emotionale Belastung des Opfers mitträgt.

Ein gravierendes Problem besteht schließlich darin, dass auch die Kinder von Opfern fast unweigerlich von der Belastung durch das Stalking mitbetroffen sind. So werden im Falle von Ex-Partner-Stalking Kinder häufig ebenfalls vom Stalker beschuldigt oder dazu benutzt, dem betroffenen Elternteil provokative Botschaften zu vermitteln (Pathe et al., 2004). Andererseits sind die ständige Bedrohung und die daraus resultierende Furcht des Opfers geeignet, beim Kind entsprechende Ängste und Befürchtungen auszulösen, die sich verselbständigen und chronifizieren können. Ängstliches Vermeidungsverhalten der Eltern, in vielen Fällen durchaus real begründet, kann auch dazu führen, dass die Kinder von wichtigen Aktivitäten und Sozialkontakten abgeschnitten werden, die für ihr psychisches Wohlergehen wichtig sind. Schließlich sind Kinder immer vom Stalking betroffen, wenn Eltern, deren Leben durch das Stalking massiv beeinträchtigt wird, weniger Zeit, Energie und eventuell finanzielle Ressourcen für ihre Kinder aufbringen können (Pathe et al., 2004).

5.1.5 Risikofaktoren für die Entwicklung psychischer Probleme in Folge des Stalkings

Es stellt sich die Frage, ob bestimmte Merkmale des Stalking oder individuelle Vulnerabilitätsmerkmale das Risiko erhöhen, dass ein Opfer ausgeprägte psychische Beschwerden in Folge des Stalking entwickelt. Wichtige Faktoren scheinen hier zum einen die Schwere, zeitliche Dauer und Komplexität des Stalking zu sein (Blaauw et al., 2002; Kamphuis et al., 2003; Sheridan et al., 2003). Betrachtet man generelle Risikofaktoren für die Entwicklung einer posttraumatischen Belastungsstörung, so sind dies insbesondere interpersonelle Gewalt, das Erleben früherer Traumata, Verletzung, Lebensbedrohung, wiederholte Traumatisierung, körperliche und sexuelle Angriffe und weibliches Geschlecht des Opfers (Mechanic, 2002). Diese Faktoren spielen somit auch eine entsprechende Rolle bei der Entwicklung einer PTBS-Problematik bei Stalking-Opfern. Ex-Partner-Stalking stellt in diesem Zusammenhang einen besonders komplexen Stressor dar, der geeignet ist, Selbst- und Fremdbild des betroffenen Opfers besonders nachhaltig zu erschüttern. Frauen sind Ex-Partner-Stalking, verbunden mit körperlicher und sexueller Gewalt, häufiger ausgesetzt als Männer, was zumindest zum Teil ihre stärkeren psychischen Reaktionen auf das Stalking erklärt.

Kamphuis et al. (2003) fanden bei Opfern von Ex-Partner-Stalking, dass die Schwere der posttraumatischen Belastungssymptomatik mit der Dauer des Stalking, der Anzahl von Stalking-Verhaltensweisen, und der Androhung oder Erfahrung von Gewalt assoziiert war. Darüber hinaus zeigte sich, dass ein Bewältigungsstil, der durch passiven Umgang mit dem Stalking gekennzeichnet war, ebenfalls mit stärkerer Symptomatik einherging. Möglicherweise sind Opfer, die auf das Stalking mit Rückzug, Vermeidung und Grübeln reagieren, besonders gefährdet, PTBS-Symptome zu entwickeln. Umgekehrt ist jedoch genauso plausibel, dass die Erfahrung als Opfer zu Veränderungen in der Persönlichkeit, z. B. zu Verschlossenheit, führt. Insgesamt ist die Prädiktorenforschung in diesem Bereich noch äußerst spärlich, und es bleibt eine wichtige Aufgabe zukünftiger Studien, solche Risikofaktoren zu identifizieren, um gefährdeten Opfern besonders frühe und umfassende Hilfe anbieten zu können. Umgekehrt ist es ebenso wichtig zu untersuchen, welche persönlichen und sozialen Schutzfaktoren bei anderen Stalking-Opfer verhindern, dass diese eine ausgeprägtere Symptomatik entwickeln (vgl. Spitzberg, 2002).

5.2 Therapie von Stalking-Opfern

Wie aus den bisherigen Ausführungen deutlich wurde, leiden zahlreiche Stalking-Opfer unter gesundheitlichen Problemen. Die seelischen und körperlichen Folgen von Stalking können einen beträchtlichen Einfluss auf das Leben der Opfer nehmen, die dann professionelle Hilfe benötigen. Dies trifft sowohl auf Menschen zu, die aktuell gestalkt werden, als auch auf solche, bei denen das Stalking zwar beendet ist, die jedoch aufgrund damit verbundener traumatischer Erfahrungen langdauernde Stress-Symptome entwickelt haben. In diesem Kapitel werden Möglichkeiten der Behandlung von Stalking-Opfern vorgestellt, die beide Aspekte berücksichtigen. Diese umfassen psychotherapeutische Maßnahmen im Einzelsetting, medikamentöse Behandlung, die Einbeziehung von Partnern und Angehörigen sowie gruppentherapeutische Ansätze und Selbsthilfegruppen. Vorab bleibt zu erwähnen, dass derzeit noch keine spezielle Therapie für Stalking-Opfer existiert. Therapeutische Verfahren, die sich in der Behandlung stressbezogener Erkrankungen (Angststörungen, PTBS, Depressionen) bewährt haben, sind in gewissem Maße auch zur Behandlung von Stalking-Opfern geeignet. Diese müssen jedoch die besondere Situation dieser Patienten berücksichtigen, die darin besteht, dass die traumatischen Erfahrungen bzw. die psychischen Stressoren, denen die Opfer ausgesetzt sind, häufig einen variablen oder chronischen Verlauf aufweisen. Primäre Behandlungsziele liegen in der Reduktion des psychischen Leidens der Betroffenen und in der Wiederherstellung der sozialen und beruflichen Anpassung. Bei Menschen, die aktuell noch verfolgt und belästigt werden, muss die Therapie jedoch immer eingebettet sein in Maßnahmen, die die Sicherheit des Opfers und anderer beteiligter Personen ausreichend berücksichtigen.

5.2.1 Ausgangslage

Häufig suchen Opfer erst dann eine ärztliche oder psychotherapeutische Behandlung auf, wenn Häufigkeit und Schwere des Stalking eskalieren, wenn das Opfer körperlich verletzt wurde oder wenn sekundäre Probleme mit dem derzeitigen Partner, mit Angehörigen oder bei der Arbeit auftreten. Aktuell vorausgegangene Ereignisse sind dann lediglich der Tropfen, der das Fass zum Überlaufen gebracht hat, und die bisherigen Bewältigungsversuche des

Opfers reichen nicht mehr aus, um mit der Situation fertig zu werden (Sinwelski/Vinton, 2001). Nicht selten haben Stalking-Opfer auch zuvor erfolglos Polizei und Rechtsanwälte aufgesucht und die Erfahrung gemacht, dass ihnen nicht geholfen werden konnte oder dass ihr Anliegen nicht ernstgenommen wurde (Mullen et al., 2000). Da das Vertrauen des Opfers in seine Umwelt in der Regel bereits massiv erschüttert ist, ist es ganz besonders wichtig, ihm zu vermitteln, dass seine Ängste und Befürchtungen ernstgenommen werden und das therapeutische Setting einen sicheren und unterstützenden Rahmen bietet (Abrams/Robinson, 1998).

5.2.2 Interventionen bei akutem Stalking

Posttraumatische Belastungsstörungen (PTBS), Ängste und Depressionen sind, wie oben erwähnt, die häufigsten Störungen, die im Gefolge von Stalking auftreten. Für die Behandlung von PTBS und Angststörungen gibt es inzwischen wirksame Therapien auf kognitiv-verhaltenstherapeutischer Basis. Diese Ansätze beinhalten als wichtige Teilkomponente die «Exposition», bei der die Klientin (im Folgenden werden die Begriffe «Klientin» und «Therapeutin» zur Kennzeichnung der weiblichen und männlichen Form verwendet) sich mit der angstauslösenden Situation, entweder in der Vorstellung oder in der Realität, über längere Zeit konfrontiert, bis ein Gewöhnungsprozess (Habituation) einsetzt und sich die Angst von selbst wieder abbaut. Ein sehr wichtiger Aspekt hierbei ist jedoch, dass solche Konfrontationstherapien nicht angewendet werden sollen, wenn ein Trauma noch anhält bzw. wenn von der Quelle der Angst tatsächlich eine reale Gefährdung ausgeht. So schließen die Psychotherapie-Leitlinien zur PTBS explizit Klientinnen von der akuten Traumatherapie mit Konfrontation aus, wenn diese Bedingungen erfüllt sind (was bei akutem Stalking gegeben ist).

Weitgehende Übereinstimmung besteht darin, dass die therapeutische Intervention für Opfer, die aktuell Stalking ausgesetzt sind, zumindest folgende Elemente enthalten soll: Supportive Unterstützung des Opfers, Psychoedukation zur Aufklärung über Stalking und aufrecht erhaltende Bedingungen, Risikoeinschätzung in Bezug auf den Stalker, Sicherheitsplanung, Vermittlung von Strategien mit dem Ziel, das Stalking zu beenden, Krisenmanagement im Umgang mit belastenden psychischen Symptomen und Vermittlung von Kontakten zu anderen wichtigen Stellen, wie Polizei, Anwälten, Selbsthilfegruppen etc. (Mullen et al., 2000; Pathe et al., 2001; Mechanic, 2002). Die Klientin wird dabei ermutigt, solche Kontakte selbst herzustellen. Beim Vorliegen starker Ängste oder ausgeprägter Hoffnungslosigkeit kann es jedoch notwendig werden, dass die Therapeutin bei der Vermittlung eine aktivere Rolle übernimmt (Mullen et al., 2000).

5.2.2.1 Das Krisenmodell von Roberts und Dziegielewski

Roberts und Dziegielewski (1996) schlagen ein zeitbegrenztes Kriseninterventionsmodell vor, das in einer möglichst frühen Phase des Stalking eingesetzt werden soll und neben praktischen Anleitungen wichtige Elemente im Umgang mit den Ängsten und Problemen des Opfers berücksichtigt. Die Intervention umfasst folgende Schritte:

In der diagnostischen Phase erfolgt zunächst eine Einordnung des Stalking-Verhaltens und die Einschätzung der potenziellen Gefährlichkeit des Stalkers. Weiterhin werden die psychische Symptomatik des Opfers und mögliche derzeitige psychosoziale Einschränkungen in der Folge des Stalking (z. B. interpersonelle Probleme, Probleme am Arbeitsplatz) exploriert. Hier sollen auch standardisierte Instrumente eingesetzt werden, die es erlauben, das Ausmaß von Angstsymptomen, Depression und posttraumatischer Belastungsstörung zuverlässig zu erfassen.

Dem Opfer wird die Notwendigkeit vermittelt, dem Stalker so früh wie möglich klar und deutlich mitzuteilen, dass der Kontakt nicht erwünscht ist, sofern dies noch nicht eindeutig erfolgt ist (dies macht natürlich nur Sinn, wenn nicht bereits ein konsequenter, wenn auch einseitiger, Kontaktabbruch durch das Opfer vollzogen wurde. Keinesfalls soll das Opfer nach längerer Unterbrechung hierdurch wieder Kontakt zum Stalker aufnehmen). Hier stehen insbesondere die Ängste des Opfers vor der Konfrontation mit dem Stalker im Mittelpunkt der therapeutischen Intervention. Die Klientin erhält Anleitungen zu Entspannungsübungen und Atemtechniken, mit denen sie lernen kann, diese schwierige Situation mit erträglicher emotionaler Intensität zu antizipieren und schließlich umzusetzen. Im Rahmen von Verhaltensübungen und Rollenspielen wird eingeübt, wie diese Botschaft am besten zu vermitteln ist, um mögliche Missinterpretationen durch den Stalker vorzubeugen. Das Opfer wird angeleitet, seine Botschaft knapp, konkret und wenig emotional zu übermitteln und seine Entscheidung nicht zu begründen, da dies Anlass zu weiteren Einlassungen und Argumenten durch den Stalker geben könnte. Dabei ist es hilfreich niederzuschreiben, was man in der Konfrontation sagen möchte und dies dann im Rollenspiel zu üben. Diese Szene wird so lange immer wieder durchgespielt, bis das Opfer eine gewisse Kontrolle über die antizipierte Situation wahrnehmen kann.

Für die anschließende reale Konfrontation mit dem Stalker werden sehr sorgfältig Maßnahmen zur bestmöglichen Sicherheit des Opfers besprochen. So sollte die Begegnung nicht an einem privaten Ort stattfinden, sondern an einem Platz, an dem Hilfe unmittelbar verfügbar ist. Günstig ist die telefonische Konfrontation des Stalkers, bei der sich das Opfer nur mit der Stimme auseinander setzen muss und den Kontakt abbrechen kann, sobald es seine Botschaft übermittelt hat. Für die darauf folgende Zeit werden mit dem Opfer besondere Sicherheitsmaßnahmen besprochen. So ist es günstig, einige Zeit lang alltägliche Routinen aufzubrechen (z. B. bei Freunden oder Familie unterzukommen, gewohnte Wege meiden). Auch kann die Ausarbeitung eines persönlichen Sicherheitsplans mit therapeutischer Hilfe notwendig sein.

Mit dem Opfer muss auch eine klare Übereinstimmung darüber erzielt werden, dass nach der einmaligen Konfrontation sämtliche Kontakte mit dem Stalker zu vermeiden sind, da jegliche weitere Kommunikation – positiv oder negativ – das Stalking-Verhalten positiv bekräftigt und damit aufrecht erhält. Das Ziel besteht darin, sämtliche Kommunikationskanäle mit dem Stalker zu löschen. Auch aus diesem Grund sollten bestimmte persönliche Routinen (s.o.) so weit möglich unterbrochen werden, um eine fortgesetzte Konfrontation mit dem Stalker unwahrscheinlicher zu machen. In dieser Phase geht es häufig auch darum, Schuldgefühle der Klientin gemeinsam zu hinterfragen. So können z. B. Suizidandrohungen des Stalkers beim Opfer massive Schuldgefühle auslösen, die in den Impuls münden, doch wieder Kontakt aufzunehmen und Hilfe anzubieten. Hier ist dem Opfer zu vermitteln, dass es für das Verhalten des Stalkers keine Verantwortung trägt, und dass die Reaktivierung des Kontakts mit hoher Wahrscheinlichkeit eine Intensivierung der Stalking-Problematik nach sich ziehen wird.

Soweit notwendig, liegt in der folgenden Phase der Schwerpunkt der Therapie auf der Behandlung spezifischer psychischer Beschwerden der Klientin (Ängste, Depressionen, posttraumatische Belastungsstörung etc., siehe unten).

In einer Abschlussphase erfolgt nochmals eine Diagnostik der jetzigen psychischen und psychosozialen Situation. Klientin und Therapeutin reflektieren die Therapiefortschritte und Zielerreichungen und erarbeiten weitere Möglichkeiten zur Stärkung des Selbsthilfepotentials der Klientin für potenzielle zukünftige Krisensituationen.

5.2.2.2 Behandlung spezifischer psychischer Probleme

Während bei akut gestalkten Opfern eine konfrontative Angst- und Traumatherapie nicht indiziert ist (s.o.), werden unterstützende therapeutische Maßnahmen empfohlen, die geeignet sind, die psychischen Beschwerden zu reduzieren, übermäßiges Vermeidungsverhalten abzubauen, Schuldgefühle und andere dysfunktionalen Überzeugungen zu hinterfragen und allgemeine Strategien zu erarbeiten, die das Gefühl von Selbstkontrolle und Selbstwirksamkeit des Opfers wieder stärken (Mullen et al., 2000; Mechanic, 2002).

Psychoedukative Maßnahmen
Psychoedukative Interventionen zielen darauf ab, dem Opfer Informationen über die Natur der erlebten Symptome zu geben und diese im Kontext der

spezifischen Situation zu «normalisieren». So wird eine Klientin, die unter PTBS-Symptomen leidet, über die Natur solcher Symptome aufgeklärt und Besonderheiten des Traumagedächtnisses werden erläutert. Für die Klientin ist dies in der Regel sehr entlastend, da Symptome wie intrusives Wiedererleben (Flashbacks) häufig als Zeichen des «Verrücktwerdens» missinterpretiert werden. PTBS-Symptome werden erklärt als normale Reaktionen auf abnormale Situationen, die mit Machtlosigkeit, Kontrollverlust, Bedrohung, Hoffnungslosigkeit und Horror assoziiert sind.

Auch bisherige verständliche aber dysfunktionale Vermeidungsstrategien der Klientin, wie der Versuch, bestimmte Gedanken oder Gefühle zu unterdrücken, werden in diesem Kontext besprochen und die Entstehung und Aufrechterhaltung möglicher Panikattacken bei der Konfrontation mit traumaassoziierten Reizen wird erklärt. Opfer vermeiden häufig internale Reize (Gedanken, Erinnerungen) und externe Signale, die mit dem Stalking assoziiert sind (z. B. Telefonläuten, Situationen und Personen). Der Klientin wird verdeutlicht, wie ein solches Vermeidungsverhalten kurzfristig stressvermindernd ist, damit jedoch langfristig zur Stabilisierung der Angst beiträgt. Andere Probleme, die im Gefolge auftreten, wie Depression und Substanzmissbrauch, werden ebenfalls in dieses Erklärungsmodell eingeordnet.

Maßnahmen zur Stressbewältigung
Zur Stressbewältigung können verschiedene Möglichkeiten eingesetzt werden. So ist die Erlernung eines Entspannungsverfahrens auf jeden Fall sinnvoll (z. B. progressive Muskelentspannung, autogenes Training, imaginative Verfahren, Yoga etc.). Ähnlich wirken entspannungsfördernde Atemtechniken. Wenn solche Entspannungs- und Atemübungen regelmäßig durchgeführt werden, tragen sie dazu bei, aufkommende Stress- und Paniksymptome zu reduzieren.

Das Stressimpfungstraining (SIT) von Meichenbaum (1996) beruht auf einem kognitiv-verhaltenstherapeutischen Ansatz, der neben der Aufklärung über Stress und Techniken wie Muskelentspannung, Atemkontrolle und Rollenspielen Selbstdialoge für die Anwendung in stressvollen Situationen als Bewältigungstechnik vermittelt. Hier werden hilfreiche Selbstinstruktionen erarbeitet, die sich auf verschiedene Phasen angstauslösender Situationen beziehen. Nachfolgend einige Beispiele:

Vorbereitung auf die Situation (z. B. «Was möchte ich jetzt zuerst tun?», «Überlege Dir, was Du machen kannst, das ist besser als ängstlich zu werden»).

Begegnung mit der Situation (z. B. «Geh in kleinen Schritten vor», «Bleib ganz ruhig», «Ich kann die Situation bewältigen», «Eins nach dem andern», «Atme durch»)

Umgang mit dem Gefühl, überwältigt zu werden («Es ist belastend, aber aushaltbar», «Es geht bald vorbei, wie es bisher immer der Fall war», «Bleib ganz im Hier und Jetzt. Was musst Du jetzt tun?»)

Phase der Selbstverstärkung («Ich habe es geschafft», «Das habe ich jetzt gut gemacht», «Ich kann stolz sein»).

Die Klientin lernt, solche stressreduzierenden Selbstdialoge in Situationen einzusetzen, in denen übermäßige Angst und Paniksymptome aufkommen. Sie kann sie weiterhin dazu einsetzen, um sich zu motivieren, vermeidendes Coping-Verhalten zu reduzieren und aktive Maßnahmen anzugehen, die für sie wichtig sind (z. B. Kontaktaufnahme mit Behörde, Polizei etc.). Das Stressimpfungstraining wird erfolgreich in der Behandlung von Angststörungen eingesetzt und hat sich auch in der Behandlung von Opfern sexueller Gewalt bewährt (Rothbaum et al., 2000).

Abbau von dysfunktionalem Vermeidungsverhalten
Während für Stalking-Opfer die Vermeidung bedrohlicher Situationen eine adaptive Reaktion darstellt, ist die Generalisierung von Vermeidungsverhalten auf andere Lebensbereiche dysfunktional. In der Therapie werden solche dysfunktionalen Vermeidungen identifiziert und der Klientin wird dabei geholfen, vermiedene Situationen wieder aufzusuchen, ohne übermäßige Angst und Stress zu erleben. Das Ziel besteht darin, zum einen realistische Furcht und Sicherheitsbedenken anzuerkennen, gleichzeitig aber der Klientin zu helfen, unangemessene und übermäßige Ängste zu mildern (Mullen et al., 2000). Beim Vorliegen von PTBS-Symptomen wird die Klientin dazu angeleitet, auch kognitives Vermeidungsverhalten (z. B. Gedankenunterdrückung) abzubauen, und eher aktive Coping-Mechanismen einzusetzen, um mit ihren trauma-assoziierten Symptomen umzugehen (über die Symptome reden, Entspannungsübungen durchführen, etc., Mechanic, 2002).

Abbau depressiver Inaktivität
Bei manchen Klientinnen bestehen ausgeprägte depressive Symptome, die sich u. a. in hoher Erschöpfbarkeit, Rückzug, Passivität und Freudlosigkeit wiederspiegeln. Hier ist es sinnvoll, hilfreiche Strategien der kognitiven Verhaltenstherapie (KVT) bei Depressionen einzusetzen. Die kognitive Verhaltenstherapie bei Depressionen vermittelt der Klientin Strategien, wie sie den Teufelskreis negativer Gedanken, depressiver Gefühle und Passivität durchbrechen kann (zu umfassenden Darstellungen siehe Hautzinger, 2000; Kühner/Weber, 2001). Beim Aktivitätsaufbau soll sie wieder Zugang zu positiven, verstärkenden Erfahrungen bekommen, indem Aktivitäten geplant und in den Tagesablauf eingebunden werden, die als angenehm und positiv erlebt werden. Ziel ist es, eine ausgewogene Balance herzustellen zwischen ange-

nehmen Aktivitäten und sog. Pflichtaktivitäten, die per se zwar nicht angenehm sind, aber leistungsbezogene Aktivitäten darstellen, deren Erfüllung in der Regel ein Gefühl von Zufriedenheit, Erfolg, Stolz und Anerkennung mit sich bringen. Dabei soll die Klientin auch lernen, Zeichen der Überforderung zu registrieren und dem Impuls entgegensteuern, Aktivitäten ohne Rücksicht auf die eigenen momentan verfügbaren Kraftressourcen «durchzuziehen». Solche fördernden und ausgewogenen Aktivierungen helfen Kraft zu schöpfen und dadurch auch wieder ein Gefühl der Selbstwirksamkeit zu entwickeln. Natürlich sind hierbei mögliche reale Einschränkungen zu berücksichtigen, die aus dem aktuellen Stalking resultieren und die den Aktionsradius der Klientin mehr oder weniger deutlich einschränken. Bei der Planung und Umsetzung von Aktivitäten sind demnach auch hier notwendige Sicherheitsaspekte zu berücksichtigen.

Bearbeitung von dysfunktionalen Einstellungen
Wie bereits erwähnt, sind die traumatischen Erfahrungen für viele Stalking-Opfer geeignet, das Bild über sich selbst und die Welt grundlegend zu erschüttern. Die Überzeugung, in einer relativ sicheren und vorhersehbaren Welt zu leben, verschwindet, dagegen entsteht das Gefühl von Unvorhersehbarkeit, Bedrohung und Gefahr. Ähnlich mag die Wahrnehmung der eigenen Stärke und Belastbarkeit einem Gefühl extremer Unsicherheit, Hilflosigkeit und Verletzbarkeit weichen (Mullen et al., 2000).

Kognitive Interventionen haben unter anderem zum Ziel, fehlerhafte Annahmen und Bewertungen über sich selbst und die Welt zu identifizieren, zu hinterfragen und durch eine realistische Sichtweise zu ersetzen. So werden mit traumatisierten Opfern typische Kognitionen wie «die Welt ist bedrohlich», «ich kann mich auf niemanden verlassen», «ich hätte das verhindern sollen» etc. bearbeitet. Typisch depressive Kognitionen befassen sich mit den Themen Versagen, Hoffnungslosigkeit, oder nicht liebenswert zu sein. Solche kognitiven Verzerrungen wirken sich verständlicherweise negativ auf das psychische Wohlbefinden aus und tragen zur Aufrechterhaltung der depressiven Stimmung bei. Zur Bearbeitung der dysfunktionalen Kognitionen werden unterschiedliche Techniken eingesetzt. Bei der Umattribuierung wird die Klientin z. B. zum Nachdenken darüber angeregt, ob sie tatsächlich für bestimmte Ereignisse verantwortlich ist, und es werden alternative Erklärungsansätze gesammelt. Beim Entkatastrophisieren wird sie angeleitet, die schlimmsten Befürchtungen gedanklich durchzuspielen und damit zu einer Neubewertung der Beeinträchtigung oder Bedrohung zu kommen. Beim Vor- und Nachteile sammeln lernt sie, sich zu fragen, welche Vor- und Nachteile es hat, einen bestimmten negativen Gedanken zu haben, wie sich ein solcher Gedanke auf ihre Stimmung auswirkt, und inwieweit sie sich mit dieser Einstellung möglicherweise schadet. Beim Überprüfen und Realitätstesten wird sie angeleitet, zwischen Tatsachen und Befürchtungen zu unterscheiden und die Wahrscheinlichkeit der befürchteten Ereignisse und Konsequenzen zu realisieren. Solche kognitiven Therapieelemente sind in der Behandlung von Stalking-Opfern grundsätzlich hilfreich, sie müssen aber immer einen realistischen Bezug haben und die aktuelle Situation des Opfers berücksichtigen (z. B. wenn die gegenwärtigen Umstände tatsächlich sehr bedrohlich sind).

Scham- und Schuldgefühle werden häufiger von weiblichen als männlichen Opfern genannt. Die Verantwortlichkeit für soziale Beziehungsaspekte resultiert zum Teil aus der geschlechtsspezifischen Sozialisation, weshalb Frauen auch häufiger Schuldgefühle aufgrund wahrgenommener «Selbstverantwortung» entwickeln (Sinwelski/Vinton, 2001). Beschämung und Verlegenheit können zu weiteren Selbstabwertungen führen. Sinwelski und Vinton (2001) weisen in diesem Zusammenhang darauf hin, dass mit der Illusion der Selbstverantwortung für das Stalking auch die Illusion des «Wieder-Beenden-Könnens» verbunden ist. Die kognitive Therapie hilft der Klientin in diesem Fall zu erkennen, dass es ausschließlich der Stalker ist, der für die Situation verantwortlich ist – und er auch der einzige ist, der das Verhalten beenden kann. Hier wird ein zentraler Punkt angesprochen, den das Opfer verarbeiten muss: nämlich, dass es das Verhalten des Stalkers nicht kontrollieren kann. Es kann lediglich Vorsichtsmaßnahmen treffen, welche die Wahrscheinlichkeit reduzieren, dass die Belästigung aufrecht erhalten wird, und lernen, mit dieser Situation umzugehen (Sinwelski/Vinton, 2001).

5.2.3 Therapiemöglichkeiten nach Beendigung des Stalkings

Häufig ist es nach Beendigung des Stalking notwendig, der Klientin im Umgang mit Ängsten, depressiven Verstimmungen und sonstigen Beschwerden weiter zu helfen und sie darin zu unterstützen, ihr Vertrauen in sich selbst und in die Welt zu stärken. Auch kommen manche Betroffene erst nach Abschluss des Stalking in die Behandlung, wenn sie realisieren, dass sie mit dem längerdauernden Stress, den das abgeschlossene Trauma hinterlassen hat, nicht alleine fertig werden. Prinzipiell sind hier dieselben therapeutischen Möglichkeiten nutzbar, die auch in der Therapie akuter Stalking-Opfer eingesetzt werden. Beim Vorliegen ausgeprägter PTBS- oder sonstiger Angstsymptomatik können nun auch konfrontative Elemente in die Therapie einbezogen werden, die sich in der Behandlung dieser Störungen bislang als am wirksamsten erwiesen haben (Fonagy/Roth, 2004). Als Beispiel wird im Folgenden die kognitiv-verhaltenstherapeutische Behandlung der posttraumatischen Belastungsstörung skizziert.

Nach der psychoedukativen Aufklärungsphase und Erarbeitung eines plausiblen Störungsmodells (s.o.) wird das imaginative Nacherleben des Traumas eingeführt. Diese Exposition in der Vorstellung, einer der zentralen Bausteine der Therapie, beruht auf der Annahme, dass die wiederholte Konfrontation mit einem angstauslösenden Reiz (in diesem Fall die Erinnerung an das Trauma der Verfolgung) zu einer Habituation führt, d. h. das wiederholte Nacherleben des Traumas in der Vorstellung löst immer weniger Angst und Unruhe aus. Zu diesem Zweck stellt sich die Klientin das traumatische Erleben in allen Einzelheiten vor und erlebt dabei ihre damaligen Reaktionen nach. Die Klientin beschreibt dabei in der Ich-Form, was sie erlebt, ohne aufkommende Gefühle zu unterdrücken. Diese Konfrontation mit der Trauma-Erinnerung wird in mehrmaligen Durchgängen über mehrere Sitzungen durchgeführt und in späteren Sitzungen mit anderen Therapieelementen kombiniert. Eine anfänglich intensive emotionale Belastung ist dabei wichtige Voraussetzung für eine erfolgreiche Behandlung, diese reduziert sich im Verlauf wiederholter Konfrontationen. Ergänzt wird das imaginative Nacherleben durch in vivo Expositionen, bei denen die Klientin zusammen mit der Therapeutin Orte des Geschehens oder ähnliche Situationen aufsucht. Hierdurch wird die Diskriminierungsfähigkeit der Klientin zwischen «damals» und «heute» gefördert und die Unterscheidung zwischen gefährlichen und damals ebenfalls auftretenden, aber harmlosen Aspekten der Situation angeregt. Schließlich dient die in vivo Therapie auch dem Abbau von Vermeidungsverhalten, indem die Vorhersage widerlegt wird, dass etwas Schreckliches passiert, wenn die gefürchtete Situation wieder aufgesucht wird.

Mit Hilfe kognitiver Interventionen werden dysfunktionale Interpretationen zum Trauma und zu dessen Konsequenzen bearbeitet. Die Klientin lernt hier, ihre Gedanken und Interpretationen, die die Angst und das Vermeidungsverhalten aufrecht erhalten, zu identifizieren und zu hinterfragen, und damit nicht mehr automatisch als «wahr» zu betrachten (Ehlers, 1999). Mögliche dysfunktionale Überzeugungen betreffen die Übergeneralisierung von Gefahr, Befürchtungen, die Kontrolle zu verlieren oder verrückt zu werden, die Übernahme der Verantwortlichkeit für das Trauma und die übermäßige Beschäftigung mit Ungerechtigkeit und Ärger (zu einer umfassenden Darstellung der PTBS-Behandlung siehe Ehlers, 1999).

5.2.4 Medikamentöse Behandlung

Wenn die psychische Symptomatik des Opfers stark ausgeprägt ist oder auf eine psychotherapeutische Behandlung nur unzureichend anspricht, kann eine medikamentöse Behandlung als Ergänzung zur Psychotherapie sinnvoll sein. Die Art der Medikation orientiert sich dabei an den psychischen

Beschwerden, die im Vordergrund stehen. Die Empfehlung zu einer medikamentösen Behandlung mag bei Betroffenen und Angehörigen zunächst auf Unverständnis stoßen, da die psychischen Beschwerden ja eine Reaktion auf das Verhalten des Stalkers darstellen. Hier ist es wichtig, Opfer und Angehörige darüber aufzuklären, dass stressbedingte psychische Folgen von Stalking auch körperlich-biologische Anteile haben, die sich unter anderem in einer veränderten Aktivität von Botenstoffen im Gehirn niederschlagen, und dass Medikamente parallel zur Psychotherapie dazu beitragen können, solche veränderten neurobiologischen Aktivitäten im Gehirn wieder ins Gleichgewicht zu bringen (Mullen et al., 2000).

Zur Behandlung werden in der Regel Medikamente eingesetzt, die sich bei Angststörungen, Depressionen und posttraumatischer Belastungsstörung bewährt haben. So werden in der pharmakologischen Behandlung von Depressionen je nach Symptomprofil und Verträglichkeit tri- und tetrazyklische Antidepressiva, selektive Serotonin-Wiederaufnahme-Hemmer (SSRIs), Monoamin-Oxidase-Hemmer (MAO-Inhibitoren) sowie atypische und sonstige Antidepressiva eingesetzt (Gaebel/Falkai, 2001). In der Behandlung der unterschiedlichen Formen von Angststörungen sind Antidepressiva inzwischen ebenfalls Mittel der Wahl. Während bei der Generalisierten Angststörung trizyklische Antidepressiva und SSRIs als ähnlich effektiv eingestuft werden (Ballenger et al., 2001; Kapczinski et al., 2003), werden zur Behandlung der Panikstörung SSRIs präferiert (Hidalgo/Davidson, 2000; Pollack/Marzol, 2000).

Auch bei der Behandlung der posttraumatischen Belastungsstörung (PTBS) haben sich SSRIs gegenüber anderen Psychopharmaka als wirksamer erwiesen und gelten hier als Mittel der Wahl (Davidson, 1997; van Etten/Taylor, 1998; Stein et al., 2000; Schoenfeld et al., 2004). Ein Vorteil der SSRIs gegenüber klassischen trizyklischen Antidepressiva besteht auch darin, dass diese Medikamente in Überdosierung weniger toxisch wirken. Dies ist dann von besonderer Bedeutung, wenn beim Patienten ein erhöhtes Risiko für Suizidalität besteht, wie dies bei einem Teil der Stalking-Opfer der Fall ist. Vom Einsatz angstlösender Benzodiazepine zur Angstbehandlung bei Stalking-Opfern wird dagegen abgeraten, da deren längerer Gebrauch eine Missbrauchs- oder Abhängigkeitsentwicklung begünstigt. Pathe et al. (2001) weisen auch darauf hin, dass das enthemmende Potenzial von Benzodiazepinen bei einzelnen Opfern selbstgefährdende oder gegen den Stalker gerichtete aggressive Handlungen begünstigen kann.

5.2.5 Ungünstige Versuche der Selbstbehandlung

Wie bereits dargestellt, führen langdauernde Angst, Anspannung und erlebte Bedrohung bei manchen Opfern dazu, sich mit Hilfe von Alkohol, Beruhigungs- und Schmerzmitteln, Nikotin oder sonstigen Drogen Erleichterung zu verschaffen. Während solche Maßnahmen kurzfristig stressmindernd wirken, verstärken sie langfristig im Sinne eines Teufelskreises die psychischen Probleme der Betroffenen. Bei längerdauerndem Gebrauch dieser Substanzen besteht die Gefahr einer Abhängigkeitsentwicklung, da über die Zeit immer größere Mengen des entsprechenden Stoffes zur Stressreduktion eingesetzt werden müssen, um eine Wirkung zu zeigen. Weiterhin besteht die Gefahr, dass über einen Gewöhnungseffekt sich diejenigen Symptome verstärken, die eigentlich bekämpft werden sollen (z. B. die Verstärkung von Schlafstörungen als Folge langdauernden Schlafmittelgebrauchs). Auch kommt es beim Absetzen dieser Substanzen vermehrt zu Schlafstörungen, Unruhe und Angst (Rebound-Effekt).

Im Rahmen der therapeutischen Arbeit mit Opfern ist deshalb auch immer eine sorgfältige Substanzanamnese notwendig, um solche eventuell vorhandenen ungünstigen Bewältigungsversuche zu identifizieren und den Betroffenen entsprechende therapeutische Alternativen aufzuzeigen (z. B. psychotherapeutische Anleitungen zum Umgang mit Schlafstörungen, Erlernen von Entspannungsverfahren und allgemeine Maßnahmen zur Stressbewältigung). Bei bereits bestehender Substanzabhängigkeit muss auch die Überweisung in eine spezielle Einrichtung für Abhängigkeitserkrankungen in Erwägung gezogen werden.

5.2.6 Stationäre Krisenintervention

Beim Hinweis auf depressive Symptome ist eine genaue Abklärung der Suizidalität unabdingbar. Sind Suizidgedanken vorhanden, so ist weiter zu klären, ob unter diesen Voraussetzungen eine ambulante Behandlung überhaupt stattfinden kann, oder ob zunächst eine stationäre Krisenintervention erforderlich ist. Diese Entscheidung muss sich an der Schwere der Symptomatik und an der Absprachefähigkeit der Patientin orientieren.

5.2.7 Einbeziehung des Partners und der Familie in die Therapie

Es kann sinnvoll sein, den Partner oder andere Familienangehörige in die Therapie einzubeziehen. Diese sind, wie oben erwähnt, möglicherweise ebenfalls direkt vom Stalking betroffen, zumindest jedoch indirekt, indem sie die emotionale Belastung mittragen, denen das Opfer ausgesetzt ist, und damit eine wichtige Unterstützungsquelle für den betroffenen Angehörigen sind. Manchmal brauchen sie selbst individuelle Beratung oder therapeutische Hilfe. Auch die Angehörigen müssen über das Stalking-Verhalten und dessen Auswirkungen aufgeklärt werden, ebenso wie über die Sicherheitsmaßnahmen, die als notwendig erachtet werden. Die Therapeutin kann den Angehörigen helfen, bestimmte Verhaltensweisen des Opfers besser nachzuvollziehen, wie sein Misstrauen gegenüber anderen Menschen und sein Rückzugsverhalten. Im therapeutischen Setting wird auch besprochen, wie die Angehörigen dem Opfer helfen können, dysfunktionale Ängste und übervorsichtiges Vermeidungsverhalten abzubauen. Auch möchten Opfer und Angehörige mitunter weitreichende Entscheidungen, wie einen Wohnungs- oder Arbeitsplatzwechsel, im therapeutischen Setting gemeinsam diskutieren.

Eine wichtige Aufgabe der Therapeutin bei der Einbeziehung der Angehörigen ist die Reattribution von Schuld und Verantwortung. Dies ist zum Beispiel der Fall, wenn Familienangehörige gegenüber dem Opfer eine kritische Haltung einnehmen und ihm die Schuld oder zumindest Mitschuld an der Situation geben, z. B. weil es den Stalker ermutigt habe oder mit diesem überhaupt in Kontakt getreten sei. Es kann auch sein, dass die Angehörigen über die Reaktionen des Opfers auf das Stalking frustriert sind und ihm Vorwürfe über sein Verhalten machen. Solche Äußerungen sind wenig hilfreich und führen beim Opfer eher zu weiterem Rückzug und dem Gefühl von Hoffnungslosigkeit. Die Therapeutin arbeitet solchen kontraproduktiven Verhaltensweisen entgegen, indem sie die Angehörigen über Stalking und typisches Täterverhalten aufklärt und Schuldzuweisungen vom Opfer weg und wieder hin auf den Stalker lenkt (Mullen et al., 2000).

5.2.8 Selbsthilfegruppen und Gruppentherapien

Verschiedene Gründe sprechen für die Nutzung von Selbsthilfegruppen für Opfer. Grundsätzlich kann eine solche Gruppe ein geschütztes Forum bieten, das von gegenseitigem Verständnis und Unterstützung geprägt ist. Betroffene erhalten hier den Raum, über ihre Erlebnisse zu berichten und ihre emotionalen Reaktionen, wie Angst, Ärger oder Wut, offen auszusprechen. Hier ist die Erfahrung hilfreich, mit seinen Problemen nicht allein zu sein, und die supportive Gruppenatmosphäre kann der erlebten Isolation und Entfremdung entgegenwirken. Neben dieser emotionalen Unterstützung besteht eine wichtige Funktion solcher Gruppen auch in der Vermittlung praktischer Informationen (z. B. zu wichtigen Anlaufstellen, Literatur etc.) und im gegenseitigen Erfahrungsaustausch im Umgang mit problematischen Situationen.

Leider gibt es in Deutschland erst wenige Erfahrungen mit Selbsthilfegruppen von Stalking-Opfern. Tholen (2004) beschreibt die Etablierung einer solchen Gruppe in Bremen. Das Angebot dieser Selbsthilfegruppe besteht in einem telefonischen Erstkontakt, einem persönlichen Einzelgespräch und Treffen mit der Gruppe, die in 14-tägigem Abstand stattfinden. In den Gruppensitzungen werden nach der Schilderung persönlicher Geschichten der Betroffenen Themen wie Grenzüberschreitungen, Umgang mit Emotionen, Möglichkeiten der Angstbewältigung und Aspekte wie Umgang mit Behörden, Selbstsicherheit und Selbstverteidigung besprochen. Wie Tholen (2004) berichtet, gehe es vielen Opfern durch die Gruppe subjektiv besser, obwohl sich an ihrer Gewaltsituation objektiv nichts geändert habe.

Im Rahmen einer Gruppentherapie kann eine Gruppe für Stalking-Opfer auch von einer Therapeutin geleitet werden. Diese fördert hier den Austausch und die gegenseitige Unterstützung der Teilnehmerinnen, sie gibt im Rahmen edukativer Vermittlung Informationen zum Stalking und bespricht aktive Maßnahmen zum bestmöglichen Schutz und zur Sicherheit der Teilnehmerinnen. Darüber hinaus werden gezielt therapeutische Hilfestellungen gegeben, wie die Teilnehmerinnen die psychischen Folgen von Stalking verarbeiten können. Dies schließt die Vermittlung von therapeutischen Strategien ein, die in modifizierter Form auch in der Einzeltherapie eingesetzt werden (s.o.) und das Ziel haben, mit emotionalen Belastungen wie Ängsten, Ärger und depressiven Verstimmungen umzugehen und Vermeidungsverhalten, soweit möglich, abzubauen (Mullen et al., 2000).

5.2.9 Internet-Support

Abschließend sei erwähnt, dass international verschiedene Internetadressen existieren, welche Betroffenen und Angehörigen wertvolle Informationen zum Thema Stalking geben, und die zum Teil auch Auskunft über psychologische Beratung und Behandlungsmöglichkeiten geben. In Deutschland ist hier das Websiteforum www.stalkingforum.de zu nennen (Pilath, 2004). Nutzer dieses Forums sind Opfer, Angehörige und Freunde von Opfern sowie Personen mit beruflichem Interesse an Stalking (Medien, Wissenschaftler, etc.). Opfer beschreiben hier ihre eigene Geschichte und tauschen Erfahrungen aus. Erfahrene Stalking-Opfer werden als Moderatoren am

Forum beteiligt und unterstützen aktiv andere Betroffene. Daneben werden im Forum zahlreiche sonstige Informationen, wie zu Anwälten und Behörden, Medien, Hilfseinrichtungen und Forschungsergebnissen zum Thema Stalking gegeben. Die Adresse www.stalkingforschung.de führt zur Homepage der Arbeitsgruppe «Stalking» der Technischen Universität Darmstadt, von der ebenfalls zahlreiche Informationen aus Forschung und Praxis, u. a. auch Tipps und weiterführende Adressen für Betroffene und Angehörige, enthalten sind. Informative englischsprachige Foren sind z. B. www.stalkingvictims.com und www.soshelp.org.

6. Spezifischer Rechtsschutz gegen Stalking im internationalen Vergleich

Volkmar von Pechstaedt

Bis zum Jahre 1990 gab es in keinem Land der Welt eine ausdrücklich gegen Stalking gerichtete Norm, auf welche sich ein Opfer hätte stützen können, um zivilrechtlich oder strafrechtlich gegen seinen Stalker vorzugehen. Stalking-Verhalten war Ende der 1980er-Jahre zwar gerade erst als solches bezeichnet worden, gleichwohl kennt man Aktivitäten im Sinne von Stalking seit alters. In Australien, England oder auch Schweden gab es daher bereits Vorschriften aus dem 19. Jahrhundert, die sich gegen vergleichbares Täterverhalten richteten und noch in Kraft waren. Diese wurden – mangels speziellerer Normen – zunächst auf Stalking angewandt, um den Opfern wenigstens etwas in die Hand zu geben. Auch in Deutschland kannte man beispielsweise Telefonterror oder andauernde Kontaktversuche durch zahlreiche Briefe und konnte hiergegen einen Unterlassungsanspruch, der auf derartige Handlungen entsprechend angewandt wurde, im Wege einer einstweiligen Verfügung oder Unterlassungsklage geltend machen. In den Staaten, in denen bereits ältere Gesetze existierten, wurde jedoch schnell klar, dass allgemein gehaltene Vorschriften nicht ausreichten, um dem Problem in allen seinen Erscheinungsformen und Auswirkungen zu begegnen, und sie allenfalls Notlösungen sein konnten. In Deutschland dagegen ist man erst sehr spät zu der Erkenntnis gelangt, dass es besonderer Regelungen bedarf.

6.1 Die rechtliche Situation in Nordamerika, Australien und Japan

1. Vereinigte Staaten von Amerika
Amerikanische Stalking-Opfer haben innerhalb von 15 Jahren seit 1989 eine starke Lobby bekommen und können mittlerweile Rückgriff auf spezielle Normen gegen Stalking nehmen, die von den Strafverfolgungsbehörden und

den Gerichten offensichtlich rigoros durchgesetzt werden. Alle 50 Bundesstaaten der USA und der District of Columbia haben im Zeitraum von 1990 (der erste Staat war Kalifornien) bis 1993 (Maine war der letzte Staat) Anti-Stalking-Gesetze eingeführt, welche u. a. Straftatbestände schufen, wonach Stalking mit Freiheitsstrafe und/oder mit Geldstrafe bestraft werden kann. In Kalifornien beispielsweise beträgt die Strafandrohung grundsätzlich bis zu einem Jahr oder bis zu 1000 US-Dollar (Cal. Penal Code § 646.9 a), bei Zuwiderhandlung gegen eine Schutzanordnung oder im Wiederholungsfalle mit Freiheitsstrafe bis zu vier Jahren (Cal. Penal Code § 646.9 b, c). In Texas konnte Stalking bis zu einer Gesetzesänderung am 14. Juni 1995 mit bis zu zehn Jahren Freiheitsstrafe oder mit bis zu 10 000 US-Dollar Geldstrafe (Tex. Penal Code, section 42.07 subsection c, d – 3rd degree felony) bestraft werden. Nunmehr beträgt die Geldstrafe nur noch bis zu 2000 US-Dollar oder 180 Tage Freiheitsstrafe (Tex. Penal Code, section 42.07 subsection c – Class B misdemeanor).

Die bundesstaatliche Gesetzgebung erfolgte rasch, manchmal auch zu übereilt, so dass eine Reihe von Gesetzen nachgebessert werden mussten. Manche Gesetze waren zu weit, andere wiederum zu eng gefasst, so dass entweder – übertrieben formuliert – beinahe jedermann Gefahr lief, zum Stalker erklärt zu werden, oder aber die Gesetze kaum zur Anwendung kamen, weil die Tatbestandsvoraussetzungen zu hoch waren. Dies führte zu Diskussionen um die Verfassungsmäßigkeit einzelner Gesetze. Dies nahm der Congress zum Anlass, das Department of Justice mit dem Entwurf eines Mustergesetzes («Model State Anti-Stalking Statute») zu beauftragen, das den bundesstaatlichen Gesetzgebern als Vorlage dienen konnte. Nachdem schon das «1994 Crime Law» das Stalking eines gegenwärtigen oder früheren Ehegatten in einigen besonderen Fällen zur Straftat nach US-Bundesrecht (federal crime) erklärt hatte, passierte ein «Stalking Bill» mit der Bezeichnung «Interstate Stalking Punishment and Prevention Act of 1996» am 7. Mai 1996 das House of Representatives und am 25. Juli 1996 den Senate. Danach begeht jemand ein federal crime, wenn er sich von einem Bundesstaat in den anderen begibt, um Stalking-Handlungen gegen einen anderen zu begehen, oder wenn er jemanden stalkt, der sich in einem Indianerreservat oder auf Bundeseigentum (z. B. Militärbasen) aufhält. Das Anti-Stalking-Gesetz des jeweiligen Bundesstaates findet dann Anwendung, wenn sich der Stalking-Fall ausschließlich in diesem Staat abspielt.

Das kalifornische Anti-Stalking-Gesetz (Cal. Penal Code, section 646.9) von 1990 entfaltete Vorbildwirkung für die anderen Bundesstaaten, die sich großteils an ihm orientierten. 1994 wurde es novelliert, um die Möglichkeiten von Rechtsprechung und Strafverfolgungsbehörden zu stärken und um frühzeitiger einschreiten zu können. Nach dem kalifornischen Straftatbestand macht sich ein Täter, der in «bösartiger Absicht» (willfully, maliciously) und wiederholt eine andere Person verfolgt oder belästigt und eine glaubwürdige Drohung ausspricht in der Absicht, das Opfer in begründete Furcht um seine Sicherheit oder die Sicherheit von unmittelbaren Familienangehörigen zu versetzen, des Stalking schuldig. Das Strafgericht (!) kann auch Schutzanordnungen zusammen oder an Stelle eines Strafausspruches erlassen, die bis zu zehn Jahre gültig sein können (Cal. Penal Code § 646.9 k). Zudem kann das Gericht eine Beratung anordnen (Cal. Penal Code § 646.9 j) und die Empfehlung an die zentrale Gefängnisverwaltung richten, den Verurteilten einer psychiatrischen Behandlung zuzuführen (Cal. Penal Code § 646.9 m).

In Kalifornien gibt es auch eine zivilrechtliche Stalking-Norm (tort of stalking), die es dem Opfer ermöglicht, den Stalker wegen des entstandenen Schadens zu verklagen (Cal. Civil Code, section 1708.7). Das kalifornische Zivilprozessrecht (Cal. Code of Civil Procedure, section 527) eröffnet die Möglichkeit, kostenlos eine Schutzanordnung (restraining order) zu beantragen. Ähnliche Regelungen gibt es in allen US-Bundesstaaten.

Die Festnahme des Stalkers ohne Haftbefehl ist – in den Bundesstaaten, in denen Stalking als Verbrechen und nicht nur als Vergehen eingestuft ist – dann möglich, wenn eine Tat unmittelbar begangen wird oder ein begründeter Verdacht besteht, dass ein Verbrechen unmittelbar begangen werden könnte. In einigen Bundesstaaten gibt es diese Möglichkeit schon bei Vergehen. Im Strafprozessrecht gibt es den «pretrial release», die Entlassung im Vorverfahren, wenn zuvor eine Festnahme erfolgt ist. Dies geschieht durch Hinterlegung einer Kaution (bail). Die Freilassung auf Kaution kann mit einer Anordnung eines Kontaktverbots («no-contact-order») verbunden werden. Die Kaution scheidet nur dann aus, wenn der Stalker eine ernsthafte Bedrohung für das Opfer darstellt.

Die Amerikaner haben mit der öffentlichen Problematisierung des Stalking und ihrer Gesetzgebung eine Vorreiterrolle auf der Welt übernommen. Ein wichtiger Grund dafür, dass Stalking zuerst in Amerika starke Aufmerksamkeit erregte, mag darin zu sehen sein, dass die Unantastbarkeit der persönlichen Freiheit traditionell einen hohen Stellenwert im Selbstverständnis der Amerikaner einnimmt. Zunächst ließ die Praxis von Strafverfolgungsbehörden und der Gerichte zu wünschen übrig. Stalker wurden in Einzelfällen nicht verfolgt, weil Stalking noch immer als Privatsache angesehen wurde. Dies hat sich inzwischen geändert, heute werden Stalking-Fälle in den USA in aller Regel sehr ernst genommen. Dennoch wird immer wieder berichtet, dass Gerichte das Gefährdungspotential des Stalking unterschätzen. Es wird hierbei durchaus als Problem angesehen, dass man einen Stalker – natürlich aus Verhältnismäßigkeitsgründen – nicht auf alle Zeit wegsperren oder kontrollieren kann. Die Zahl der Anzeigen von Stalking-Fällen ist seit Inkrafttreten der Anti-Stalking-Gesetze gestiegen, die Zahl der Festnahmen dagegen nicht wesentlich. 24 % der Stalker, gegen die Anzeige erstattet worden war und deren Opfer eine Frau war, wurden strafrechtlich verfolgt. War das Opfer ein Mann, kam es nur in 19 % der Fälle zur Strafverfolgung. Von den Fällen, bei denen es zur Anklage kam, kam es in 54 % zu einer Verurteilung des Stalkers, welche in 63 % aller Fälle aus einer Freiheitsstrafe bestand. Allerdings hatten nur 28 % der weiblichen und 10 % der männlichen Stalking-Opfer eine Schutzanordnung erlangt. Immerhin 69 % der weiblichen und 81 % der männlichen Opfer berichteten, dass diese vom Stalker nicht eingehalten wurde (Tjaden/Thoennes, 1998).

In Los Angeles wurde 1989 eine bis dahin einmalige Sondereinheit zur Bewältigung von Bedrohungen (Threat Management Unit) innerhalb des Los Angeles Police Department (LAPD) geschaffen. Ihr Ziel ist es, die Bedrohung durch einzelne Stalker einzuschätzen und mögliche Schritte zu prüfen, dem jeweiligen Stalker Einhalt zu gebieten, bevor es zur Eskalation kommt. Durch das frühzeitige präventive Tätigwerden der Einheit soll dem Stalker bewusst gemacht werden, dass er im Blickfeld der Polizei steht. Sobald die Beamten der Einheit von Opfern um Hilfe gebeten werden, suchen sie den Stalker auf und machen ihm klar, dass die Polizei mit aller Härte gegen ihn vorgehen wird, wenn er nicht sofort vom Opfer ablässt. Die Einheit soll auch versuchen, dem Stalking-Opfer bei der Entscheidung zu helfen, welche Schritte es unternehmen kann, um sich mit der Bedrohung auseinanderzusetzen.

Aus bekannt gewordenen Entscheidungen weiß man, dass amerikanische Gerichte keineswegs zimperlich mit Stalkern umgehen. Dies bekam im Mai 2002 eine 51-jährige, psychisch kranke Stalkerin aus Kassel zu spüren, die den 52-jährigen Schauspieler Richard Gere fortwährend behelligt und verfolgt hatte, indem sie bis zu 1000-mal im Laufe eines Jahres in dessen New Yorker Büro angerufen oder dorthin Telefaxe gesandt hatte. Sie war ihm durch die ganze Welt nachgereist, sogar bis nach Indien. In New York versuchte sie schließlich einen Job zu finden, um ihm näher zu sein. Sie erschien sechsmal in Geres Büro und verlangte, ihn zu sehen. Sie wollte das Leben mit Gere teilen und drohte an, sich zu erschießen, wenn ihr Wunsch nicht in Erfüllung ginge. Sie wurde u. a. wegen Stalking angeklagt. Der Manhattan Criminal Court erließ – obwohl es nicht zu einem persönlichen Zusammentreffen zwischen Stalkerin und Opfer gekommen war – eine Schutzanordnung für Gere und setzte die Hinterlegung einer Kaution von 5000 US-Dollar fest. Da die Stalkerin diese Summe nicht bezahlen konnte, wurde sie bis zur Verhandlung für 16 Tage in Haft genommen. Ihr drohte eine Höchstfreiheitsstrafe von einem Jahr. Wegen «geistiger Verwirrung» wurden ihr mildernde Umstände bescheinigt. Sie wurde des Landes verwiesen und darf nicht wieder in die USA einreisen (The People of the State of New York versus Reichert-Habbishaw, 2002NY029109).

Ein anderer Fall machte im Dezember 2000 Schlagzeilen, als ein 51-jähriger penetranter Fan der damals 28-jährigen Schauspielerin Gwyneth Paltrow über zwei Jahre hinweg Hunderte von Briefen, E-mails und Päckchen geschickt hatte. Er wurde in den Hochsicherheitstrakt eines psychiatrischen Krankenhauses eingewiesen. In Deutschland wäre dies nach den derzeitigen gesetzlichen Regelungen nicht möglich.

Im März 2001 berichteten die Medien über den Fall der Schauspielerin Pamela Anderson, in deren Haus eine 27-jährige Französin eingedrungen war. Die Stalkerin wurde verurteilt, der Schauspielerin, ihren Kindern und der Villa nicht näher als 460 Meter zu kommen. Ein Annäherungsverbot mit einem derart großen Mindestabstand ist in Deutschland, wo sich Gerichte schon schwer tun, einen Mindestabstand von 200 Metern festzulegen, undenkbar.

Ein ungewöhnlicher Stalking-Fall spielte sich jüngst in Kalifornien ab. Ende August 2004 wurde ein 32-jähriger Mann festgenommen, weil er seiner 35-jährigen Ex-Freundin, nachdem sie die Beziehung mit ihm beendet hatte, nachstellte. Er ließ sich über einen Zeitraum von zwei Wochen hinweg unerwartet überall dort blicken, wo sie zu tun hatte. Der Stalker ermittelte den jeweiligen Aufenthaltsort seines Opfers dadurch, dass er unter dem Pkw der Frau ein Mobiltelefon installiert hatte, welches mit einem Bewegungsmelder ausgestattet war. Wenn das Auto sich in Bewegung setzte, übermittelte das Handy pro Minute ein Signal an einen Satelliten. Die Information wurde dann zu einer Website gesandt, welche es ihm ermöglichte, die Position des Opfers zu bestimmen (Global Positioning System – GPS). Die Frau entdeckte, auf welche Weise der Stalker sie überwachen konnte, als er den Akku des Handys wechseln wollte. Dem Stalker wurde zusätzlich zur Last gelegt, während eines Zeitraums von sechs Monaten wiederholt gedroht zu haben, sich und die Frau zu töten. Es wurde angeordnet, dass er eine Kaution von 500 000 US-Dollar zu zahlen habe, wenn er vor der Hauptverhandlung freikommen wolle. Ihm droht eine Freiheitsstrafe von bis zu sechs Jahren (CNN, 2004).

2. Kanada

Der neue Stalking-Straftatbestand des kanadischen Strafgesetzbuches (Criminal Code, section 264) trat am 1. August 1993 in Kraft. Nach section 264 (criminal harassment) ist derjenige strafbar, der widerrechtlich und im Wissen, dass durch sein Verhalten eine andere Person bedrängt wird, oder ohne Rücksicht darauf, ob eine andere Person bedrängt wird, ein Verhalten zeigt, das bei einer vernünftigen Person und entsprechend allen Umständen erwartbaren Weise dazu führt, dass diese andere Person um ihre Sicherheit oder um die eines ihr Bekannten fürchten muss. Als derartige Verhaltensweisen sind aufgeführt: wiederholtes Verfolgen, unerwünschte wiederholte unmittelbare oder mittelbare Kontaktaufnahme, Belagern oder Überwachen des Wohn- oder Arbeitsplatzes oder sonstigen Aufenthaltsortes und Bedrohen des Opfers oder eines Familienangehörigen. Die Strafandrohung betrug zunächst bis zu fünf Jahren Freiheitsstrafe, durch eine Gesetzesnovelle, welche am 23. Juli 2002 in Kraft trat, wurde die maximale Strafandrohung auf zehn Jahre angehoben.

Schutzanordnungen (restraining orders) werden in Kanada von Strafgerichten erlassen. Sie ergehen als präventive Maßnahme zum Schutz des Opfers, wenn eine strafrechtliche Verurteilung nicht zu erwarten ist. Die Zuwiderhandlung gegen eine Schutzanordnung stellt einen erschwerenden Umstand im Falle einer strafrechtlichen Verurteilung dar.

Die Zahl der in Kanada zwischen 1995 und 1999 zur Anzeige gelangten Stalking-Fälle stieg (bis auf ein kurzes Absinken 1997) stetig. Die Zahl der zwischen 1995 und 1999 zur Anklage gekommenen Stalking-Fälle nahm um 32 % zu. Zu einer Verurteilung kam es in dem genannten Zeitraum in etwas mehr als 50 % der Fälle. In 58 % der Fälle erhielten die Schuldiggesprochenen eine Bewährungsstrafe, in 35 % der Fälle eine Freiheitsstrafe. Geldstrafen wurden dagegen immer seltener verhängt (Hackett, 2000). Eine aktuelle Statistik liegt nicht vor.

3. Australien

Die australischen Bundesstaaten folgten dem Beispiel der US-Bundesstaaten und schufen ähnliche Gesetze. Das erste australische Anti-Stalking-Gesetz wurde 1993 im Bundesstaat Queensland erlassen («Criminal Law Amendment Act 1993» [Qld]), der als section 359A des «Criminal Code Act 1899» einen Straftatbestand des «Unlawful Stalking» schuf. Nach diesem Straftatbestand kann gegen den Stalker eine Freiheitsstrafe von bis zu fünf Jahren, unter bestimmten Umständen (Drohung mit Gewalt, Waffenbesitz, Verstoß gegen eine gerichtliche Anordnung) sogar bis zu sieben Jahren, verhängt werden. Weitere eigenständige Stalking-Straftatbestände traten in allen anderen Bundesstaaten und Territorien zwischen 1994 und 1997 in Kraft (Urbas, 2000). Section 34A des «Australian Capital Territory Crimes Act 1900» sieht eine Freiheitsstrafe von bis zu zwei Jahren vor, bei Waffenbesitz oder Verstoß gegen eine einstweilige Verfügung von bis zu fünf Jahren. Die neue section 562AB des «Crimes Act 1900» (Neusüdwales) sieht eine Strafe von bis zu fünf Jahren Freiheitsstrafe und/oder Geldstrafe von 50 Tagessätzen vor. Section 189 des Criminal Code des Northern Territory hat eine Strafandrohung von bis zu zwei Jahren Freiheitsstrafe oder bei Verstoß gegen eine einstweilige Verfügung oder Waffenbesitz bis zu fünf Jahren. Die neue section 19AA des «Criminal Law Consolidation Act 1935» (Südaustralien) hat bei Verstoß gegen eine einstweilige Verfügung oder Waffenbesitz eine Strafandrohung von bis zu fünf Jahren Freiheitsstrafe, sonst von bis zu drei Jahren. Section 21A des «Crimes Act 1958» (Victoria) sieht eine Höchststrafe von zehn Jahren Freiheitsstrafe vor. In section 338E des «Criminal Code Act Compilation Act 1913» (Westaustralien) findet sich eine Strafandrohung von bis zu drei Jahren Freiheitsstrafe oder acht Jahren bei erschwerenden Umständen, sonst geringere Freiheitsstrafen oder Geldstrafen. Wer section 192 des Tasmanischen Criminal Code verwirklicht, dem droht sogar eine Freiheitsstrafe von bis zu 21 Jahren.

Die Evaluation des Gesetzes im Bundesstaat Victoria zeigt, dass in der Praxis meist bedingte Strafen und «gemeindenahe Sanktionen und Maßnahmen»(community based sanctions and measures) verhängt werden. Nach Einschätzung der australischen Polizei ist die Stalking-Gesetzgebung ein brauchbares Instrument zur Verhinderung von Stalking. Auch die Magistrates (Richter) sprachen der Gesetzgebung das Potenzial eines effektiven Opferschutzes zu (Dessuyer, 2000). In allen australischen Bundesstaaten gibt es auch die Möglichkeit einer zivilrechtlichen Anordnung (intervention order), durch welche ein Annäherungs- und Betretungsverbot ausgesprochen werden kann. Die Zuwiderhandlung der Anordnung ist mit einer Freiheitsstrafe von bis zu zwei Jahren bedroht. Einige der Stalking-Straftatbestände mussten aufgrund der Kritik von Staatsanwälten, Richtern und Opferverbänden nachgebessert werden.

4. Japan
Am 24. November 2000 trat in Japan ein Gesetz über Stalking und sonstige Handlungen («stōkākoinado no kiseinado ni kansuru hōritsu» bzw. «stoukaakoito-no kiseini to nikansuru houritsu») in Kraft, nachdem Stalking – der Begriff wurde ins Japanische übernommen («stōkingu») – dort jahrelang unbeachtet geblieben war. Das Thema wurde erst öffentlich diskutiert, als im Oktober 1999 in Okegawa in der Präfektur Saitama eine 21-jährige Studentin von ihrem Ex-Freund nach vorangegangenem Stalking erstochen wurde und die Polizei ihre Anzeigen wiederholt nicht ernst genommen hatte, bei frühzeitigem Eingreifen den tödlichen Ausgang aber hätte verhindern können. Der Stalker erhielt vom Saitama District Court eine lebenslange Freiheitsstrafe. Die Präfektur Saitama wurde vom Saitama District Court in einem Zivilverfahren verurteilt, den Eltern der getöteten Studentin wegen des Nichteinschreitens der Polizei Schadensersatz zu zahlen. Dieser Fall brachte die neue Gesetzgebung ins Rollen.

Bemerkenswert ist, wie rasch das japanische Anti-Stalking-Gesetz vorbereitet wurde und in Kraft trat – binnen Jahresfrist. Es enthält polizei- und zivilrechtliche Regelungen sowie Straftatbestände (insgesamt 16 Artikel). Stalking wird darin als wiederholtes Handeln, durch welches der Täter das

Ziel verfolgt, seine Zuneigung zum Opfer auszuleben, oder durch das er sich für die Verweigerungshaltung des Opfers rächt, definiert (Art. 2 und 3). Es nennt acht Kategorien, darunter Verfolgen, hinterhältiges Überfallen, Eindringen in die Wohnung des Opfers, Fordern von Treffen mit dem Opfer, Tätigen von obszönen oder anonymen Anrufen, Bedrohung, ehrverletzende Äußerungen (auch gegen die sexuelle Würde der Person).

Dem Stalker droht nach Art. 13 eine Freiheitsstrafe von bis zu sechs Monaten oder eine Geldstrafe bis zu 500 000 Yen (ca. 3700 Euro). Das Gesetz sieht auch vor, dass die Polizei präventiv tätig werden muss. Opfer, die keine strafrechtlichen Schritte wünschen, können die Polizei bitten, den Stalker zu verwarnen (Art. 4) oder sie können eine Schutzanordnung (Art. 6) beantragen, wenn die Warnung durch die Polizei nicht beachtet wird. Verstößt der Stalker gegen die Schutzanordnung, drohen ihm nach Art. 14 Freiheitsstrafe bis zu einem Jahr oder Geldstrafe bis zu einer Million Yen (ca. 7400 Euro).

Bis zum Inkrafttreten des Anti-Stalking-Gesetzes war es den japanischen Strafverfolgungsbehörden nicht möglich, gegen einen Stalker vorzugehen, bevor nicht einer der herkömmlichen Straftatbestände verwirklicht war. Die japanische Polizei setzte bereits im November 2000 vierzig Beamte ein, die sich seitdem in einem «Anti-Stalking-Büro» ausschließlich mit der Anzeige und Ermittlung von Fällen beschäftigen. Die Nationale Polizei Behörde hat für Stalking-Fälle eine Telefon-Hotline eingerichtet (Saito, 2000).

34 Stalker wurden in den ersten drei Monaten seit dem Inkrafttreten des Anti-Stalking-Gesetzes inhaftiert (Japan Zone, 2001). Anzeigen von Stalking sind in Japan in der ersten Jahreshälfte 2000 sprunghaft gestiegen. 11 543 Betroffene wandten sich an die Polizei, um Schutz oder Rat einzuholen. 1999 waren es noch 8021 Anzeigen im gesamten Jahr (CNN, 2000). Die Zahlen zeigen, dass – anders als Deutschland – Stalking-Fälle in Japan statistisch erfasst werden.

6.2 Die rechtliche Situation in Europa (außer Deutschland)

1. Großbritannien
Seit dem teilweisen Inkrafttreten des «Protection from Harassment Act 1997» am 16. Juni 1997 gibt es auch in England und Wales eine gesetzliche Grundlage eigens zur strafrechtlichen Verfolgung von «harassment», wozu insbesondere Stalking zählt. Am 1. September 1998 ist der «Protection from Harassment Act 1997» vollständig in Kraft getreten. Section 2 enthält einen (Grund-)Straftatbestand der Belästigung mit einer Strafandrohung von bis zu sechs Monaten Freiheitsstrafe oder Geldstrafe. Section 4 enthält ebenfalls einen Straftatbestand, überschrieben mit «Versetzen anderer in Angst vor

Gewalt». Die Strafandrohung hierfür beträgt bis zu fünf Jahre Freiheitsstrafe und/oder Geldstrafe im Schwurgerichtsverfahren, im summarischen Verfahren bis zu sechs Monate Freiheitsstrafe und/oder Geldstrafe.

Eine Verurteilung nach section 2 und 4 des «Protection from Harassment Act 1997» kann auch den Erlass einer Schutzanordnung (restraining order) nach section 5 nach sich ziehen, in diesem Fall eine strafgerichtliche Anordnung. Der Verstoß hiergegen hat eine Freiheitsstrafe von bis zu fünf Jahren und/oder eine Geldstrafe zur Folge, oder auch weniger bei Verurteilung im summarischen Verfahren (section 5 subsection 6).

In section 3 des «Protection from Harassment 1997» ist ein zivilrechtlicher Tatbestand normiert, der das Opfer berechtigt, den Täter auf Unterlassung und Schadensersatz (für die hervorgerufene Angst) in Anspruch zu nehmen. Das Gericht kann eine zivilrechtliche Unterlassungsanordnung (injunction) gegen den Stalker erlassen. Verstößt der Stalker gegen eine solche zivilrechtliche Anordnung, erwartet ihn ebenfalls eine Freiheitsstrafe von bis zu fünf Jahren und/oder eine Geldstrafe, oder auch weniger bei Verurteilung im summarischen Verfahren (section 3 subsection 9).

In Nordirland ist die «Protection from Harassment (Northern Ireland) Order 1997» seit dem 17. Juni 1997 in Kraft. Die Order benutzt exakt denselben Wortlaut des Protection from Harassment Act 1997, hat aber eine unterschiedliche Nummerierung der Paragraphen. Auf der Isle of Man trat am 18. Oktober 2000 der «Protection from Harassment Act 2000», der dem englisch-walisischen «Protection from Harassment Act 1997» fast gänzlich gleicht, in Kraft. In Schottland gilt der «Protection from Harassment Act 1997» nur teilweise. Nach section 8 stehen dem Stalking-Opfer zunächst nur zivilrechtliche Schadensersatz- und Unterlassungsansprüche zu. Allerdings ist die Zuwiderhandlung gegen eine zivilrechtliche Schutzanordnung eine Straftat (breach of non-harassment order). Die Strafandrohung für die Zuwiderhandlung wurde ins schottische Recht übernommen: Freiheitsstrafe bis zu fünf Jahren und/oder Geldstrafe oder auch weniger bei Verurteilung im summarischen Verfahren (section 9). Der schottische Gesetzgeber war der Auffassung, dass die Strafbewehrung einer Zuwiderhandlung genüge.

Die Bedingungen, unter denen eine Freilassung gegen Kaution gewährt wird, spielen eine wichtige Rolle hinsichtlich der Anwendung des «Protection from Harassment 1997» (Harris, 2000). Freilassung ist im Zuge der polizeilichen Ermittlungen und auch im gerichtlichen Vorverfahren möglich. Bei einer Evaluation zeigte sich, dass in der Mehrzahl der Fälle die Freilassung gegen Kaution an Bedingungen geknüpft war, wie die Verpflichtung, keinen Kontakt zum Opfer aufzunehmen oder sich von ihm fernzuhalten, regelmäßig Kontakt zur Polizei zu halten oder sich an einer bestimmten Anschrift aufzuhalten. Gerade die des Stalking Beschuldigten halten sich häufig nicht an diese Bedingungen. Bislang sind vom Court of Appeal schon einige Fälle zum und aufgrund des «Protection from Harrassment Act» 1997 entschieden worden.

Ein unlängst bekannt gewordener Fall, der in England spielte, war der des deutschen Models Claudia Schiffer, die im März 2004 auf ihrem südostenglischen Landsitz durch einen 21-jährigen Kanadier belästigt wurde. Dieser tauchte dort mehrfach auf und übergab Briefe an sie. Wenige Stunden, nachdem er vor Gericht wegen des Vorwurfs der Belästigung erschienen war, kehrte er zum Haus Schiffers zurück. Da er sich illegal in Großbritannien aufhielt, wurde er ausgewiesen.

Eine Evaluation ergab, dass die Polizei in England Stalker recht schnell festnimmt. In 90 % der Fälle, die von der Polizei verfolgt und in denen eine Freilassung gegen Kaution gewährt wurde, war dies an die Bedingung, sich vom Opfer fernzuhalten, geknüpft. Durch die Staatsanwaltschaft wurden 39 % der Verfahren gegen eine Art Gelöbnis (bind over) eingestellt. In Untersuchungshaft genommen wurden 10 % der Beschuldigten. In 63 % der Fälle, in denen es zu einer Anhörung kam, kam es zu einem taktischen Schuldeingeständnis. Nur 18 % der Fälle endeten mit einem Schuldspruch. In 84 % der Fälle, die bis zur ersten Anhörung gelangt waren, wurde der Stalker verurteilt. In 43 % der Fälle zog der Schuldspruch keinen Strafausspruch nach sich, meist aber eine Schutzanordnung. Bei ca. 50 % aller Verurteilungen werden Schutzanordnungen verhängt. Aus Sicht von Praktikern ist die Gesetzgebung nützlich, da sie eine Intervention in Situationen ermöglicht, in denen bis zum Inkrafttreten des «Protection from Harrassment Act 1997» nichts unternommen werden konnte. Erstaunlicherweise kommt der «Protection from Harrassment Act 1997» nur selten in den Fällen zur Anwendung, die man als «klassische» Stalking-Fälle bezeichnet (ein Fremder verfolgt und belästigt obsessiv eine Person), viel öfter geht es um leichtere Fälle von Belästigungen der Nachbarschaft und bei Ex-Partnerschaften. Es gibt daher Befürchtungen, dass der «Protection from Harrassment Act 1997» in Misskredit geraten könnte, wenn man ihn vorwiegend auf Fälle anwendet, die einen Randbereich des Strafrechts betreffen, und nicht für wirklich schwerwiegende Fälle, denn der Protection from Harrassment Act 1997 soll Verhaltensweisen unterbinden, die die Gefahr einer Eskalation in sich tragen (Harris, 2000).

2. Irland

In Irland gibt es einen Straftatbestand (harassment), der sich an den Grundzügen des «Protection from Harrassment Act 1997» orientiert. Er ist als section 10 Bestandteil des «Non-Fatal Offences Against the Person Act 1997», der am 20. Mai 1997 in Kraft trat. Er ist konkreter als die englischen Bestimmungen. Danach macht sich jemand, der ohne gesetzliche Berechtigung oder eine vernünftige Begründung durch irgendwelche Mittel, einschließlich der Nutzung des Telefons, eine andere Person belästigt, indem er sie beharrlich verfolgt, beobachtet, belästigt, belagert oder Kontakt zu ihr aufnimmt, strafbar.

Die Strafandrohung liegt bei einer Freiheitsstrafe bis zu 12 Monaten und/oder einer Geldstrafe bis zu ca. 1900 Euro (im summarischen Verfahren), sonst bei einer Freiheitsstrafe bis zu sieben Jahren und/oder Geldstrafe. Das Gericht kann gegen einen Schuldiggesprochenen zusätzlich zu einer Strafe oder als Strafalternative anordnen, dass der Täter das Opfer für einen vom Gericht bestimmten Zeitraum nicht mehr kontaktieren oder sich dessen Wohnung oder Arbeitsplatz auf einen vom Gericht festgelegten Mindestabstand nicht nähern darf. Eine Zuwiderhandlung gegen eine solche Anordnung ist wiederum eine Straftat.

Bekannt geworden ist im November 2003 der Fall des 26 Jahre alten irischen Popsängers Ronan Keating, der über einen Zeitraum von sechs Monaten hinweg bis zu drei Briefe täglich von einem weiblichen Fan erhielt, die allesamt mit rotem Lippenstift unterschrieben waren. Darin schrieb die Stalkerin, dass sie bereit sei, jeden zu opfern, der sich zwischen beide stelle. Später habe sie geschrieben: «Ich liebe dich, ich will bei Dir sein und es mit jedem aufnehmen, der sich mir in den Weg stellt». Ob die Stalkerin verurteilt wurde, ist nicht bekannt.

3. Belgien
Als zweiter europäischer Staat führte Belgien innerhalb kürzester Zeit einen stalkingspezifischen Straftatbestand ein. Von der Einbringung des Gesetzentwurfs bis zum Inkrafttreten vergingen nicht einmal anderthalb Jahre. Am 27. Dezember 1998 trat ein Gesetz in Kraft, das einen eigenständigen, als Antragsdelikt ausgestalteten Vergehenstatbestand des Stalking (belaging bzw. harcèlement) als art. 442bis in das belgische Strafgesetzgesetzbuch einfügt. Danach kann derjenige bestraft werden, der das Opfer bedrängt, obwohl er weiß oder wissen müsste, dass er durch sein Verhalten die Ruhe des Opfers stört. Er wird mit einer Freiheitsstrafe von 15 Tagen bis zu zwei Jahren oder mit einer Geldstrafe bestraft. Die Tat wird nur auf Antrag des Opfers verfolgt.

4. Niederlande
In den Niederlanden gab es seit Ende 1997 eine Gesetzesinitiative, die darauf abzielte, Stalking unter Strafe zu stellen (Gesetzentwurf 25 768). Wie in Deutschland die Bundesjustizministerin heutzutage, widersetzte sich damals die niederländische Justizministerin dem Entwurf, da von einer separaten Unterstrafestellung wenig Gutes zu erwarten wäre. Ein gesetzliches Verbot

des Stalking könne nicht vernünftig sein, da erstens die Opfer um ihrer Privatsphäre willen kaum geneigt sein würden, Anzeige zu erstatten, und zweitens das Innenministerium bei der Strafverfolgung auf ernsthafte beweisrechtliche Probleme stieße. Trotz dieser Bedenken konnten sich die Befürworter durchsetzen, der neue Straftatbestand des Artikels 285 b des niederländischen Strafgesetzbuches (Wetboek van Strafrecht) trat am 12. Juli 2000 in Kraft. Er ist sehr weit gefasst. Danach macht sich strafbar, wer vorsätzlich, widerrechtlich und systematisch den persönlichen Lebensbereich einer anderen Person verletzt mit der Absicht, sie zu einem Tun, Dulden oder Unterlassen zu zwingen oder um sie in Furcht zu versetzen. Die Strafandrohung beträgt bis zu drei Jahre Freiheitsstrafe oder Geldstrafe. Eine Strafverfolgung findet nur auf Antrag des Geschädigten statt. Der Hoge Raad der Nederlanden (Oberster Gerichtshof) hat mittlerweile schon vier Entscheidungen zum art. 285 b getroffen.

In der Region Rotterdam-Rijnmond wurde das sog. «AWARE»-Projekt ins Leben gerufen, in dessen Rahmen einerseits ein Notrufsystem geschaffen wurde, das es der Polizei ermöglicht, nach einem Alarm binnen zehn Minuten am Tatort zu sein. Andererseits umfasst es ein Netz von Absprachen u. a. mit dem Innenministerium und Resozialisierungsinstitutionen, aufgrund dessen die Polizei bei einem Zwischenfall wirkungsvoll einschreiten kann. Zivilrechtliche Schutzanordnungen (stratverbod) haben sich in den Niederlanden als wenig wirksam erwiesen.

5. Schweden

In Schweden gab es Schutzanordnungen im Kontext von Scheidungsfällen schon seit 1860. Darüber hinausgehend schuf der schwedische Gesetzgeber 1988 im Rahmen eines Strafgesetzes die Möglichkeit einer Schutzanordnung, welche die Staatsanwaltschaft nutzen konnte, einem Täter, vom dem eine Bedrohung ausgeht, zu untersagen, mit dem Opfer Kontakt aufzunehmen oder sich ihm zu nähern. Am 1. Juli 1998 wurde in das schwedische Strafgesetzbuch (brottsbalken) ein neuer Straftatbestand eingefügt: «grov kvinnofridskränkning» (BrB 4 kap. 4a § – «Grobe Verletzung der Integrität einer Frau»). Er soll wiederholte strafbare Handlungen eines Mannes gegenüber einer Frau, die in einer engen Beziehung zu dem Täter steht, bestrafen. Wenn ein Mann also eine bestimmte Straftat (Körperverletzung, Bedrohung, sexuelle Nötigung etc.) gegenüber einer Frau verwirklicht, mit der er verheiratet ist oder war oder zusammenlebte, soll er nach diesem Straftatbestand verurteilt werden anstatt wegen der jeweiligen Straftat selbst, die mit anderen den Wiederholungskontext bildet. Voraussetzung für eine Verurteilung nach dieser Vorschrift ist, dass jede Handlung Teil einer wiederholten Verletzung der Integrität der Frau war und zudem geeignet war, das Selbstwertgefühl der Frau ernsthaft zu beschädigen. Der Täter kann zusätzlich nach der jeweils begangenen Straftat bestraft werden. Die Strafe beträgt von sechs Monaten bis zu sechs Jahren Freiheitsstrafe (Soukkan/Lindström, 2000). Obwohl in dem Straftatbestand Wesensmerkmale des Stalking erfasst sind (gewisse Dauer, wiederholtes Handeln, Verletzung der physischen und psychischen Integrität einer Person), handelt es sich hierbei nicht um einen spezifischen Stalking-Tatbestand, sondern um eine Norm gegen häusliche Gewalt. Vor allem verkennt man, dass Stalking-Opfer nicht nur eine Frau, sondern auch ein Mann werden kann. Der neue schwedische Straftatbestand soll es dem Gericht ermöglichen, die gesamten Umstände zu berücksichtigen und die Strafe gegebenenfalls für den Täter zu erhöhen, um die Schwere und Häufigkeit der Handlungen zu erfassen.

Die Diskussion um Stalking flammte in Schweden wieder auf, als die ehemalige 53 Jahre alte ABBA-Sängerin Agnetha Fältskog im Juni 2003 wieder Probleme mit einem 37-jährigen niederländischen Stalker hatte, von dem sie bereits 2001 belästigt worden war. Nachdem ein Gericht im Jahre 2001 gegen ihn ein Einreiseverbot nach Schweden verhängt hatte und dieses abgelaufen war, reiste er wieder ein, begab sich nach Stockholm und versuchte, auf das Grundstück Fältskogs zu gelangen.

Es gibt in Schweden Bestrebungen, Stalking in der Landessprache als «förföljelsesyndrom» (Verfolgungssyndrom) – nach dem Englischen «obsessional following» – zu bezeichnen (Grann, 2003) und ein spezielles Anti-Stalking-Gesetz einzuführen. Bislang existiert noch kein offizieller Gesetzentwurf.

6. Finnland

In Finnland ist am 1. Januar 1999 – angeregt durch die Gesetzgebung in Schweden – ein «Gesetz über ein Annäherungsverbot» («Laki lähestymiskiellosta 4.12.1998/898») in Kraft getreten. Das Gesetz ähnelt in Teilen dem deutschen Gewaltschutzgesetz. Es ist nicht speziell für Stalking-Fälle geschaffen worden, sondern zum Schutz vor häuslicher Gewalt und vor Ex-Partnern, kann aber auch in solchen Fällen angewandt werden. Obwohl eine einflussreiche finnische Frauengruppe auch auf eine spezifische Stalking-Gesetzgebung drängte, gibt es diese bis heute nicht.

Nach dem Gesetz kann auf Antrag des Opfers, der Polizei, der Staatsanwaltschaft oder der Sozialbehörde ein Annäherungs-/Kontaktverbot (lähestymiskielto, 1 §) im regulären Verfahren durch das Gericht erster Instanz (käräjäoikeus – entspricht in etwa dem Amtsgericht) erlassen werden. Bei der Schutzanordnung geht es darum, Leben, Gesundheit, Freiheit oder den Frieden einer Person dadurch zu schützen, dass der Täter angewiesen wird, jeglichen Kontakt mit dem Opfer zu vermeiden. Deren Geltung kann längstens ein Jahr betragen, sie kann aber auch erneuert werden. Es ist ausdrücklich geregelt, dass ein Antrag als «dringlich» (kiireellinen, 6 §) behandelt wird, selbst im Hauptsacheverfahren. Ein einstweiliges Annäherungsverbot kann auch durch die Polizei ausgesprochen werden (11 §), die Sache muss aber innerhalb von drei Tagen dem zuständigen Gericht vorgelegt werden, damit dieses binnen sieben Tagen eine Entscheidung hierüber trifft (12 §). In § 17 findet sich eine Bestrafungsregel, die auf Abschnitt 16, § 9 a des finnischen Strafgesetzbuches (rikoslaki) verweist. Dort findet sich der Straftatbestand der «Zuwiderhandlung gegen ein Annäherungsverbot» (Lähestymiskiellon rikominen), wonach ein Verstoß mit Geldstrafe oder einer Freiheitsstrafe bis zu einem Jahr bestraft wird. Die Polizei führt auch ein spezielles Register über bestehende Annäherungsverbote. Zum 1. Januar 2005 wird eine Novellierung des Gesetzes in Kraft treten.

7. Österreich

In Österreich gibt es bereits das Gewaltschutzgesetz (GeSchG), welches am 1. Mai 1997 in Kraft trat. Das Gewaltschutzgesetz ist jedoch – wie das deutsche Gewaltschutzgesetz (GewSchG) – als Instrument gegen häusliche Gewalt konzipiert worden und enthält keine spezifischen Regelungen gegen Stalking. Anders als in Deutschland können sich Stalking-Opfer in Österreich kaum auf die (schmalen) Neuregelungen in ihrem Gewaltschutzgesetz stützen. Einen Straftatbestand – etwa wie § 4 des deutschen GewSchG – führte das GeSchG nicht ein. Er wurde bewusst nicht aufgenommen, da die Legisten im Österreichischen Justizministerium eine Vermischung von Straf- und Zivilrecht befürchteten und man nach deren Auffassung «mit der bisherigen Gesetzgebung gut gefahren sei». Das Institut für Rechts- und Kriminalsoziologie Wien veröffentlichte am 20. November 2003 eine Studie aus dem Jahre 2002, die sich ausführlich mit Stalking beschäftigte (Pelikan, 2002). Doch offensichtlich zog man sich auch nach dieser Studie voll und ganz auf die bestehenden Normen zurück, denn noch immer gibt es in Österreich keine spezielle Regelung gegen Stalking, die es Stalking-Opfern ermöglicht, effektiv gegen Stalker vorzugehen.

Im Juli 2004 wurde von der Wiener Frauenstadträtin Sonja Wehsely und einem Vertreter des Weißen Rings, Albin Dearing, öffentlich die Schaffung eines Straftatbestandes der «fortgesetzten groben Belästigung», gefordert (Standard, 2004). Diese Forderung wird sich gegen den zu erwartenden Widerstand der Legisten derzeit jedoch kaum durchsetzen können.

8. Schweiz

Auch in der Schweiz gibt es Initiativen, die ein Anti-Stalking-Gesetz fordern, da ein solches dort noch nicht existiert. Im August 2003 berichteten Schweizer Medien, dass die Nationalratskommission eine Erweiterung des Artikels 28 b Abs. 1 im Schweizerischen Zivilgesetzbuch zum Schutz vor Gewalt im Familienkreis und in der Partnerschaft angenommen habe (Parlamentarische Initiative 00.419). In der Begründung der Initiative wird auch von Stalking gesprochen, wenngleich ganz offensichtlich eher häusliche Gewalt im Vordergrund stand. Keine Folge geben wolle die Nationalratskommission hingegen einer parlamentarischen Initiative, welche Gewaltopfern mehr Verfahrensrechte einräumen will. (Neue Zürcher Zeitung, 2003; Hauser, 2004). Es ist auch die Rede davon, den Art. 292 des Strafgesetzbuches anzupassen, wonach der «Ungehorsam gegen amtliche Verfügungen» als Vergehen mit einer Freiheitsstrafe bestraft werden soll.

Im Oktober 2003 verbreiteten die Schweizer Medien, dass der erste Stalking-Fall vor das Bundesgericht in Lausanne gekommen sei. Dieses bestätigte eine Verurteilung wegen mehrfacher Drohung und Nötigung. Das Aargauer Obergericht hatte zuvor einen Nuklearingenieur, der zwischen 1999 und 2000 zwei Kaderleuten über 100 Mal auf dem Firmenparkplatz eines Instituts aufgelauert hatte, um über seine Wiederanstellung zu diskutieren, im Januar 2003 zu vier Monaten Gefängnis verurteilt. Die Opfer hatten sich gezwungen gesehen, ihre Anfahrtswege und -zeiten zu ändern. Außerdem hatte der Ingenieur sie bedroht (Tagesanzeiger, 2003). Das Bundesgericht bestätigte das Urteil, definierte gleichzeitig Stalking und stellte fest, dass ein spezieller Stalking-Straftatbestand im Schweizer Recht zwar fehle, aber eine Verurteilung des Stalkers dennoch nicht ausgeschlossen sei (BGE, Urteil 6S.71/2003 vom 26. August 2003). Der Stalker kündigte an, sich an den Europäischen Gerichtshof (EuGH) wenden zu wollen.

6.3 Die rechtliche Situation in Deutschland

Es scheint, als habe der Rechtsstaat in Deutschland im Hinblick auf Stalking versagt. Und die Politik auch. Warum entsteht dieser Eindruck? Eine Diskussion in der Rechtswissenschaft ist noch immer nicht in Gang gekommen. Es gibt einige Publikationen zum Gewaltschutzgesetz, die Stalking allenfalls am Rande berücksichtigen, und einige wenige Veröffentlichungen vorwiegend zur Strafbarkeit des Stalking. An juristischen Fakultäten der Universitäten oder Polizeifachhochschulen werden zwar Hausarbeiten über Stalking an Studierende vergeben, doch eine Auseinandersetzung auf wissenschaftlicher Ebene findet noch nicht wirklich statt.

Als der Verfasser 1997 mit seiner Dissertation über Stalking, der ersten juristischen Auseinandersetzung in Deutschland überhaupt, begann, vermochte er im Internet keine einzige deutschsprachige Seite zu finden, die Stalking erwähnte. Kein Jurist kannte den Begriff Stalking. Nachdem der SPIEGEL im Februar 2000 erstmalig über Stalking berichtet hatte, sprangen andere Medien auf den fahrenden Zug auf und es kam zu einer regen – vielfach oberflächlichen – Beschäftigung hiermit, die bis heute andauert. Dadurch ist es zu einer Sensibilisierung der Öffentlichkeit gekommen und der Gesetzgeber hat infolgedessen versucht, mit dem Gewaltschutzgesetz auf Gesetzeslücken zu reagieren, wenn auch nicht besonders sinnvoll. Im ursprünglichen Referentenentwurf des Gewaltschutzgesetzes vom März 2000 war die Regelung des § 4 GewSchG, mit welchem auch Stalking erfasst werden sollte, noch nicht enthalten. Nach Entscheidung der damaligen Justizministerin Herta Däubler-Gmelin (SPD), welcher die Dissertation des Verfassers (von Pechstaedt, 1999) vorgelegen hatte, wurde der Referentenentwurf ergänzt (Pelikan, 2002). Mittlerweile dürften große Teile der Bevölkerung den Begriff Stalking und dessen Bedeutung kennen. In die 23. Auflage des Duden (2004) sind die Wörter «Stalker» und «Stalking» aufgenommen, so dass man davon ausgehen kann, dass Stalking bereits ein Begriff der Allgemeinsprache geworden ist. Etliche deutschsprachige Internetseiten künden hiervon.

Die Politik, aus der man jüngst im Sommer 2004 zwei unterschiedliche, gegensätzliche Gesetzesvorschläge vernahm, handelt offensichtlich nicht aufgrund der Einsicht in die Notwendigkeit, vielmehr aus parteipolitischem Kalkül. Die Standpunkte der verschiedenen politischen Lager sind konträr oder unterscheiden sich stark voneinander.

Bundesjustizministerin Brigitte Zypries (SPD) äußerte am 11. Mai 2004 auf Deutsche Welle-TV: «Viele Menschen empfinden bestimmtes Verhalten vielleicht als belästigend, während man demjenigen, der sich so verhält, gar nichts nachweisen kann außer der Tatsache, dass er eben zum selben Moment im selben Kaufhaus ist oder dieselbe Straße entlangläuft. Daraus dann einen Straftatbestand zu konstruieren, ist ausgesprochen schwierig, d. h. also, die subjektive Seite ist ausgesprochen hoch und das rechtlich abzugreifen, halte ich für sehr schwierig.» Ein Wille der SPD zur Schaffung weitergehender Regelungen ist – zumindest auf Bundesebene – nicht vorhanden.

Im Juni 2004 präsentierte der Hessische Justizminister Christian Wagner (CDU) einen Gesetzentwurf («Stalking-Bekämpfungsgesetz») zur Schaffung eines Straftatbestandes § 241 a StGB, der «Unzumutbares Nachstellen und Verfolgen» regeln soll (Presseinformation Nr. 128 vom 29. Juni 2004). Der Vorschlag beruht auf der Forderung des Verfassers nach einem spezifischen, Stalking sanktionierenden Straftatbestand (von Pechstaedt, 1999), was aus der Begründung des Gesetzesvorschlages hervorgeht, in die Formulierungen des Verfassers übernommen sind, wenngleich der von Wagner vorgeschlagene Gesetzestext sich von dem des Verfasser völlig unterscheidet. Auf den ersten Blick verspricht dieser Vorschlag einen Fortschritt, doch in Wahrheit handelt es sich um nicht mehr als eine Mogelpackung. Bereits der Wortlaut des geplanten Straftatbestandes enthält einige grobe sprachliche Fehler und passt so, wie er entworfen ist, nicht in das System des deutschen Strafgesetzbuches. Er sieht eine Strafandrohung von maximal einem Jahr, bei Verstoß gegen eine gerichtliche Schutzanordnung bis zu zwei Jahren Freiheitsstrafe vor. Dass diese Sanktionierung zu niedrig ist, liegt auf der Hand. Einen hartnäckigen Stalker wird sie jedenfalls nicht abschrecken. Zum Vergleich: ein («einfacher») Diebstahl hat eine Strafandrohung von bis zu fünf Jahren Freiheitsstrafe.

Überdies soll § 241 a StGB ein Privatklagedelikt werden, was letztlich bedeutet, dass die Staatsanwaltschaften regen Gebrauch von der Verweisung des Opfers auf den Privatklageweg machen werden. Dies kennt man von anderen Privatklagedelikten wie Hausfriedensbruch, Beleidigung, Körperverletzung, Bedrohung, Sachbeschädigung. Nur äußerst selten kommt es jedoch vor, dass Stalking-Opfer den Privatklageweg wirklich beschreiten, denn vor ihnen türmen sich dabei eine Reihe von Problemen auf: mangelnde Kenntnis des Privatklageverfahrens, gegebenenfalls Kostenvorschuss für den Beistand durch einen Rechtsanwalt, Sicherheitsleistung (§ 379 StPO), vorausgegangener erfolgloser Sühneversuch (§ 380 StPO), nicht vorhandene Kompetenzen zur Ermittlung z. B. von Telefonnummern oder IP-Adressen, um nur einige zu nennen.

Der rheinland-pfälzische Justizminister Herbert Mertin (FDP) äußerte im Oktober 2004: «Auch wenn das Stalking nicht die Qualität einer Straftat erreicht, sind die Opfer nicht schutzlos gestellt» (Pressemeldung vom 3. Oktober 2004) und verkannte damit die Rechtswirklichkeit. Mit einem «verfassungsrechtlich äußerst bedenklichen Strafgesetz» ist nach Meinung Mertins den Stalking-Opfern nicht geholfen. Das Strafrecht müsse «auf Gesetze beschränkt werden, die das verbotene Verhalten konkret bestimmt umschreiben. Dagegen müsse der von Wagner vorgeschlagene Straftatbestand «mit einer Vielzahl von unbestimmten Rechtsbegriffen arbeiten». Ihm könne daher nicht genau entnommen werden, was genau strafbar sei. Dies widerspreche dem verfassungsrechtlich vorgeschriebenen Bestimmtheitsgrundsatz. Mertin verkennt, dass der Straftatbestand der Beleidigung auch nicht auf eng umschriebene Tatbestandsmerkmale begrenzt ist, ein Gericht also festzustellen hat, was eine «Beleidigung» ist. Es steht nämlich im Ermessen des Gesetzgebers, ob er sich bei der Festlegung eines gesetzlichen Tatbestands eines Begriffs bedient, der eine Fülle von Sachverhalten abdeckt oder eng umschriebene Tatbestandsmerkmale aufstellt (Schmidt-Bleibtreu/Klein, 1999). Bei abstrakten unbestimmten Rechtsbegriffen kann ihre langjährige Konkretisierung durch die Rechtsprechung mitberücksichtigt werden.

Eine weitere Gefahr der «rein strafrechtlichen Lösung» ist laut Mertin, dass durch die weitgehende Formulierung der Anfangsverdacht einer Straftat in vielen Fällen anzunehmen sei. In all diesen Fällen müssten Ermittlungsverfahren eingeleitet werden, wovon ein großer Teil nachher wieder eingestellt würde, weil das Geschehen für die Anklageerhebung nicht ausreiche. Diese vermehrten Einstellungen bürgen «eine große Gefahr in sich», weil dann der Eindruck entstünde, die Strafverfolgungsbehörden würden Stalking-Fälle nicht mit «dem gebotenen Nachdruck» verfolgen.

Mertin will den Opferschutz mit einem eigenen Entwurf verbessern und einen Änderungsantrag zum hessischen Stalking-Bekämpfungsgesetz stellen. Es gehe darin nicht um einen neuen Straftatbestand, sondern um die Ausweitung der Möglichkeiten des Gewaltschutzgesetzes. Letzteres weise einige Schutzlücken auf, die durch den Entwurf geschlossen werden müssten. So sei die Möglichkeit zu eröffnen, neben Kontaktaufnahmen über das Telefon auch solche durch Briefe oder andere Kommunikationsmittel zu verbieten. Das Schalten von unrichtigen Anzeigen in Zeitungen müsse ebenso erfasst werden wie das Hinterlassen von Mitteilungen am Auto oder am Briefkasten des Opfers. Das Gericht müsse auch das Bestellen von Waren oder das Abonnieren von Zeitschriften unter dem Namen des Opfers verbieten können. Mertin will besonders schwere Fälle des Stalking mit einer Freiheitsstrafe von bis zu zwei Jahren bestrafen und § 4 GewSchG entsprechend erweitern (Pressemeldung vom 3. Oktober 2004). Der Minister verkennt, dass viele der von ihm erwähnten Verhaltensweisen bereits durch § 1 GewSchG erfasst sind, zudem fragt man sich, wie man einem unbekannten Stalker das Bestellen von Waren im Namen des Opfers verbieten können soll. Eine einstweilige Verfügung kann einem unbekannten Stalker nicht zugestellt werden. Dann scheidet auch die Verhängung von Ordnungsmitteln nach § 890 ZPO sowie eine Strafbarkeit des Stalkers nach § 4 GewSchG aus. Großes Geschrei also um nichts.

Wie steht es nun in Deutschland um die derzeitigen rechtlichen Möglichkeiten von Stalking-Opfern, Schutz vor ihren Peinigern zu finden, wirklich? Die Rahmenbedingungen für Stalking-Opfer ändern sich allmählich, wenngleich dieser Prozess schleppend vor sich geht. Manche Polizeiinspektionen in Deutschland haben Fachkommissariate gebildet, bei denen teilweise kompetente Ansprechpartner zu finden sind. In Nordrhein-Westfalen hat die Polizei z. B. «Opferschutz-Beauftragte» benannt, die auch im Hinblick auf Stalking geschult werden (sollen). In Bremen gibt es sogar spezielle «Stalking-Beauftragte». Dennoch trifft man noch immer auf etliche Polizeibeamte, die mit Anzeigen von Stalking-Fällen nichts anzufangen wissen. Gleiches gilt für Staatsanwälte oder Richter im Rahmen eingeleiteter Ermittlungsverfahren bzw. Rechtsstreite. Noch immer hört man von der Richterbank: «In Ihrem Fall kann ich nichts tun, das ist Privatsache der Parteien» (z. B. AG Tostedt). Inzwischen gibt es – sowohl in zivilrechtlicher als auch strafrechtlicher Hinsicht – eine ganze Anzahl amts- und landgerichtlicher Entscheidungen zu Stalking-Fällen. Hingegen existieren bislang nur zwei Entscheidungen höherer Gerichte, die sich in aller Kürze mit Stalking-Handlungen auseinanderzusetzen hatten (OLG Karlsruhe, Beschluss vom 24. Januar 2001 – 3 Ss 131/00 und BGH, Beschluss vom 20. Februar 2004 – 2 StR 10/04). Die Amts- und Landgerichte haben also noch keine obergerichtlichen oder höchstrichterlichen Anhaltspunkte, an denen sie ihre Rechtsprechung orientieren könnten.

Und schließlich fehlt es an materiell- und verfahrensrechtlichen spezifischen Regelungen. In Deutschland existiert noch kein spezieller Stalking-Straftatbestand. Zwar gibt es im deutschen Strafgesetzbuch Tatbestände wie etwa Hausfriedensbruch (§ 123 StGB), falsche Verdächtigung (§ 164 StGB), Beleidigung (§ 185 StGB), üble Nachrede (§ 186 StGB), Verleumdung (§ 187 StGB), Ausspähen persönlicher Daten (§ 202 a StGB), Körperverletzung (§ 223 StGB), Nötigung (§ 240 StGB) und Bedrohung (§ 241 StGB), diese erfassen jedoch die Mehrzahl der Handlungen, die eben keinen der klassischen Tatbestände erfüllten, nicht. Überdies wird bei Ermittlungsverfahren wegen einzelner Straftaten im Kontext des Stalking das «innere Band», welches die einzelnen Handlungen miteinander verknüpft – oder nennen wir es den «roten Faden», der sich durch alle Einzelhandlungen zieht – nicht gesehen und daher nicht berücksichtigt.

1. Gewaltschutzgesetz contra Gewaltschutz?
Bis zum Inkrafttreten des Gewaltschutzgesetzes (GewSchG) konnte Stalking nur mit einigen teilweise einschlägigen Straftatbeständen des Strafgesetzbuches und mittels Richterrecht (im Rahmen der einstweiligen Verfügung) bekämpft werden. Am 01. Januar 2002 ist das Gewaltschutzgesetz in Kraft getreten. Das GewSchG war ursprünglich nur gegen häusliche Gewalt konzipiert und ist auch durch die Aufnahme des Straftatbestandes in § 4 GewSchG nicht zu einem spezifischen Anti-Stalking-Gesetz geworden. Als der Verfasser Ende 1999 einige Mitglieder des Rechtsausschusses des Deutschen Bundestages anschrieb, bekam er nur eine Antwort – von der Abgeordneten Irmingard Schewe-Gerigk (BÜNDNIS 90/DIE GRÜNEN). Eine Anfrage, ebenfalls Ende 1999, beim Bundesjustizministerium ergab, dass man sich zwar kurz mit dem Thema beschäftigt, aber keine Notwendigkeit zu handeln gesehen habe, da alles «geregelt» sei und man «nicht noch mehr Gesetze» brauche. Die entsprechenden Akten seien bereits weggelegt. Obwohl das GewSchG kein Anti-Stalking-Gesetz ist, muss es bis auf Weiteres für Stalking-Fälle herhalten. Einen effektiven Schutz für Stalking-Opfer bietet es freilich nicht.

2. Zivilrechtliches Vorgehen gegen Stalker nach dem GewSchG
Ein Stalking-Opfer kann den Täter auf Unterlassung in Anspruch nehmen. Die in § 1 GewSchG enthaltenen Möglichkeiten für eine gerichtliche Anordnung müssen im Wege der Unterlassungsklage bzw. über einen Antrag auf

Erlass einer einstweiligen Verfügung beantragt werden. Der Katalog der richterlichen Maßnahmen in § 1 schränkt die Kreativität der Richter – deren Lust auf Beschäftigung mit Stalking-Fällen ohnehin nicht besonders groß ist – arg ein, wobei er keineswegs abschließend ist. Ein Problem ist die in § 1 Abs. 1 Satz 2 GewSchG vorgesehene Befristung einer Anordnung. Vor Inkrafttreten des Gewaltschutzgesetzes gab es keine Befristung einer einstweiligen Verfügung, sie galt mithin so lange, bis eine Partei einen Aufhebungsantrag stellte und darüber entschieden war. Ohne Aufhebungsantrag galt sie ewig. Immerhin halten sich die wenigsten Gerichte an die Soll-Bestimmung des § 1 Abs. 1 Satz 2 GewSchG, ca. 80 % aller Gerichte befristen sie sinnvollerweise nicht, nur wenige legen in Stalking-Fällen eine Befristung fest, die von drei Monaten (AG München) bis zu 12 Monaten (AG Herzberg am Harz, AG Hannover) reicht. Schon dies zeigt deutlich, dass es in Deutschland keine einheitliche Rechtsprechung gibt. Ein und dasselbe Amtsgericht traf in demselben Fall – durch zwei verschiedene Richter – zwei unterschiedliche Entscheidungen, indem es eine einstweilige Verfügung für das unmittelbare Stalking-Opfer auf sechs Monate befristete (AG Buxtehude), dagegen die einstweilige Verfügung für das mittelbare Stalking-Opfer (die Tochter des eigentlichen Opfers) zeitlich nicht befristete. Noch krasser: ein und dieselbe Richterin befristete in einem Stalking-Fall im September 2003 die Geltungsdauer der von ihr erlassenen einstweiligen Verfügung auf drei Monate, in einem vergleichbaren Fall vom September 2004 ließ sie die einstweilige Verfügung unbefristet, obwohl sie ein Jahr zuvor noch der Auffassung war, dass § 1 GewSchG «zwingend» eine Befristung vorschreibe.

Gerichte können Annäherungsverbote verhängen (§ 1 Abs. 1 Satz 3 Nr. 2 GewSchG). Auch hierzu gibt es keine einheitliche Rechtsprechung. Einmal wird der Mindestabstand nur in Bezug auf die Person, dann wieder auch bezüglich der Wohnung, Arbeitsstelle, des Grundstücks oder Pkws festgelegt. Nachteilig ist, wenn das Opfer aus Vorsichtsgründen seine neue Anschrift nicht angeben will. In diesem Fall setzen manche Gerichte mit Hinweis auf die mangelnde Vollstreckungsfähigkeit keine Annäherungsverbote im Hinblick auf die Wohnung des Opfers fest. Auch die festgelegten Mindestabstände variieren (von Pechstaedt 2003). Macht der Stalker geltend, sich in der Nähe des Opfers aufhalten zu müssen, z. B. weil er in derselben Straße arbeitet oder im Nachbarhaus wohnt, legen Gerichte äußerst geringe Mindestabstände fest – für den Schutz des Opfers zu geringe. Besteht keine Notwendigkeit, den Stalker in die Nähe des Opfers zu lassen, werden – vor dem Hintergrund gleicher Bedingungen – Mindestabstände von 50 bis zu 200 Metern festgelegt, wobei die vom Verfasser regelmäßig beantragte 200-Meter-Distanz mittlerweile von vielen Gerichten übernommen wird. Gleiches wird hier grundlos und willkürlich ungleich behandelt und dadurch gegen Art. 3 des Grundgesetzes verstoßen.

Voraussetzung für den Erlass einer einstweiligen Verfügung ist nach wie vor die Dringlichkeit der Sache. Diese wird von Richtern in der Regel verneint, wenn die Fälle länger als zwei bis drei Monate dauern, was auf die Mehrzahl der Stalking-Fälle zutrifft. Nur wenige Richter lassen eine Vorgeschichte gelten und sehen die Dringlichkeit in einer sprunghaften Eskalation, auch wenn die Fälle schon über ein Jahr dauern. Das Opfer wird somit angehalten, die gesamte Vorgeschichte zu verschweigen und nur die jüngsten Vorfälle zu schildern, wenn es denn schnelle Hilfe im einstweiligen Rechtsschutz bekommen will. Der Vorteil der Beantragung einer einstweiligen Verfügung liegt auf der Hand: hier ist nur glaubhaft zu machen, eines Beweises bedarf es nicht. Ist das Opfer gezwungen, Unterlassungsklage zu erheben, weil sein Fall sich bereits über Monate hinzieht, so hat es schlechte Karten: es muss Beweis für die einzelnen Handlungen des Stalkers antreten, was häufig nicht gelingt. Zudem vergehen bis zu einem – im günstigsten Falle stattgebenden – Urteil Monate, nicht selten dauert es anderthalb Jahre.

Das Tatbestandsmerkmal «unzumutbare» Belästigung in § 1 Abs. 2 GewSchG interpretieren viele Richter so, dass erst eine Vielzahl von Behelligungen vorliegen muss, was aber nicht zutrifft. Es fragt sich, ob gegen einen psychisch kranken Stalker eine Anordnung nach § 1 Abs. 1 i.V.m. Abs. 2 GewSchG überhaupt getroffen werden kann oder ob dies wegen Prozessunfähigkeit des Stalkers dann nicht möglich ist. Dem soll – zumindest nach dessen Wortlaut – § 1 Abs. 3 GewSchG vorbeugen, wonach Anordnungen auch gegen eine solche Person möglich sind, die Handlungen «in einem die freie Willensbestimmung ausschließenden Zustand krankhafter Störung der Geistestätigkeit» begangen hat. Der folgende Halbsatz «in den sie sich durch geistige Getränke und ähnliche Mittel vorübergehend versetzt hat» muss ein Redaktionsversehen des Gesetzgebers sein, denn man kann sich durch die Einnahme z. B. von Alkohol nicht vorübergehend in einen «Zustand krankhafter Störung der Geistestätigkeit» versetzen. Eine krankhafte Störung der Geistestätigkeit wird erst dann anzunehmen sein, wenn andauernder Alkoholgenuss psychische Veränderungen bewirkt hat. Gemeint hat der Gesetzgeber wohl in der Tat nur, dass gerichtliche Anordnungen auch gegen Personen getroffen werden können, die bei Begehung der Tat alkoholisiert waren (von Pechstaedt, 2004). Theoretisch kann gegen prozessunfähige Stalker kein Antrag gestellt und auch nicht geklagt werden, also auch keine Anordnung ergehen. Viele Gerichte helfen dem Opfer darüber hinweg, indem sie die Frage der Prozessfähigkeit überhaupt nicht ansprechen, auch wenn alle Umstände für die Prozessunfähigkeit des Stalkers sprechen. Hat das Opfer in einem solchen Falle das Glück, eine gerichtliche Anordnung zu erhalten, so scheitert es spätestens bei der Beantragung von Ordnungsmitteln wegen Zuwiderhandlung gegen die gerichtliche Anordnung, denn hier muss dem Stalker – anders als bei der bloßen Geltendmachung des Unterlassungsanspruchs – das Verschulden nachgewiesen werden. Gegen einen verschuldensunfähigen Stalker kann nach herrschender Meinung jedoch kein Ordnungsmittel verhängt werden. Damit kann der Stalker – schlimmstenfalls sogar gerichtlich «verbrieft», wenn das Opfer seinen Bestrafungsantrag nicht zurücknimmt – ungehindert seine Aktivitäten fortsetzen.

Eine Unterbringung wie im Strafrecht nach § 63 StGB ist im Zivil(prozess)recht nicht vorgesehen. Auch eine Zwangsbehandlung ist nicht möglich. Das Opfer ist völlig schutzlos, wenn wegen Prozessunfähigkeit des Stalkers eine gerichtliche Anordnung nicht ergehen kann. Allenfalls kommt dann eine Unterbringung nach den Unterbringungsgesetzen der Länder in Betracht. Doch diese scheitert regelmäßig an den Voraussetzungen (akute und erhebliche Selbst- oder Fremdgefährdung oder Gefährdung anderer bedeutender Rechtsgüter) oder auch am mangelnden Willen der beteiligten Behörden wie der sozialpsychiatrischen Dienste bei den Gesundheitsämtern (von Pechstaedt, 2002).

Ein Vorgehen gegen mittellose (z. B. arbeitslose) Stalker ist zwar möglich, aber mit der Tragung aller Kosten durch das Opfer verbunden, da in einem solchen Falle beim Stalker nicht vollstreckt werden kann. Wird gegen einen mittellosen Stalker ein – häufig geringes – Ordnungsgeld festgesetzt und kann er es nicht zahlen, wird ihm entweder Ratenzahlung bewilligt oder er hat – theoretisch – für 100 oder auch 500 Euro einen Tag Ordnungshaft abzusitzen. Doch ist dem Verfasser aus der Praxis nicht ein einziger Fall bekannt, in welchem die Ordnungshaft tatsächlich auch vollstreckt wurde. Manche Stalker kokettieren regelrecht damit, dass bei ihnen nicht vollstreckt werden kann.

Mit der Festsetzung niedriger Streitwerte in Stalking-Fällen – nicht selten werden Streitwerte von nur 500 Euro angenommen – zeigen die Gerichte deutlich, dass sie den Stalking-Fällen keine große Bedeutung beimessen. Im Vergleich hierzu werden selbst bei weniger bedeutenden Persönlichkeitsrechtsverletzungen durch Medien Streitwerte von 50 000 Euro und mehr festgesetzt. Die Kehrseite dessen ist, dass Stalking-Opfer kaum einen guten Anwalt finden werden, der für die geringe gesetzliche Vergütung nach niedrigen Streitwerten für sie tätig wird, und dass der Stalker nur mit geringen Kosten (des eigenen Anwalts, des gegnerischen Anwalts und des Gerichts) belastet wird.

Eine einstweilige Verfügung muss das Opfer dem Stalker zustellen lassen, worauf viele Opfer, die nicht anwaltlich vertreten sind, in aller Regel nicht hingewiesen werden. So kommt es vor, dass die Vollziehungsfrist verstreicht und die einstweilige Verfügung für das Opfer nutzlos wird.

Häufig drängen Richter die Parteien zu Vergleichen, die den Opfern nichts nützen, denn sie können nicht mehr nach § 4 GewSchG gegen ihren Stalker vorgehen, da es sich bei einem Prozessvergleich nicht um eine

«Anordnung» handelt, sondern einen Vertrag zwischen den Parteien. Vielfach wird vergessen, in diesem Falle die Androhung von Ordnungsmitteln durch gesonderten Beschluss auszusprechen, da Parteien keine wirksame Androhung vornehmen können. Zuwiderhandlungen des Stalkers gegen die Regelungen des Vergleichs können erst dann bestraft werden, wenn die Androhung (formell richtig) nachgeholt ist. Davorliegende Verstöße bleiben unbestraft.

Zuwiderhandlungen gegen gerichtliche Anordnungen sind die Regel (ca. 85 bis 90 % der Fälle). Dann ist das Opfer gefordert, zu vollstrecken und dem Stalker Stärke zu zeigen. Die Aussicht, dass ein Stalking-Opfer nach mehrfacher Vollstreckung dauerhaft zur Ruhe kommt, ist relativ hoch (ca. 60 % aller Fälle).

Eine gängige Masche ist es bei Stalkern auch, ihr Opfer mit unberechtigten Klagen oder Strafanzeigen zu überziehen. Bei Klagen (z. B. auf Schmerzensgeld oder Herausgabe) hat das Opfer nur zwei Möglichkeiten: entweder es reagiert überhaupt nicht und riskiert Rechts- und Vermögensnachteile, oder es verteidigt sich und wird vom Stalker dadurch indirekt gezwungen, ihm Aufmerksamkeit zu schenken und bei Verhandlungen sogar persönlich gegenüberzutreten. Bei unberechtigten Strafanzeigen ist das Opfer theoretisch zwar durch den Straftatbestand der falschen Verdächtigung (§ 164 StGB) geschützt, doch in der Praxis hilft ihm dies wenig, wenn erst einmal ein – für jeden Beschuldigten unangenehmes – Ermittlungsverfahren eingeleitet wurde. Es muss sich verteidigen, wird mit Kosten für einen Verteidiger belastet, die allenfalls im Wege der Schadensersatzklage vom Stalker wieder eingefordert werden könnten. Doch dies bürdet dem Opfer neue rechtliche Schritte auf, deren Ergebnis keineswegs sicher vorhergesagt werden kann.

3. Strafrechtliches Vorgehen gegen Stalker

In Deutschland gibt es noch keinen spezifischen Stalking-Straftatbestand. Es müssen also die herkömmlichen Straftatbestände herangezogen werden, um Stalking-Verhalten überhaupt in Einzeltaten erfassen zu können. Dabei geht selbstverständlich der Kontext verloren, indem man nur auf die Einzeltaten abstellt. Bei Privatklagedelikten wie Beleidigung, Körperverletzung und Bedrohung wird das Ermittlungsverfahren regelmäßig eingestellt und das Opfer auf den Privatklageweg verwiesen, was ihm nicht weiterhilft.

Der Straftatbestand des § 4 GewSchG setzt die Hürde des Umweges über ein Zivilgericht: das Opfer muss zunächst eine Anordnung erwirken – die damit verbundenen Schwierigkeiten sind bekannt: Beweislast (bei Erhebung einer Unterlassungsklage) oder Bürde der Glaubhaftmachung (bei Beantragung einer einstweiligen Verfügung) liegen beim Opfer. Eine einstweilige Verfügung muss es selbst dem Stalker zustellen lassen, dann erst kann es Strafanzeige wegen Zuwiderhandlung gegen diese Anordnung erstatten, aber nur für Taten, die der Stalker zeitlich nach der Zustellung begangen hat. Die Strafvorschrift des § 4 GewSchG ist übrigens kein Stalking-Straftatbestand, denn er sanktioniert nicht das besondere Verhaltensmuster – die Stalking-Handlungen als solche –, sondern den Ungehorsam gegenüber staatlicher Autorität (Meyer, 2003).

Sinnvoller wäre es für das Opfer, wenn es sich von vornherein auf die Strafverfolgungsbehörden stützen und von deren besonderen Befugnissen profitieren könnte, bevor es überhaupt zur Eskalation kommt. Zu nennen ist hier beispielsweise die Ermittlung von Inhabern unbekannter Telefonnummern über das zuständige Landeskriminalamt bzw. direkt beim jeweiligen Telefonanbieter. Das Opfer erhält ebensowenig Auskunft wie dessen Rechtsanwalt und hat für das Zivilverfahren wenig in der Hand, wenn es irgendwelche Rufnummern präsentieren kann, deren Inhaber es nicht kennt.

Die relativ niedrige Strafandrohung in § 4 GewSchG (Geldstrafe oder Freiheitsstrafe bis zu einem Jahr) wirkt auf Stalker nach Erfahrung des Verfassers nicht abschreckend.

Bislang werden nur wenige Stalker in Deutschland strafrechtlich verurteilt, äußerst selten erhalten sie eine Freiheitsstrafe. Problematisch ist, dass die Ermittlungsverfahren in Deutschland zu lange dauern, außerdem werden erforderliche Maßnahmen wie z. B. Hausdurchsuchungen beim Stalker viel zu spät eingeleitet, häufig erst dann, wenn er Beweismaterial beiseite geschafft hat.

Sehr nachteilig ist es in vielen von Opfern angezeigten Stalking-Fällen, dass die Opfer kaum in die Auseinandersetzung der Strafverfolgungsbehörden mit dem jeweiligen Fall einbezogen werden. So werden Opfer mitunter ebensowenig über den Verlauf des Ermittlungsverfahrens und die Verurteilung des Stalkers informiert wie über seine Entlassung aus dem Strafvollzug oder einem psychiatrischen Krankenhaus. Dies sind gravierende Versäumnisse, welche bei den Opfern nicht lediglich Unverständnis oder das Gefühl der Hilflosigkeit hervorrufen. Vielmehr versetzen sie ein Opfer in Schrecken, wenn der Stalker auf einmal wieder vor ihm steht, ohne dass es gewappnet wäre. Auskünfte werden verweigert, die Arbeit des Opfer-Anwalts erschwert.

Fraglich ist, ob im Hinblick auf § 4 GewSchG auf den Privatklageweg verwiesen werden kann. Der Katalog des § 374 StPO ist jedenfalls nicht um § 4 GewSchG erweitert worden, es handelt sich also um kein Privatklagedelikt. Gleichwohl haben die Staatsanwaltschaften wenig Interesse, sich mit Anzeigen nach § 4 GewSchG zu beschäftigen. Im Fall eines Arztes, der von einer ehemaligen, psychisch kranken, nimmermüden Patientin durch immer erneute Kontaktaufnahme (Briefe, Pakete, persönliche Anwesenheit) gestalkt wird, stellte das Amtsgericht Heidelberg ein Verfahren wegen Beleidigung des Arztes ein, obwohl die Staatsanwaltschaft Heidelberg Anklage erhoben hatte. Eine erneute Strafanzeige wegen Zuwiderhandlung gegen eine einstweilige Verfügung nach § 4 GewSchG klagte die Staatsanwaltschaft Osnabrück zwar an, doch auch hier fragte das Amtsgericht Osnabrück allen Ernstes an, ob weiterhin ein Interesse des Opfers an der Strafverfolgung der nicht vorbestraften Stalkerin bestehe. Wenn alle Verfahren gegen die Stalkerin eingestellt werden, bleibt sie natürlich immer unvorbestraft.

Psychisch kranke, also zumeist schuldunfähige Stalker können ihr schädliches Tun fortsetzen, ohne wirkliche Konsequenzen befürchten zu müssen. Erst bei einer schweren Körperverletzung könnte – aus Gründen der Verhältnismäßigkeit – eine Unterbringung in einem psychiatrischen Krankenhaus angeordnet werden. Wenn ein irreparabler Schaden eingetreten ist, ist es für das jeweilige Stalking-Opfer aber schon zu spät. Wirklich psychisch krank und schuld- oder verschuldensunfähig und daher derzeit nicht verfolgbar ist allerdings nur ein Teil der Stalker. Für diese müssten die Möglichkeiten einer vorbeugenden Unterbringung oder auch Zwangsbehandlung erweitert werden. Ein großes Manko ist es, dass noch immer keine spezifischen Kriminalstatistiken zu Stalking-Fällen geführt werden.

Abschließend sei hier ein Beispiel für die Tatenlosigkeit der Strafjustiz genannt: Ein Stalker, der sein weibliches Opfer über zwei Jahre hinweg auf massivste Weise (u. a. Drohungen mit der Tötung des Opfers) gequält hatte und seit langem vom Staatsschutz beobachtet wurde – er ist sehr schlau und beseitigt jegliche Spuren – wurde im Oktober 2004 erst dann in Untersuchungshaft genommen, als er das Landgericht Stade mit einer Bombendrohung überzogen, einen ermittelnden Polizisten zu Hause aufgesucht und bedroht sowie nachweislich die geheimgehaltene Privatadresse der Strafrichterin, die über ihn richten soll, herausgefunden hatte.

6.4 Ausblick

Die Stalking-Gesetzgebung ist, wie die neuen Straftatbestände in Belgien und den Niederlanden oder auch Nachbesserungen der Anti-Stalking-Gesetze einiger Bundesstaaten der USA oder Australiens zeigen, in ständiger Entwicklung begriffen. Dies erklärt sich dadurch, dass das Recht kein starres Gebilde ist und sich mit der Gesellschaft, für die es geschaffen wurde, weiterentwickelt bzw. den Erfordernissen angepasst werden muss. Gesetzgeberische Fehler müssen korrigiert, Lücken geschlossen werden. Hierzu ist nicht zuletzt der Wille zur Veränderung erforderlich. Doch er allein genügt nicht, Initiativen müssen durch die Legislative in die Tat um- und von der Judikative durchgesetzt werden.

Die Verbesserung der momentanen zivil-, polizei- und strafrechtlichen Mittel, die einem Stalking-Opfer zu Gebote stehen, ist in Deutschland dringend geboten. An erster Stelle steht die Schaffung eines wirksamen Straftatbestandes, wie auch immer er benannt werden mag (z. B. «Stalking», «Nachstellen» oder «Belästigung»). Zivilprozessual müsste, wie in Finnland, eine gesetzliche Norm aufgestellt werden, wonach die Dringlichkeit bei Stalking-Fällen stets gegeben ist, so dass Stalking-Opfer auch nach Monaten oder Jahren des Stalking noch eine einstweilige Verfügung erwirken können. Es sollte auch normiert werden, welche Maßnahmen gegen schuldunfähige Stalker getroffen werden können, bei denen eine Unterbringung nach §§ 62, 63 StGB nicht in Frage kommt. Dasselbe gilt für verschuldensunfähige Stalker im zivilprozessualen Bestrafungsverfahren. Hier müssten Regelungen geschaffen werden, aufgrund deren den Stalkern Auflagen erteilt werden können, sich über einen zu bestimmenden Zeitraum hinweg in eine Therapie zu begeben. Das beste Gesetz nützt natürlich nichts, wenn es nicht effektiv angewandt wird. Hier muss in jedem Falle ein Umdenken bei Staatsanwaltschaften und Gerichten einsetzen. Bei den Staatsanwaltschaften müssten Stalking-Fälle dem Aufgabenbereich von speziell geschulten Staatsanwälten zugewiesen werden. Schärfere Datenschutzbestimmungen im Hinblick auf Post und Telekommunikation und die Einschränkung von Einwohnermeldepflichten für Stalking-Opfer sind dringend notwendig. Auskunftssperren, wie sie die Meldegesetze der Bundesländer vorsehen, schützen die Opfer in der Praxis wenig. Wenn Briefe des Stalkers an das durch Umzug geflüchtete Opfer durch die Post mit der neuen Anschrift des Opfers an den Stalker zurückgesandt werden, wie es immer wieder vorkommt, kann von Datenschutz nicht wirklich gesprochen werden.

Möglicherweise befürchtet der deutsche Gesetzgeber durch die Schaffung neuer spezifischer Normen gegen Stalking auch eine Überschwemmung der Gerichte mit derartigen Fällen. Doch dies ist unbegründet, denn Stalking-Opfer scheuen sich in der Regel, vor Gericht zu ziehen, weil sie dort wieder mit ihrem Stalker konfrontiert werden. Aus Erfahrung weiß der Verfasser, dass die meisten Opfer ein gerichtliches Vorgehen gegen Stalker als ultima ratio ansehen. Die Vereinigten Staaten oder etwa Großbritannien als Vertreter des Common-Law-Systems oder auch die Nachbarn Belgien und die Niederlande als Vertreter des kontinentaleuropäischen Rechtssystems haben es uns vorgemacht. Nun heißt es freilich nicht, irgendwelche Regelungen gedankenlos und eins zu eins in das deutsche Recht zu übernehmen, sondern es müssen Normen geschaffen werden, die auf die deutschen Verhältnisse und Bedürfnisse angepasst sind und die vorhandene, nicht tolerierbare Lücken schließen.

7. Kann man Stalker therapieren? – ein Blick auf den «normalen» Stalker

Jens Hoffmann, Hans-Georg W. Voß und Isabel Wondrak

Stalking ist ein Phänomen, welches für lange Zeit weder in der Wissenschaft behandelt noch sonst wie beachtet wurde. Es gab einfach noch keinen Namen für ein Geschehen, bei dem ein Mensch auf einen anderen fixiert ist und ihn bedrängt und verfolgt. Allenfalls mit Begriffen wie Psychoterror oder Belästigung ließ sich ein solches Verhalten umschreiben, es wurde jedoch nicht zu einer eigenständigen Konzeption von Gewalt weiterentwickelt. Inzwischen wird auch in der Öffentlichkeit häufig über Stalking gesprochen. Seit Beginn dieses Jahrhunderts wird Stalking regelmäßig auch in den deutschen Medien behandelt. Reportagen berichten über das Schicksal von Opfern, die im Fokus der unerbittlichen Aufmerksamkeit ihrer Verfolger stehen und daran verzweifeln, sowie von einer Polizei und Justiz, die vielfach hilflos darauf verweist, dass erst etwas strafrechtlich Relevantes geschehen muss, bevor sie eingreifen kann. Das Bewusstsein, dass Stalking ein gesellschaftlich relevantes Phänomen darstellt, beginnt sich zunehmend durchzusetzen und damit die Hoffnung, dass eine Professionalisierung auf Seiten potenzieller Helfer stattfindet und mehr Ressourcen für Betroffene bereitgestellt werden.

Aber auch die wissenschaftliche Erforschung obsessiver Verfolgung und Belästigung befindet sich in einem Aufschwung. Gab es Mitte der 1990er-Jahre weltweit noch weniger als ein Dutzend Untersuchungen zu Stalking, stieg deren Zahl bis zum Jahr 2003 geradezu explosionsartig auf über 140 Studien an (Übersicht bei Cupach/Spitzberg, 2004). Eines wurde durch die Forschungsaktivitäten relativ schnell klar: Stalking ist ein Massenphänomen. Repräsentative Befragungen in der Bevölkerung in den USA (Tjaden/Thoennes, 1998), Großbritannien (Budd/Mattinson, 2000) und Australien (Purcell et al., 2002) ergaben nur auf den ersten Blick voneinander differierende Ergebnisse, die zwischen einer Auftretenshäufigkeit von 5 und 23 % lagen. Der Grund hierfür lag in den unterschiedlichen Definitionen von Stalking, die vor allem hinsichtlich des Ausmaßes der Bedrohlichkeit und der Mindestdauer des belästigenden Verhaltens variierten. Würde man die Operationalisierungen aneinander angleichen, wären sehr ähnliche Zahlen zu erwarten. Erstmals für Deutschland führten Dressing, Kuehner und Gass in der Stadt Mannheim eine repräsentative Studie durch und maßen eine Prävalenzrate von 11,6 % für mittelschweres Stalking. Hochgerechnet auf die Bevölkerung Deutschlands hieße dies, dass mehr als neun Millionen Bürger in ihrem Leben einmal eine solche Erfahrung machen.

Das bedeutet gleichzeitig, dass auch die Anzahl der Menschen, die schon einmal Stalking-Verhalten gezeigt haben, in die Millionen gehen muss, selbst wenn wir davon ausgehen, das es in dieser Gruppe viele «Mehrfachtäter» gibt, die im Laufe der Zeit mehr als eine Person verfolgt oder belästigt haben. Dennoch ist diese zahlenmäßig große Gruppe der Verfolger und Belästiger bisher nur in Ansätzen erforscht. Zwar liegen aus mehreren Quellen mittlerweile deskriptive Daten vor, doch lässt sich bislang nur aus einigen selektiven Perspektiven ein Blick auf die Stalker werfen.

7.1 Empirisch fundierte Sichtweisen auf Stalker

Wer ist der typische Stalker? Nach einer Durchsicht der Literatur fasste Meloy (1999) wie folgt zusammen: «Der typische Stalker ist ein arbeitsloser oder unterbeschäftigter Mann im vierten Lebensjahrzehnt. Er ist alleinstehend oder geschieden und hat eine Vorgeschichte von kriminellen und psychiatrischen Auffälligkeiten sowie von Alkohol- oder Drogenmissbrauch. Er verfügt über eine höhere Schuldbildung und ist intelligenter als andere Kriminelle.» Zwar kann eine derart prototypische Beschreibung ihrem Wesen nach nicht die Spannbreite eines Phänomens erfassen, dennoch bleibt unklar, ob hier nicht sogar ein ziemlich verzerrtes Bild des «typischen Stalkers» gezeichnet wurde. Denn die Grundlage dieser Charakterisierung bilden Daten über direkt als Stalker identifizierte Personen, die Wissenschaftlern überhaupt für Untersuchungen zugänglich waren, nämlich forensisch oder klinisch auffällig gewordene Individuen. Andere Zugangsweisen erwiesen sich bislang als ähnlich selektiv: Zum einen wurden studentische Stichproben untersucht, des weiteren Stalker aus dem Blickwinkel der Stalking-Opfer beschrieben.

Stalker aus Sicht ihrer Opfer
Zwar stellten in der Vergangenheit viele auf Opferaussagen beruhende Studien auch Fragen über den Stalker, doch beschränkten sich die erfassten Daten nicht selten auf eher oberflächliche Kategorien wie Alter, Geschlecht, Art der Vorbeziehung und eventuell noch den Beruf des Verfolgers. Detail-

lierte Erfassungen sind natürlich nur dann möglich, wenn Betroffene und Stalker sich näher kannten, also etwa eine frühere Bekanntschaft oder Beziehung vorhanden war.

Voß, Hoffmann und Wondrak erhielten über Fragebögen, die hauptsächlich im Internet ausgefüllt worden waren, Auskunft von 551 Stalking-Opfern. Dabei beantworteten die Betroffenen auch Fragen über ihre Verfolger. Das Durchschnittsalter der Stalker lag bei etwa 38 Jahren mit einer sehr großen Spannbreite von 15 bis zu 90 Jahren. Das nahezu in allen internationalen Studien auftretende Geschlechterverhältnis wurde erneut bestätigt, etwa vier von fünf Stalkern waren Männer. Ebenso groß war der Anteil von Verfolgern mit deutscher Nationalität. Hinsichtlich der Berufstätigkeit waren viele von ihnen in mittleren oder gehobenen Positionen tätig. Der Anteil von Arbeitslosen erwies sich mit 14 % als bemerkenswert gering und lag zwar deutlich, aber bei weitem nicht extrem über der allgemeinen Arbeitslosenquote. Interessanterweise gaben die Opfer jedoch an, dass zu Beginn des Stalking 33 % der Verfolger arbeitslos waren, ein doch viel höher liegender Anteil. Dies stellt möglicherweise einen Hinweis darauf dar, dass sich Stalking oftmals im Kontext einer Lebenskrise entwickelt. Zudem hatte in jedem vierten Fall der Stalker nach Auskunft der Stalking-Opfer bereits früher einmal eine andere Person verfolgt und belästigt.

Generell ist bei Stalking-Opfern, die sich aktiv wissenschaftlichen Befragungen zur Verfügung stellen, eine Stichprobenverzerrung in Richtung dramatischerer Fälle zu vermuten. Ihre Motivation, sich intensiv mit dem Thema auseinander zu setzen, dürfte auch darin begründet sein, dass ihr Belastungsgrad durch Stalking vergleichsweise hoch ist. Somit sind in diesen Stichproben wahrscheinlich häufiger Beschreibungen von aggressiveren Stalkern vertreten.

Befragung von Studierenden
Durch ihre einfache Verfügbarkeit sind vor allem Studierende der Psychologie besonders häufig an Untersuchungen ihres eigenen Faches beteiligt. So wurden mit Hilfe von Fragebögen bereits bei mehreren solcher Stichproben untersucht, inwiefern sich bei Personen dieser jungen Altersgruppe Stalking-Verhalten zeigt und ob sich Zusammenhänge mit bestimmten Persönlichkeitsmerkmalen ergeben. So stießen etwa Dye und Davis (2003) bei Studierenden, die bereits einmal einen anderen verfolgt und belästigt hatten, auf höhere Werte hinsichtlich solcher Variablen wie Leidenschaft, Bedürfnis nach Kontrolle, ängstliche Bindung, elterliche Disziplin und Opfer von psychologischem Missbrauch. Lewis und ihre Kollegen (2001) fanden in einer Stichprobe von 22 studierenden Stalkern ebenfalls einen erhöhten Anteil von unsicheren Bindungserfahrungen und Zügen einer Borderline-Persönlichkeitsstruktur. Die Stalker zeigten außerdem eine geringere Ausprägung in den Dimensionen Problemlösefähigkeiten und kognitive Flexibilität. Aus

Sicht der Autoren waren sie deshalb weniger in der Lage, Beziehungs- und Trennungskonflikte zu lösen, was häufiger zu Stalking-typischen aggressiven Eskalationen führte. Interessanterweise fanden sich im Vergleich zu einer Kontrollgruppe keine Unterschiede bezüglich der Faktoren Empathie und affektive Sensibilität. Dies erscheint zumindest auf den ersten Blick widersprüchlich zu der klinischen Erfahrung, dass vielen Stalkern eine Empathiefähigkeit dafür fehlt, was sie ihren Opfern mit ihren Handlungen antun.

In Einklang mit der eben zitierten US-amerikanischen Studie stieß Voß (2002) bei einer Befragung von Studierenden mit Stalking-Verhalten verstärkt auf neurotische Tendenzen. Personen mit häufigen, grundlosen Stimmungswechseln und einem eher teilnahmslosen Gefühl gegenüber ihrer sozialen Umwelt neigten dabei häufiger zu Belästigungen und eher reizbare, nervöse Persönlichkeiten fielen öfter durch massivere Formen der Verfolgung etwa durch Bedrohungen und Gewalt auf. Die Untersuchungen von studentischen Stichproben führte zu einigen interessanten Anhaltspunkten hinsichtlich der Persönlichkeitseigenschaften und der Bindungserfahrungen obsessiver Verfolger, doch wurden viele Verhaltensbereiche und ihre Selbstwahrnehmung der Stalking-Situation dabei nicht erfasst.

Untersuchung von forensisch oder psychiatrisch auffälligen Stalkern
Wie schon erwähnt wurden bereits mehrfach Gruppen von Personen untersucht, die sich aufgrund von Stalking-Verhaltensweisen vor Gericht verantworten oder einer psychiatrischen Behandlung unterziehen mussten. In einer der einflussreichsten Studien mit dieser Art werteten Mullen und Mitarbeiter (1999) Daten von 145 Stalkern aus, die in ihrer psychiatrischen Klinik in Australien therapiert wurden. 79% der Täter waren männlich, das Durchschnittsalter lag bei 38 Jahren, mehr als die Hälfte von ihnen hatten in ihrem Leben nie eine längere Beziehung gehabt und 39% waren arbeitslos. Auf nahezu identische Zahlen bei den Variablen Geschlechterverhältnis und Alter stießen Rosenfeld und Harmon (2002) in ihrer Studie von 204 Stalkern, die sich in New York per Gerichtsbeschluss einer psychiatrischen Untersuchung unterziehen mussten. Hier fiel zudem auf, dass 62% eine kriminelle Vorgeschichte hatten. Meloy und Mitarbeiter (2000) analysierten 65 Stalker, die in San Diego aufgrund einer richterlichen Anordnung psychiatrisch evaluiert wurden. Nur etwa jeder fünfte von ihnen hatte gegenwärtig einen Intimpartner, der Rest war Single, geschieden oder verwitwet. Circa zwei Drittel waren zum Erhebungszeitpunkt arbeitslos und bis auf eine Ausnahme lagen alle Stalker bei Intelligenztests im durchschnittlichen oder sogar überdurchschnittlichen Bereich.

Fasst man die Forschungen über Stalker aus den drei eben vorgestellten Blickwinkeln zusammen, findet sich aus Sicht der Opfer und in den Untersuchungen auffälliger Stalker eine weitgehende Bestätigung des prototypischen Profils Meloys (1999): Die meisten waren Männer Ende 30, oftmals ohne Beziehung. Sie waren nicht selten vorbestraft und konnten häufig auf ein mittleres oder gehobenes Bildungsniveau zurück blicken. Allerdings bleibt die Frage auch nach dieser Übersicht noch offen, ob wir hier die Eigenschaften des durchschnittlichen Stalkers beschreiben finden oder ob dies nicht eine Gruppe von Stalkern charakterisiert, die verstärkt aus dem grenzverletzenden und aggressiven Spektrum von Verfolgern und Belästigern stammt. Mindestens einen Hinweis darauf, dass nicht alles so eindeutig ist, wie es zunächst schien, lieferten die Untersuchungen von Studierenden. Bei Stalkern im jungen Erwachsenenalter, die nicht extrem physische und seelische Gewalt anwenden, haben wir auf «Täter»-Seite oftmals ebenso viele Frauen wie Männer.

7.2 Die Darmstädter Stalking-Studie

Wer ist der «normale» Stalker? Was ist seine Sicht des Geschehens, wie empfindet er? Was ist sein biographischer und psychosozialer Hintergrund? Wie bereits diskutiert, besteht eine grundlegende Schwierigkeit darin, eine Gruppe von durchschnittlichen Stalkern für eine wissenschaftliche Untersuchung zu finden, die nicht durch besondere Merkmale wie beispielsweise Straffälligkeit vorselektiert wurden. Wir unternahmen deshalb den Versuch, über das Internet eine Gruppe von Personen anzusprechen, die Stalking-Verhalten gezeigt haben. Mit gewissen Einschränkungen lässt sich den bisherigen Erfahrungen zufolge im Internet eine breit gefächerte Stichprobe aus der Gesamtpopulation generieren, die durchaus eine gewisse repräsentative Aussagekraft besitzt (Batinic/Bosnjak, 2000). Einige wenige Verzerrungen sind zu erwarten: So nutzen tendenziell eher Menschen, die jünger sind, die eher über eine höhere formale Bildung verfügen und die häufiger männlich sind das Internet, wobei hier über die Jahre hinweg bei Online-Befragungen ein Trend in Richtung höhere Repräsentativität für die Allgemeinbevölkerung zu beobachten ist (Forschungsgruppe Wahlen Online, 2004).

Auf einer speziell eingerichteten Internetseite mit der Adresse «www.stalkingforschung.de» stellten wir zwei unterschiedliche Fragebogenvarianten ein, die jeweils entweder von Stalking-Opfern oder von Stalkern zu beantworten waren. Die Bögen ließen sich anonym ausfüllen und versenden, so dass keinerlei Rückschluss auf die Identität der Probanden möglich war. Die Fragen umfassten sehr unterschiedliche Bereiche, wie beispielsweise Angaben zu demographischen Variablen, zur Art und Häufigkeit verschiedener auftretender Stalking-Verhaltensweisen, zur psychischen Verfassung des Probanden und zu Strategien zum Umgang mit Stalking. Die Zeit, die für das Ausfüllen benötigt wurde, betrug in der Regel mindestens eine halbe Stunde.

Durch Medienberichte über unser Forschungsprojekt und zunehmende Vernetzung beispielsweise mit Opferschutzorganisationen aufmerksam gemacht, nahmen hunderte von Personen an den Befragungen teil, insgesamt konnten von 551 Opfern sowie von 98 Stalkern verwertbare Bögen ausgewertet werden. Die Qualität der Daten wurde dadurch sichergestellt, dass jeder Fragebogen von zwei Mitarbeitern der Arbeitsgruppe Stalking hinsichtlich verschiedener Kriterien, wie zum Beispiel Antworttendenzen und interne Plausibilität geprüft wurde und Fragebögen, an deren Authentizität Zweifel bestanden, von der Auswertung ausgeschlossen wurden. Weiterhin wurden im Rahmen des Projekts ausführliche anonyme Telefoninterviews mit zahlreichen Stalking-Opfern aber auch Stalkern durchgeführt.

7.3 Eine Befragung «normaler» Stalker

Im Folgenden werden einige ausgewählte Aspekte der Befragung von 98 Personen, die sich selbst explizit als Stalker bezeichneten und deshalb an der Untersuchung teilnahmen, vorgestellt und mit den Ergebnissen der oben zitierten Studien verglichen.

Alter
Das Alter der Stalker lag zwischen 13 und 58 Jahren mit einem Mittelwert von etwas über 32 Jahren. Damit war die Stichprobe im Schnitt um ein gutes halbes Jahrzehnt jünger, als es die Opferbefragungen und die Untersuchungen forensisch auffälliger Stichprobes erwarten ließen.

Familienstand
Die meisten Stalker (70 %) waren ledig, weitere 10 % geschieden oder verwitwet. Lediglich jeder fünfte der obsessiven Verfolger lebte in einer Ehe. Der vergleichsweise geringe Anteil von Stalkern, die verheiratet waren, spiegelt die Erkenntnisse mehrerer anderer Studien wider, die auch häufig ein Einzelgängertum konstatieren. Dies bestätigte sich zudem darin, dass 54 % der Stalker unserer Stichprobe selbst angaben, eher einen isolierten Lebensstil zu führen.

Ausbildung und Beruf
Bestätigt wurden auch Ergebnisse, wonach viele Stalker über einen guten Bildungsabschluss verfügen. Nur 14 % hatten keinen Realschul- oder darüber liegenden Schulabschluss, ungefähr jeder Vierte hatte das Gymnasium besucht und zusätzliche 39 % sogar die Universität. Die Arbeitslosenrate war zwar deutlich erhöht, sie schien mit einem Anteil von 18 % zu Beginn des Stalking jedoch nicht ein grundlegendes Ingredienz für die Entstehung der obsessiven Fixierung auf eine andere Person zu sein.

Geschlecht
Ein bemerkenswertes Ergebnis findet sich bei den Zahlen der Geschlechterverteilung: 41 % der von uns befragten Stalker waren weiblich, ein Prozentsatz, der weit über das in den meisten anderen Untersuchungen gefundene Verhältnis von Frauen zu Männern auf Stalker-Seite hinausgeht. Und das, obgleich das Internet häufiger von Männern als von Frauen benutzt wird. Es lassen sich nun mehrere mögliche Einflussgrößen, die den hohen Frauenanteil mitverursacht haben könnten, ausmachen. Zum einen nehmen Frauen grundsätzlich häufiger an freiwilligen Untersuchungen teil (Bortz/Döring, 2001). Außerdem artikulieren sie leichter interpersonelle Probleme und äußern öfter Selbstkritik. Das bedeutet, dass weibliche Stalker vielleicht eher ein Bewusstsein für das Problematische ihres Handelns besitzen und auch bereit sind, im Rahmen einer Untersuchung darüber zu berichten. Ein anderer Aspekt besteht darin, dass wiederholte Verfolgungs- und Belästigungshandlungen offenbar häufiger von Frauen als von Männern als bedrohlich erlebt und damit von ihnen als Stalking bezeichnet werden. Dies geschieht aus gutem Grund, denn Frauen werden prinzipiell öfter von Männern physisch attackiert, als umgekehrt. In Opferbefragungen kann es deshalb dazu kommen, dass Frauen, die Ziel wiederholter Verfolgung und Belästigung werden, sich zu einem höheren Prozentsatz als Betroffene von Stalking wahrnehmen als dies Männer mit einer ähnlichen Erfahrung tun. Dies würde eine allgemeine Überschätzung des Frauenanteils in vielen bisherigen Opferbefragungen implizieren.

Ein weiterer Punkt liegt darin, dass vielleicht in eher aggressiven Stalking-Populationen der Männeranteil sehr hoch ist, die Geschlechterverteilung bei weniger bedrohlichem Stalking sich jedoch annähert. Hierauf gibt es mehrere Hinweise. So findet sich bei den oben vorgestellten Untersuchungen an Studierenden mit geringer Bedrohungslage ein nahezu gleicher Geschlechteranteil. Auch bei repräsentativen Bevölkerungsbefragungen gibt es entsprechende Tendenzen. Tjaden und Thoennes (1998) errechneten beim Vorhandensein von schwerer Angst auf Opferseite ein Verhältnis von männlichen zu weiblichen Stalking-Opfern von 1 : 4. War nur noch ein Gefühl der Beunruhigung bei den Opfern als Schwellenwert festgelegt, stieg der Männeranteil auf das Verhältnis von 1 : 3. Das bedeutet, dass zugleich die Gruppe weiblicher Verfolger bei leichterem Stalking anstieg, wenn auch nicht im gleichen Ausmaß, da Männer häufig auch von Männern gestalkt werden. Brüne (2003) wertete 246 Fälle von Liebeswahn aus, die zwischen den Jahren 1900 und 2000 in der Fachliteratur publiziert worden waren. Unter Liebeswahn, auch als Erotomanie bezeichnet, versteht man die wahnhafte Vorstellung, von einer anderen speziellen Person geliebt zu werden, obgleich hierfür keinerlei objektive Anzeichen bestehen. Der Anteil der Erotomanen, die Stalking-Verhalten zeigten, war bei beiden Geschlechtern relativ hoch und lag bei Frauen bei 81 % und bei Männern bei 98 %. Bei den Fällen, in denen auch aggressive Handlungen berichtet wurden, fand sich hingegen ein deutlicher Geschlechterunterschied: 51 % der Männer, aber nur 4 % der Frauen, zeigten forensisch relevantes Verhalten. Auch diese Untersuchung lässt, ebenso wie unsere Stalker-Befragung, den vorsichtigen Rückschluss zu, dass bei eher normalen Fällen ohne Gewaltanwendung bzw. bei nicht-exzessiven Grenzverletzungen der Frauenanteil vergleichsweise höher liegt als bisher angenommen.

Vorbeziehung zwischen Stalker und Opfer
In der Art der Vorbeziehung zwischen Verfolger und Verfolgtem zeigten sich in unserer Internet-Studie deutliche Unterschiede zu bisherigen Untersuchungen. Bisher waren frühere Partner häufig zahlenmäßig am stärksten vertreten. In unserer Untersuchung waren neben den Ex-Partnern (29 %) zwei nahezu ebenso große Gruppen zu finden und zwar Bekannte, Freunde und Arbeitskollegen (30 %) sowie Fremde (24 %). Dahinter abgeschlagen landeten professionelle Beziehungen wie etwa zu Ärzten, Lehrern oder Professoren mit zusammengenommen 9 %. Weshalb zeigte sich der Anteil ehemaliger Lebensgefährten merklich geringer als erwartet? Zum einen kann es sein, dass einige Personen, die ihrem früheren Partner wiederholt zusetzen, um diesen erneut zu einer Beziehung zu bewegen, ihre Handlungen als mehr oder weniger im Rahmen des sozial Erlaubten befindlich einstufen und nicht Stalking nennen würden. Damit wären Ex-Partner-Stalker unterrepräsentiert. Es kann aber auch eine Verzerrung in anderer Richtung dahingehend vorliegen, als in nicht-repräsentativen Opferbefragungen und in forensisch auffälligen Stichproben überdurchschnittlich viele Ex-Partner-Stalker auftauchen, da diese Gruppe generell als am häufigsten gewalttätig gilt. Eine solche Erklärung würde auch durch die bereits mehrfach zitierte Befragung von 16 000 US-Amerikanern hinsichtlich deren Stalking-Erfahrungen gedeckt werden, denn auch hier liegen die Ex-Partner-, die Bekannten- und die Fremden-Gruppe recht dicht beieinander (Tjaden/Thoennes, 1998). Somit wäre es möglich, dass im bisherigen Wahrnehmungskonsens der Fachwelt der Anteil ehemaliger Partner in der Stalker-Population merklich überschätzt wurde, und die von uns ermittelten Häufigkeitsverteilungen der Verfolger-Gruppen aussagekräftiger für den normalen Bereich des Stalking sind.

Stalking-Verhaltensweisen
Unsere Probanden gaben an, wie typisch es für Stalking ist, nicht eine spezifische, sondern mehrere Arten der Kontaktaufnahme und physischen Annäherung eingesetzt zu haben. Am häufigsten wurde von Telefonanrufen berichtet (61 %), vom Herumtreiben in der Nähe des Opfers (54 %) sowie von Kontaktversuchen über Briefe (48 %), E-mails (41 %) und SMS (38 %).

In der Häufigkeit folgt Verhalten, welches zumeist auf eine physische Annäherung an das Opfer ausgerichtet ist wie Nachlaufen (33 %), das Senden von Geschenken wie Blumen (32 %), vor der Haustür stehen (25 %), das Hinterlassen von Nachrichten beispielsweise am Autofenster oder an der Haustür (24 %), das Hinterherfahren mit dem Auto (22 %) und das Verfolgen bis an die Arbeitsstelle des Opfers (16 %). Wie bereits erwähnt, haben wir in unserer Studie auch die Perspektive der Stalking-Opfer erfasst. Interessanterweise wurden aus deren Sicht dieselben Stalking-Verhaltensweisen in fast identischer Reihung geschildert, allerdings mit einer Häufigkeit, die im Schnitt zehn bis zwanzig Prozentpunkte über den Angaben der Stalker lagen. Dies bedeutet, dass die Verhaltensstrukturen aus beiden Quellen als fast gleich beschrieben wurden, dass das Stalking jedoch in der Wahrnehmung der Stalker mit geringerer Intensität geschah. Zum einen könnte dieser Unterschied darin gesehen werden, dass die Verfolger eher sozial erwünscht geantwortet haben und deshalb weniger Stalking-Handlungen angegeben hatten. Es könnte jedoch auch eine Verzerrung der Wahrnehmung auf Seiten der Opfer oder gleichzeitig auf beiden Seiten stattgefunden haben. Eine weitere Erklärung wäre es, der obigen Argumentation folgend, dass wir es bei den von uns befragten Verfolgern mit weniger extremen Formen von Stalking zu tun haben als diejenigen, die von Opferseite berichtet wurden und, damit einhergehend, tatsächlich eine geringere Frequenz der Stalking-Handlungen zu verzeichnen war.

Aggressive Handlungen und Gewalt
Verbal bzw. sozial aggressives Verhalten gaben sowohl Stalker als auch Betroffene in den separaten Befragungen vergleichbar häufig an. So trat der Versuch, den Ruf der Person zu schädigen, in jedem fünften Fall auf. Sehr weit klafften hingegen die Aussagen zu physisch schädigenden Handlungen auseinander. Zwar lag die Differenz wie bei den oben geschilderten, häufiger auftretenden Stalking-Mustern ebenfalls bei zehn bis zwanzig Prozent, wegen des geringen Auftretens von direkten Aggressionen bedeutete dies jedoch, dass solches Verhalten aus Sicht der Opfer um ein mehrfaches häufiger auftrat. Die Stalker hingegen erklärten in «nur» 10 % der Fälle, die verfolgte Person körperlich angegriffen zu haben, in jeweils 5 % in die Wohnung eingedrungen zu sein oder Eigentum beschädigt zu haben und nur in jedem fünfzigsten Fall dem Opfer Gegenstände zugeschickt zu haben, die auf eine Schockwirkung angelegt waren, wie z.B. pornographisches Material oder Exkremente. Da gewaltsame Handlungen gesellschaftlich geächtet sind, besteht die Möglichkeit, dass die Stalker an diesem Punkt ihr Verhalten extrem heruntergespielt haben. Als eine weitere, bereits mehrfach genannte Einflussgröße kann jedoch ebenfalls eine Rolle gespielt haben, dass eine eher «normale» weniger gewalttätige Population die Fragebögen ausgefüllt hat.

Kriminelle Vorgeschichte
Vergleichsweise wenige Stalker führten an, aufgrund delinquenter Handlungen bereits in Kontakt mit Polizei und Justiz geraten zu sein. Sieben Prozent waren bereits wegen Gewalttätigkeiten auffällig gewesen sowie jeweils 5 % wegen anderer Stalking-Fälle oder wegen Eigentumsdelikten.

Motivlage und Vehemenz des Stalking
Entgegen der nicht selten anzutreffenden Vorstellung, dass viele Stalker eher eine platonische Liebesbeziehung mit ihren Opfern fantasieren, gaben 34 % der Probanden an, ihr Opfer in sexueller Absicht verfolgt zu haben. Interessanterweise räumten vier von fünf Stalkern ein, dass ihre Annäherungsversuche keinen Erfolg hatten. Die Hartnäckigkeit ihrer Fixierung offenbarte sich jedoch darin, dass sie ungeachtet des Nichterreichens ihres Ziels zu 95 % das Stalking fortsetzten. Gefragt nach den Gründen ihrer Ausdauer (an diesem Punkt waren Mehrfachnennungen möglich), zeigte sich eine stark verzerrte Wahrnehmung des Geschehens, die es den Stalking-Opfern kaum möglich macht, ihren Verfolger davon zu überzeugen, dass sie keine Beziehung wünschen. So wurden von den Stalkern als häufigste Motive für die Fortsetzung ihrer Bemühungen genannt, dass sie davon ausgingen, dass das Opfer schicksalhaft für sie bestimmt sei (42 %), dass sie seinen Widerstand brechen müssten, da sie überzeugt waren, dass das Opfer im Grunde doch Interesse an ihnen hat (34 %), und dass sie glaubten, für diese Person sorgen zu müssen (33 %). An dieser Stelle wird auf beeindruckende Weise deutlich, wie wenig Stalker in der Lage sind, eine Ablehnung ihres Begehrens nach Nähe zu akzeptieren. Zu 32 % gaben die Verfolger zudem ein egozentrisches Motiv an, nämlich, dass sie an ihr eigenes Glück und ihre Bedürfnisse denken müssten.

Die weit verbreitete Vermutung, dass es bei Stalking vor allem um Macht und Kontrolle gehe, spiegelt sich zumindest in der Eigenwahrnehmung der Stalker nicht wider, denn dieser Punkt wurde lediglich von 14 % angeführt. Auch fanden sich erstaunlich wenig explizit aggressive Bedürfnislagen: 10 % äußerten, Furcht und Schrecken verbreiten zu wollen, nur bei 6 % war es der Wunsch, Rache zu üben. Neben dem Umstand, dass möglicherweise manche Angaben aus sozialer Erwünschtheit beschönigt wurden und dass offenbar vergleichsweise unaggressive Stalker bevorzugt an der Studie mitwirkten, spielt vermutlich auch das Verständnis des Begriffes von Stalking hierzulande eine Rolle. In Deutschland wird Stalking fast ausnahmslos im Kontext des Herstellens einer Beziehung gesehen, sei es von einem Verehrer oder dem Ex-Partner. Im angloamerikanischen Sprachraum werden auch wiederholte, in Wut und Psychoterror wurzelnde Handlungen als Stalking verstanden, so dass es wenig überrascht, dass in vielen Studien aus diesen Ländern

Rache als regelmäßiges Motiv genannt wird. Ein empirischer Hinweis dafür, dass Stalking offenbar auch eine starke persönlichkeitsimmanente Komponente besitzt, ist die bemerkenswerte Häufigkeit von «Wiederholungstätern» in unserer Studie. 39 % gaben an, in der Vergangenheit bereits eine andere Person gestalkt zu haben, in mehr als jedem vierten dieser Fälle war dies bereits sogar mehrfach geschehen.

Psychische Auswirkungen
Für viele Stalker hatte die unerfüllte Fixierung auf eine andere Person auch eigene psychische Belastungen zur Folge. So berichteten 62 % über seelisches Unwohlsein, 61 % sprachen von Depressionen, wobei hier natürlich nur ein umgangssprachliches Verständnis und nicht der klinische Begriff gemeint war. 38 % fühlten Angst und nur jeder Fünfte spürte Erleichterung beim Stalking. Ebenfalls jeder fünfte Proband war wegen seiner obsessiven Verfolgung und Belästigung häufiger krank geschrieben. Immerhin 38 % begaben sich wegen der Auswirkungen ihres eigenen Stalking-Verhaltens in ärztliche oder psychologische Behandlung.

7.4 Ein Profil des «normalen» Stalkers

Wenn wir einen Blick auf den typischen Stalker werfen, wie er sich in unserer Befragung darstellt, erkennen wir manche Gemeinsamkeit, aber auch einige Unterschiede zu der prototypischen Beschreibung des obsessiven Verfolgers und Belästigers, wie er in der Literatur vorherrscht. Es ist ein weniger eindeutiges und weniger scharf konturiertes Bild.

Wir sehen einen Mann oder eine Frau in den 30ern, meist ohne dauerhafte Beziehung lebend und in einer psychischen Verfassung, die durch Niedergeschlagenheit und Verzweiflung charakterisiert ist. Bezüglich der Schul- und Ausbildung befindet sich die Person im mittleren bis überdurchschnittlichen Leistungsbereich. Sie verfolgt und belästigt einen früheren Partner, einen Kollegen oder Bekannten oder einen fremden Menschen, den sie nur vom Sehen, nicht aber persönlich kennt. Als häufigste Stalking-Verhaltensweise sucht sie den Kontakt aus der Ferne, etwa über das Telefon oder über E-Mail, weniger stark forciert sie ein direktes Zusammentreffen. Der Blick des Stalkers auf sein Opfer hat im Kern nicht selten fast wahnhafte Qualitäten und ist von der festen Überzeugung gespeist, dass beide füreinander bestimmt sind und dass das eigene Lebensglück von der Beziehung zu dem anderen abhängt. Körperliche aggressive Handlungen gegenüber dem Opfer treten in wenigen Fällen auf, ebenso sind Vorstrafen wegen Gewalttätigkeiten oder Eigentumsdelikten selten. Viele der Stalker haben schon einmal in der Vergangenheit einen anderen Menschen verfolgt und belästigt

Die gute Bildung von Stalkern, die sich in nahezu allen Studien findet, erklärt eventuell zum Teil, weshalb Stalker im Vergleich zu einigen anderen Gruppen von Kriminellen weniger häufig gewalttätig werden. Zunächst kann man davon ausgehen, dass, wie bei vielen anderen Formen delinquenten Verhaltens, auch bei Stalking negative Erfahrungen mit Bindungspersonen, in der Regel mit den Eltern, eine Rolle spielen und zwar dergestalt, dass diese frühen Beziehungen durch Zurückweisung, Desinteresse oder emotionale Kälte geprägt waren (Meloy, 2002; Voß/Hoffmann, 2002). Eine solche Erfahrung legt nicht selten den Grundstein für eine psychische Zerrissenheit und Anspannung, in der ein mehr oder weniger kaschierter Selbstwertmangel sowie Wut und Angst in engen Beziehungen zu anderen präsent sind. Da Stalker nun, wie es sich nicht zuletzt in ihrer Bildung widerspiegelt, vielfach gelernt haben, seelische Konflikte auch verbal auszudrücken, leben sie ihre inneren Ambivalenzen seltener in physischer Gewalt aus. Dazu passt der Befund, dass häufig auftretende Stalking-Verhaltensweisen oftmals auch schriftliche oder gesprochene Kommunikation beinhalten, wie beispielsweise das endlose Verfassen von Briefen, E-mails oder SMS, oder andauernder Telefonterror.

Das Profil des «normalen» Stalkers, wie es sich aus den Selbstbeschreibungen der Verfolger in unserer Studie darstellt, stellt auch in Frage, ob das Gefühl von Angst oder Bedrohung beim Opfer eine notwendige Voraussetzung für die Diagnose von Stalking ist, wie es sich oftmals in Fachdefinitionen findet. Dass viele Betroffene Furcht empfinden, und das häufig nicht ohne Grund, ist unbestritten, doch kann Stalking beispielsweise auch nur als schlicht nervend oder unangenehm empfunden werden. So ist zu vermuten, dass zumindest bei einigen der Fälle aus unserer Stichprobe die Opfer nicht mit Angst reagiert haben. Der Passus eines «Gefühles der Furcht» entstammt ursprünglich zumeist den juristischen Definitionen der Anti-Stalking-Gesetzgebung (Tjaden/Thoennes, 1998). Es ist nicht einsichtig, weshalb das Vorhandensein von Angst beim Opfer zwangsweise dem Wesen der obsessiven Fixierung auf eine andere Person zuzurechnen sein sollte. Für psychologische und psychiatrische Begriffsbestimmungen zu Stalking ist es deshalb vermutlich notwendig, die subjektive Wahrnehmung der Opfer in differenzierterer Weise zu betrachten, als bisher vielfach geschehen.

7.5. Zum Umgang mit Stalkern

Versucht man einen Stalkingfall einzudämmen, erscheint häufig eine Modifizierung des Opfer-Verhaltens als ein sinnvoller erster Schritt. Das ist nicht zuletzt deshalb der Fall, als man unter pragmatischen Gesichtspunkten an dieser Stelle einen vergleichsweise einfachen Zugang hat, auf die Stalking-

Dynamik einzuwirken. Hier sind die klassischen Strategien für Betroffene zu nennen. So etwa – falls dies noch nicht geschehen ist – die Empfehlung, dem Stalker gegenüber eindeutig zu bekunden, dass man keine weitere Kommunikation mehr mit ihm wünscht, dass das Opfer alle seine Kontaktversuche ignoriert und dass es das eigene private und berufliche Umfeld über die Belästigung aufklärt, damit der Stalker nicht über diesen Weg Informationen erlangen kann. Des Weiteren zeigt sich, dass in gar nicht so seltenen Fällen die Stalking-Opfer – manchmal ohne sich dessen bewusst zu sein – doch noch auf das Verhalten des Stalkers aktiv eingehen, etwa indem sie eine emotionale Ambivalenz ihm gegenüber zeigen. Dies ist am häufigsten in Fällen von Ex-Partner-Stalking zu beobachten, wenn beispielsweise das Opfer noch Mitgefühl empfindet, es dem Stalker zu helfen versucht oder es sich selbst eine Schuld an den obsessiven Handlungen des anderen gibt. Solche uneindeutigen Signale führen in aller Regel zu einer Verstärkung des Stalking-Verhaltens.

Im Folgenden soll es um den Umgang mit Stalkern von Seiten anderer Personen als dem Opfer selbst gehen.

7.6 Gesprächsführung mit Stalkern

Aufgrund von Interviews, die wir im Rahmen unseres Forschungsprojektes mit Stalkern geführt haben, aber auch auf der Basis von Erfahrungen im Fallmanagement, entwickelten wir folgende Leitlinien für die Gesprächsführung, die sich als sinnvoll erwiesen haben, wenn es darum geht, Stalking zu beenden (Hoffmann, 2004):

Klarheit und Höflichkeit
Ziel ist es, ein Gespräch auf der Sachebene zu führen und nicht einen emotional aufgeladenen Konflikt zu verschärfen. Deshalb sollte man den normalen gesellschaftlichen Konventionen der Kommunikation folgen und etwa polemisierende Äußerungen vermeiden. Klarheit bedeutet, das Ziel des Gespräches eindeutig zu formulieren und Diskussionen, beispielsweise über die Rolle des Opfers, zu vermeiden. Der Namen des Opfers sowie dessen Person sollte im Allgemeinen so wenig wie möglich thematisiert werden, da dies eine weitere Fixierung auf die betreffende Person beinhalten könnte. Da viele Stalker sich selbst als Opfer sehen, wäre es in diesem Falle sozusagen kontraindiziert, dem «Täter» jene Anteilnahme am Geschehen zukommen zu lassen, wie sie in Studien zum Opferschutz beschrieben worden ist; dort gehört es zu den «elementaren» Bedürfnissen einer Geschädigten, in Bezug auf persönlich erfahrenes Leid als glaubwürdig und hilfsbedürftig anerkannt zu werden (Balß et al., 2001; Voß, 2001).

Zukunfts- und Verhaltensorientiertheit
In Gesprächen, die auf ein Fallmanagement ausgerichtet sind, geht es um eine Lösung des Falles und um eine Entlastung des Opfers. Die Aufarbeitung der Vergangenheit, gerade vor dem Hintergrund der verzerrten Wahrnehmung des Stalkers, ist zumindest in einem nicht therapeutischen Setting dafür nicht förderlich. Die Themen lauten vielmehr, welche Maßnahmen, welche Vereinbarungen können getroffen werden, um das Stalking-Verhalten zu beenden? Dabei sollte nicht die Sichtweise des Stalkers auf den Fall diskutiert werden, sondern es sollten klare, objektivierbare Verhaltensweisen des Stalkers zum Gegenstand des Gesprächs gemacht werden.

Wenn-dann-Bedingungen
Oftmals erweist sich eine Strategie als hilfreich, die es dem Stalker ermöglicht, sein grenzenverletzendes Verhalten ohne Gesichtsverlust zu beenden. Das ist ein besonders zentraler Punkt, da viele Stalker eine narzisstische Verwundbarkeit aufweisen. Auf der anderen Seite sollte aufgezeigt werden, welche negativen Folgen das Verhalten für den Verfolger selbst haben kann. Es ist von großer Wichtigkeit, ihm dabei keine Konsequenzen anzudrohen, die man nicht einhalten kann, denn dies vermag ein Gefühl der Unverwundbarkeit beim Stalker hervorzurufen und kann seine Handlungen noch verstärken (Hoffmann, 2001).

Empathie und Grenzziehung
Für einen guten Rapport ist eine empathische Gesprächshaltung zumeist unerlässlich. Das seelische Unglück des Stalkers lässt sich durchaus anerkennen, ohne die zumeist vehementen Grenzverletzungen gegenüber dem Opfer zu rechtfertigen. An dieser Stelle sollte explizit eine klare Grenze dahingehend gezogen werden, dass man zum Ausdruck bringt, dass die Verhaltensweisen der Belästigung, Verfolgung und Bedrohung ohne jede Einschränkung nicht akteptabel sind.

7.7 Interdisziplinäres Fallmanagement

Viele Stalking-Fälle lassen sich am ehesten durch das koordinierte Zusammenspiel verschiedener Stellen zu einem für das Opfer befriedigenden Ende bringen, wobei je nach Einzelfall beispielsweise Polizei, Justiz, Opferschutzeinrichtungen, Psychologen und Psychiater, Sozialarbeiter, Arbeitgeber und Betriebsräte hilfreich sein können. Dabei ist es auch hilfreich, wenn eine Institution dem Opfer quasi als Lotse auf dem Weg zu den unterschiedlichen Ansprechpartnern zur Seite steht, ohne ihm zugleich die Verantwortlichkeit für den eigenen Fall und die eigene Sicherheit abzunehmen. Für eine solche Rolle sind etwa Beratungsstellen und speziell geschulte Ansprechpartner bei der Polizei prinzipiell gut geeignet. Es ist zudem von Bedeutung, dass alle am Fallmanagement Beteiligten über die Grunddynamiken von Stalking informiert sind. So passiert es etwa regelmäßig, dass Opferberatungsstellen in Stalking-Fällen vorschlagen, einen Täter–Opfer-Ausgleich anzustreben. Diese Vorgehensweise hat sich bei verschiedenen Formen krimineller Schädigungen bewährt, bei Stalking hingegen ist sie geradezu kontraindiziert und führt tendenziell sogar eher zu einer Verschlechterung der Lage. Im Folgenden soll kurz auf einige Disziplinen eingegangen werden, die durch den direkten Kontakt mit Stalkern zu einer Verbesserung der Fälle beitragen können. Hier werden exemplarisch die Polizei, therapeutische und psychiatrische Einrichtungen und, damit zusammenhängend, auch die Justiz genannt.

Fallmanagement durch die Polizei
Der Polizei kann eine Schlüsselrolle im Umgang mit Stalking zukommen, vorausgesetzt, sie ist organisatorisch für diese Aufgabe aufgestellt. Polizeibeamte vermögen es, dem Stalker Grenzen aufzuzeigen, seine Fantasie einer privaten Beziehung zu dem Opfer in Zweifel zu ziehen und vielleicht als wichtigsten Aspekt den Konflikt vom Opfer wegzuziehen. Eine Studie von Hoffmann, Özsöz und Voß (2004) untersuchte die Erfahrung von deutschen und von englischen Stalking-Opfern mit der Polizei sowie der Justiz und konnte dabei konkrete Ansatzpunkte für ein erfolgreiches polizeiliches Fallmanagement benennen. Als hilfreich erwiesen sich unter anderem die Aufforderung an vom Stalking Betroffene, sich möglichst früh an die Polizei zu wenden, Beratungen der Opfer hinsichtlich verhaltensorientierter und juristischer Möglichkeiten, sowie vor allem ein zeitiges und offensives Vorgehen der Polizei gegenüber Stalkern.

Fallmanagement durch Psychiater und Psychotherapeuten
Unsere Studie konnte zeigen, dass ein beträchtlicher Teil der Stalker in ihrem Leben wiederholt andere Personen verfolgt und belästigt. An diesem Punkt bedeutet erfolgreiche therapeutische Arbeit zugleich konkreter Opferschutz, von dem nicht nur die aktuell Betroffenen, sondern auch künftige zu erwartende Opfer profitieren. Bedauerlicherweise zeigen nur wenige Stalker die Einsicht, dass eine Therapie sowohl für ihr eigenes Wohlergehen als auch für das der Stalking-Opfer erstrebenswert ist. Aufgrund ihrer verzerrten Sicht auf das Geschehen suchen sie zumeist den Grund für die auftretenden Probleme alleine beim Opfer. Eine viel versprechende Lösung könnten Therapien sein, zu denen Stalker von außen verpflichtet werden. Erfahrungen mit Sexualstraftätern haben dazu geführt, dass man die Vorstellung, ausschließlich intrinsisch motivierte Therapien könnten zu einer Veränderung von

delinquentem Verhalten führen, nicht mehr aufrechterhält. Stattdessen haben sich auch durch extrinsische Motive angestoßene Behandlungen, etwa weil eine Haftstrafe vermieden werden soll, als wirksam erwiesen. Bei Stalkern vermag zusätzlich das eigene psychische Leid in einem späteren therapeutischen Schritt eine weitere motivationale Grundlage dazu liefern. In Deutschland gab es bereits erste Urteile, die als eine Bewährungsauflage festlegten, dass sich der Stalker einer Therapie unterziehen muss. Leider gibt es hierzulande bislang wenige Psychiater und Psychotherapeuten, die über Stalking ausreichend informiert sind. So treten immer wieder Fälle auf, in denen der Stalker nach drei Monaten Behandlung als sozusagen «geheilt» aus der Therapie entlassen wird, jedoch nach kurzer Zeit die Belästigungs- und Verfolgungshandlungen erneut einsetzen. Tschan und Hoffmann entwickelten ein Konzept für die Therapie von Stalkern, welches erfolgreiche Erfahrungen ausländischer Ansätze zu Stalking berücksichtigt und unter anderem kognitive, psychoedukative und in der Bindungstheorie wurzelnde Behandlungsmodule integriert. Es bleibt zu hoffen, dass das Thema Therapie von Stalkern im deutschsprachigen Raum rasch an Bedeutung gewinnt.

Die Psychologie des «normalen» Stalkers befindet sich noch in einem frühen Stadium. Studien in diesem Bereich können nicht nur unser Verständnis über das Wesen der obsessiven Verfolgung und Belästigung anderer vertiefen. Sie vermögen es auch, bessere Ansätze zu entwickeln, auf welche Weise dieses sowohl für die Opfer aber vielfach auch für die Stalker selbst belastende Verhalten modifiziert werden kann.

8. Ausblick

Harald Dreßing und Peter Gass

Die vorausgehenden Kapitel haben aufgezeigt, dass Stalking in vielfältigen Lebensbereichen vorkommen kann und dass grundsätzlich jeder Mensch potentiell irgendwann einmal im Leben Opfer eines Stalkers werden kann. Die Möglichkeiten sich den Einflüssen eines Stalker zu entziehen hängen von persönlichen Einstellungen und Verhaltensmustern ebenso ab wie von sozialen Umständen und der Unterstützung durch die Umwelt. Manche Verhaltensweisen von Stalkern bleiben aber unberechenbar und einzelne fatale Entwicklungen sind nicht mit letzter Sicherheit auszuschließen. Auch die medizinischen, psychologischen und sozialen Folgen von Stalking hängen von individuellen Dispositionen ab. Grundsätzlich gilt aber, dass ein ausgeprägtes und sehr intrusives Stalking sowohl erhebliche gesundheitliche als auch soziale Probleme verursachen kann. Es bleibt zu hoffen, dass eine zunehmend intensivere und gleichzeitig differenzierte Auseinandersetzung mit der Thematik dazu führt, dass problematische und gefährliche Stalking-Fälle frühzeitiger erkannt werden und durch sinnvolle und effektive Interventionen auch gestoppt werden. Sowohl die von Stalking Betroffenen als auch deren Angehörige, besonders aber auch professionell mit dem Thema konfrontierte Personen können dazu einen wichtigen Beitrag leisten.

Von Seiten der Betroffenen und deren Angehörigen ist es wichtig, dass diese frühzeitig auf das Problem aufmerksam werden und dafür sensibilisiert werden, durch welche Verhaltensweisen sie unter Umständen zur Aufrechterhaltung des Stalking beitragen und durch welche Reaktionen sie das Stalking möglicherweise beenden können. Auf zwei Punkte soll in diesem Zusammenhang aber explizit hingewiesen werden, um Mißverständnisse zu vermeiden.

1. Frühzeitige Sensibilisierung soll nicht bedeuten, dass man hinter jeder lästigen Kontaktaufnahme nun sofort einen neuen Stalking-Fall vermutet. Eine solche Haltung würde das Thema Stalking gerade diskreditieren und wäre Wasser auf die Mühlen derer, die schon heute in dem Thema nur ein von den Medien hysterisch hochgespieltes Modethema sehen. Vielfältige Erfahrungen zeigen aber, dass manche Menschen erstaunlich

lange eindeutige Verhaltensmuster ignorieren, die auch von einem vernünftigen und nicht überreagierenden Außenstehenden eindeutig als Stalking-Verhaltensweisen eingeordnet werden können.

2. Das Identifizieren von Verhaltensweisen der Betroffenen, mit denen diese unter Umständen zur Aufrechterhaltung des Stalking beitragen, soll nicht in dem Sinne missverstanden werden, dass die Opfer selbst Schuld daran sind, wenn sie in das Visier eines Stalkers geraten sind. Eine solche Haltung würde die Argumentation vieler Stalker unterstützen, von denen immer wieder zu hören ist, dass zum Stalking eben immer zwei gehören und der andere durch seine Reaktionen den Stalker geradezu ermuntert habe, weiterzumachen.

Vielmehr soll die Sensibilisierung und das kritische Überprüfen eigener Verhaltens- und Reaktionsmuster die von Stalking Betroffenen in die Lage versetzen, dass sie sich der Situation nicht völlig hilflos ausgesetzt fühlen. Frühzeitiges Erkennen eines Problems ermöglicht frühzeitige Interventionen. Insbesondere durch die frühe, einmalige und klare Information an den Stalker, dass keine weiteren Kontakte gewünscht werden, und wirklich konsequentes Meiden jeder weiteren Kontaktaufnahme kann unter Umständen auf den Stalker Einfluss genommen werden.

In diesem Kontext soll auch noch einmal erwähnt werden, dass die Herausgeber dieses Buches bewusst häufiger den Begriff «von Stalking Betroffene» gewählt haben und nicht so gerne von Stalking-Opfern sprechen, wie dies in der Literatur durchaus üblich ist. Ein Opfer ist nämlich ohnmächtig einer äußeren Kraft ausgeliefert, ein Betroffener verfügt durchaus noch über selbstwirksame Verhaltensstrategien und kann zumindest versuchen, das äußere Geschehen zu beeinflussen. Auch wenn durch adäquate Reaktionen der Betroffenen natürlich nicht alle Stalker einfach zu stoppen sind, so können zumindest die psychosozialen Folgen des Stalking bei den Betroffenen durch deren Haltung doch häufig begrenzt werden. Es ist nämlich eine allgemeine Erfahrung aus der Psychotraumatologie, dass Menschen, die sich als selbstwirksam und nicht ohnmächtig ausgeliefert erleben auch schwerwiegende Belastungen besser verarbeiten können. Sofern eine solche Haltung nicht bereits im persönlichen Verhaltensrepertoire vorhanden ist, kann sie durch Training oder Psychotherapie erworben werden. Im Bedarfsfalle sollte deshalb bei von Stalking Betroffenen keine Scheu bestehen, einen Arzt oder Psychologen aufzusuchen.

Seitens der Ärzte und Psychologen, die von Stalking-Betroffenen kontaktiert werden, ist zu fordern, dass diese sich verstärkt mit der Thematik auseinandersetzen. Sie müssen typische Muster und Verläufe erkennen, um ihre Klienten professionell beraten und unterstützen zu können. Es ist durchaus möglich, dass sich Stalking-Betroffene wegen einer unspezifischen psychischen oder körperlichen Symptomatik an einen Arzt oder Psychologen wenden, ohne spontan über das Stalking zu sprechen, vielleicht weil sie selbst keinen Zusammenhang damit herstellen oder weil sie sich schämen. Wie bei vielen anderen körperlichen und psychischen Leiden ist es Aufgabe der Ärzte und Psychologen, gezielt z. B. auch nach Stalking zu fragen, weil ansonsten die wesentliche Ursache für eine Symptomatik nicht erkannt wird und nur am Symptom kuriert wird. Um diese Fragen aber stellen zu können, muss man über das Problem Bescheid wissen, man muss daran denken und man muss auch die vielfältigen körperlichen und psychischen Folgewirkungen kennen, die bei Stalking-Betroffenen potentiell auftreten können. Besonders wichtig ist es auch, dass sich Ärzte und Psychologen vergegenwärtigen, dass sie häufig die erste und einzige Anlaufstation für Stalking-Betroffene sind. Die professionelle Hilfe darf sich dann nicht auf psychotherapeutische oder andere medizinische Interventionen beschränken, sondern die Therapeuten müssen auch Kontakte zu einem Rechtsanwalt und zur Polizei herstellen. Es muss von einem in der Materie Erfahrenen eine individuelle Risikoanalyse erstellt werden, denn Drohungen von Stalkern sind nicht selten von tatsächlichen Gewalthandlungen gefolgt.

Seitens der Polizei und Staatsanwaltschaft ist in einigen Regionen Deutschlands eine positive Entwicklung dergestalt zu beobachten, dass Zuständigkeiten gebündelt werden und «Stalking-Beauftragte» ernannt und ausgebildet werden. Es handelt sich dabei aber um allererste Ansätze, die bundesweit umgesetzt werden müssten. Erste Erfahrungen mit diesem Vorgehen sind ausgesprochen positiv, da sowohl die Betroffenen als auch die professionell mit dem Problem befassten Personen von dem Kompetenzzuwachs profitieren. Entsprechende Spezialisierungen seitens der Richter und Rechtsanwälte stehen noch weitgehend aus. In der eigenen forensisch psychiatrischen Gutachtertätigkeit sind die Herausgeber in letzter Zeit zunehmend mit spektakulären Strafverfahren konfrontiert, in denen es zu massiven Gewalttaten gekommen ist, denen typische Stalking-Verhaltensweisen vorausgingen. Dabei ergibt die retrospektive Analyse, dass frühzeitiges Erkennen des Problems und adäquate Interventionen möglicherweise fatale Entwicklungen hätten verhindern können. Diese Beobachtungen unterstreichen die Bedeutung der Problematik und den dringenden Handlungsbedarf. Wie die in einem vorausgehenden Kapitel enthaltenen ausführlichen Darstellungen zur rechtlichen Situation aufzeigen, sind die juristischen Möglichkeiten für Stalking-Betroffene in Deutschland im Vergleich zu anderen Ländern eher ungünstig. Auch hier sind aber Gesetzesinitiativen im Gange, und die deutsche Politik beginnt langsam, sich mit Stalking auseinanderzusetzen.

Es kann nicht genug betont werden, dass eine sinnvolle und effektive Hilfe in aller Regel nur durch eine frühzeitige, intensive und kooperative Intervention verschiedener Personen oder Institutionen erreicht werden kann. Daran mangelt es aber in Deutschland noch auf vielen Ebenen. Es ist die Hoffnung der Herausgeber durch dieses Buch einen kleinen Anstoß zu geben, dass sich die Situation diesbezüglich in den nächsten Jahren bessern wird. Die allererste Voraussetzung hierfür ist eine gründliche Kenntnis des Problems.

Literaturverzeichnis

Abrams, K. M. R. & Robinson, G. A. (2002). Occupational effects of stalking. Canadian Journal of Psychiatry, 47, 468-472.
American Psychiatric Association (1996). Diagnostisches und Statistisches Manual Psychischer Störungen DSM-IV. (Dtsch. Bearbeitung und Einleitung: Saß, H., Wittchen, H. U. & Zaudig, M.) Göttingen: Hogrefe Verlag.
Ballenger, J. C., Davidson, J. R., Lecrubier, Y., Nutt, D. J., Borkovec, T. D., Rickels, K., Stein, D. J. & Wittchen, H. U. (2001). Consensus statement on generalized anxiety disorder from the International Consensus Group on Depression and Anxiety. Journal of Clinical Psychiatry, 62, 53-58.
Balß, R., Baurmann, M. C., Lieser, U., Rein, D. & Voß, H. G. W. (2001). Opfer und Zeugen bei der Polizei. Luchterhand, Neuwied.
Batinic, B. & Bosnjak, M. (2000). Fragebogenuntersuchungen im Internet. In B. Batinic (Hrsg.), Internet für Psychologen. Hogrefe, Göttingen.
Bech, P. (2004). Measuring the dimensions of psychological general well-being by the WHO-5. QoL Newsletter, 32, 15-16.
Blaauw, E., Sheridan, L. & Winkel, F. W. (2002). Designing anti-stalking legislation on the basis of victims' experiences and psychopathology. Psychiatry, Psychology and Law, 9, 136-145.
Blaauw, E., Winkel, F. W., Arensman, E., Sheridan, L. & Freeve, A. (2002). The toll of stalking: The relationship between features of stalking and psychopathology of victims. Journal of Interpersonal Violence, 17, 50-63.
Boon, J. C. W. & Sheridan, L. (2001). Stalker typologies: A law enforcement perspective. Journal of Threat Assessment, 1, 75-97.
Bortz, J. & Döring N. (2001). Forschungsmethoden und Evaluation. Springer: Berlin, Heidelberg.
Brewster, M. P. (1997). An exploration of the experiences and needs of former intimate stalking victims: Final report submitted to the National Institute of Justice. West Chester, PA: West Chester University.
Brüne, M. (2003). Erotomanic Stalking in Evolutionary Perspective. Behavioral Sciences and the Law, 21, 83–88.
Budd, T. & Mattinson, J. (2000). The extent and nature of stalking: Findings from the 1998 British Crime Survey. London: Home Office.
CNN (2000) Meldung vom 25. November 2000: Tough law against stalkers goes into effect in Japan (Onlineressource)
CNN (2004) Meldung vom 4. September 2004: Man accused of stalking with GPS (Onlineressource)

Cupach, W. R. & Spitzberg W. H. (2004). The dark side of relationship pursuit. from attraction to obsession and stalking. Lawrence Erlbaum Associaties, Mahwah, London.
Curd, J. L. (1995). Stalking as a variant of domestic violence. Bulletin of the American Association of Psychiatry and Law, 23, 219-230.
Davidson, J. R. T. (1997). Biological therapies for posttraumatic stress disorders: an overview. Journal of Clinical Psychiatry, 58, 29-32.
Davis, K. E., Coker, A. L. & Sanderson, M. (2002). Physical and mental health effects of being stalked for men and women. Violence & Victims, 17, 429-443.
De Becker, G. (1997). The gift of fear: Survival signals that protect us from violence. London: Bloomsbury.
De Clérambault, G. (1942). Les psychoses passionelles. In Oeuvre Psychiatrique. Paris: Press Univ France.
Deirmenjian, J. M. (1999). Stalking in cyberspace. Journal of the American Academy of Psychiatry and Law, 27, 407-413.
Dessuyer, I. (2000). Is Stalking Legislation Effective in Protecting Victims? Vortrag, Sidney, 7./8. Dezember 2000.
Dreßing, H. & Gass, P. (2002). Stalking – vom Psychoterror zum Mord. Der Nervenarzt, 73, 1112-1115.
Dreßing, H., Henn, F. A. & Gass, P. (2002). Stalking behavior – An overview of the problem and a case report of male-to-male stalking during delusional disorder. Psychopathology, 35, 313-318.
Dreßing, H., Kuehner, C. & Gass, P. (2005). Prävalenz von Stalking in Deutschland. Psychiatrische Praxis, 32, 73-78.
Dreßing, H., Kuehner, C. & Gass, P. (2005, im Druck). Lifetime Prevalence and Impact of Stalking in a European Population: Epidemiological Data from a middle-sized German city. British Journal of Psychiatry.
Dye, M., Livet & Davis K. E. (2003). Stalking and Psychological Abuse: Common Factors and Relationship-Specific Characteristics. Violence and Victims 18: 163–180.
Ehlers, A. (1999). Posttraumatische Belastungsstörung. Göttingen, Bern, Toronto, Seattle: Hogrefe.
Farnham, F. R., James, D. V. & Cantrell, P. (2000). Association between violence, psychosis, and relationship to victim in stalkers. Lancet, 355, 199.
Fonagy, P. & Roth, A. (2004). Ein Überblick über die Ergebnisforschung anhand nosologischer Indikationen. Psychotherapeutenjournal, 3, 204-218.
Forschungsgruppe Wahlen Online: Internet-Strukturdaten III. Quartal 2004. (http://www.forschungsgruppe.de/Ergebnisse/Internet-Strukturdaten/web_III_04.pdf, abgerufen am 31.10.2004)
Fremouw, W. J., Westrup, D. & Pennypacker, J. (1997). Stalking on campus: The prevalence and strategies for coping with stalking. Journal of Forensic Sciences, 42, 666-669.
Gaebel, W. & Falkai, P. (2001). Behandlungsleitlinie Affektive Erkrankungen. Darmstadt: Steinkopff-Verlag.
Goldberg, D. P. & Hillier, V. F. (1979). A scaled version of the General Health Questionnaire. Psychological Medicine, 9, 139-145.
Grann, M. (2003). «Var femte drabbad av hotfulla förföljare». In: Dagens Nyheter vom 19. Oktober 2003.

Habermeyer, E. (2004). Typische Fallstricke bei der Begutachtung von Persönlichkeitsstörungen. Persönlichkeitsstörungen – Theorie und Therapie, 8, 85-92.
Habermeyer, E. & Hoff, P. (2002). «Stalking»: Eine populäre, aber lediglich eingeschränkt verwertbare Konzeption sozial störender Verhaltensweisen. Fortschritte der Neurologie und Psychiatrie, 70, 542-547.
Habermeyer, E. & Heekeren, K. (2004). Anmerkungen zum unkritischen Umgang mit der Diagnose «Kleptomanie». Psychiatrische Praxis, 31, 40-42.
Habermeyer, E. & Norra, C. (2004). Stalking: Probleme bei der Differenzierung zwischen sozialer Auffälligkeit und psychischer Störung. Gesundheitswesen, 66, 337-340.
Hackett, K. (2000). Criminal Harassment, Juristat, Statistics Canada, 20, No. 11.
Hall, D. M. (1998). The victims of stalking. In J. R. Meloy (Ed.), The psychology of stalking. Clinical and forensic perspectives (pp. 113-137). San Diego, San Francisco, New York, Boston, London, Sydney, Tokyo: Academic Press.
Harmon, R. B., Rosner, R. & Owens, H. (1995). Obsess ional harassment and erotomania in a criminal court population. Journal of Forensic Sciences, 42, 666-669.
Harris, J. (2000). An evaluation of the use and effectiveness of the Protection from Harassment Act 1997. Home Office Research Study 203, London.
Hauser, C. (2004). Parlamentarische Initiative 00.419. Schutz vor Gewalt im Familienkreis und in der Partnerschaft. Bericht und Vorentwurf der Kommission für Rechtsfragen des Nationalrates, Schreiben vom 10. Februar 2004 an das Bundesamt für Justiz in Bern (Internetressource)
Hautzinger, M. (2000). Kognitive Verhaltenstherapie bei Depressionen. Weinheim: Psychologie Verlags Union.
Henkel, V., Mergl, R. & Kohnen, R. (2003). Identifying depression in primary care: A comparison of different methods in a prospective cohort study. British Medical Journal, 326, 200-201.
Hidalgo, R. B. & Davidson, J. R. (2000). Selective serotonin reuptake inhibitors in post-traumatic stress disorder. Journal of Psychopharmacology, 14, 70-76.
Hoffmann, J. (2001). Stalking – Forschung und Krisen-Management. Kriminalistik, 1, 34–37.
Hoffmann, J. (2002). Risiko-Analyse und das Management von Stalking Fällen. In C. Lorei (Hrsg.), Polizei und Wissenschaft. Themenheft Stalking (S. 35-44). Frankfurt: Verlag für Polizeiwissenschaft.
Hoffmann, J. (2004). Stalking aus psychologischer Sicht. Paper, präsentiert auf dem Seminar «Integrative Kriminalprävention – Problemfeld Gewalt im sozialen Nahraum». Polizei-Führungsakademie, Münster Oktober.
Hoffmann, J., Özsöz, F. & Voß, H. G. W. (2004). Erfahrungen von Stalking-Opfern mit der deutschen Polizei: Wie hilfreich können behördliche Interventionen sein? Polizei & Wissenschaft, 4.
James, D. V. & Farnham, F. R. (2002). Stalking and Violence. In C. Lorei (Hrsg.), Polizei und Wissenschaft. Themenheft Stalking. Frankfurt: Verlag für Polizeiwissenschaft.
James, D. V. & Farnham, F. R. (2003). Stalking and serious violence. Journal of the American Academy of Psychiatry and Law, 31, 432-439.
Japan Zone (2001), Meldung vom 2. Mai 2001 (Onlineressource)
Kamleiter, M. & Laakmann, G. (2003). Stalking – Bedeutung für klinische Praxis und Rechtsprechung. Psychiatrische Praxis, 30, 152-158.

Kamphuis, J. H. E. & Emmelkamp, P. M. G. (2000). Stalking – a contemporary challenge for forensic and clinical psychiatry. British Journal of Psychiatry, 176, 206-209.

Kamphuis, J. H. E. & Emmelkamp, P. M. G. (2001). Traumatic distress among support-seeking female victims of stalking. American Journal of Psychiatry, 158, 795-798.

Kamphuis, J. H., Emmelkamp, P. M. G. & Bartak, A. (2003). Individual differences in post-traumatic stress following post-intimate stalking: Stalking severity and psychosocial variables. British Journal of Clinical Psychology, 42, 145-156.

Kapczinski, F., Lima, M. S., Souza, J. S. & Schmitt, R. (2003). Antidepressants for generalized anxiety disorder. Cochrane Database of Systematic Reviews Online Update Software, CD003592.

Kienlen, K. K., Birmingham, D. L. & Solberg, K. B. (1997). A comparative study of psychotic and non-psychotic stalkers. Journal of the American Academy of Psychiatry and Law, 25, 317-334.

Kienlen, K. K. (1998). Developmental and social antecendents of stalking. In J. R. Meloy (Ed.) The psychology of stalking (pp. 51-67). San Diego: Academic Press.

Kraepelin, E. (1909). Psychiatrie. Ein Lehrbuch für Studierende und Ärzte. 8.Aufl. Leipzig Barth.

Kröber, H. L. (1988). «Kleptomanie» als Familienspiel – Zur Schuldfähigkeit bei komplex motiviertem Stehlen. Der Nervenarzt, 59, 610-615.

Kröber, H. L. (1995). Konzepte zur Beurteilung der «schweren anderen seelischen Abartigkeit». Der Nervenarzt, 66, 532-541.

Kühner, C. & Weber, I. (2001). Depressionen vorbeugen. Göttingen, Bern, Toronto, Seattle: Hogrefe.

Lewis, S. F., Fremouw, W. J., Del Ben, K. & Farr, C. (2001). An investigation of the psychological characteristics of stalkers. Journal of Forensic Science, 46, 80-84.

Löhmann, R. (2002). Stalking. Ein Überblick über den aktuellen Forschungsstand. Monatsschrift für Kriminologie und Strafrechtsreform, 85, 25-32.

Löwe, B., Spitzer, R. L., Zipfel, S. & Herzog, W. (2001). Gesundheitsfragebogen für Patienten (PHQ-D). Komplettversion und Kurzform. Karlsruhe: Pfizer GmbH.

Löwe, B., Spitzer, R. L., & Grafe, K. (2004). Comparative validity of three screening questionnaires for DSM-IV depressive disorders and physicians» diagnoses. Journal of Affective Disorders, 78, 131-140.

McFarlane, J. M., Campbell, J. C. & Wilt, S. (1999). Stalking and intimate partner femicide. Homicide Studies, 3, 300-316.

McCann, J. T. (2000). A descriptive study of child and adolescent obsessional followers. Journal of Forensic Sciences, 45,195-199.

Meyer, F. (2003). Strafbarkeit und Strafwürdigkeit von «Stalking» im deutschen Recht. Zeitschrift für die gesamte Strafrechtswissenschaft (ZStW) 115, 249–293.

Mechanic, M. B. (2002). Stalking victimization: Clinical implications for assessment and intervention. In K. E. Davis & I. H. Frieze (Eds.), Stalking: Perspectives on victims and perpetrators. (pp. 31-61). New York: Springer Publishing Co.

Mechanic, M. B., Weaver, T. L. & Resick, P. A. (2000). Intimate partner violence and stalking behavior: Exploration of patterns and correlates in a sample of acutely battered women. Violence & Victims, 15, 55-72.

Meichenbaum, D. (1996). Stress inoculation training for coping with stressors. The Clinical Psychologist, 49, 4-7.

Meloy, J. R. (1996). Stalking (obsessional following): A review of some preliminary studies. Aggression and Violent Behavior, 1, 147-162.
Meloy, J. R. (1998). The Psychology of stalking In J. R. Meloy (Ed.): The psychology of stalking (pp 2-21). Academic Press, San Diego.
Meloy, J. R. (1999). Stalking: An old behaviour, a new crime. Psychiatric Clinics of North America, 22, 85-99.
Meloy, J. R. (2002). Stalking and violence. In J. Boon & L. Sheridan (Eds.), Stalking and psychosexual obsession: Psychological perspectives for prevention, policing, and treatment. (pp. 105-124). West Sussex: John Wiley & Sons,Ltd.
Meloy, J. R. (2002). Pathologies of Attachment, Violence, and Criminality. In: A. Goldstein (Hg.): Comprehensive Handbook of Psychology, Volume 11: Forensic Psychology. Wiley, New York.
Meloy, J. R. & Gothard, S. (1995). A demographic and clinical comparison of obsessional followers and offenders with mental disorders. American Journal of Psychiatry, 152, 258-263.
Meloy J. R., Rivers L., Siegel L., Gothard S., Naimark D. & Nicolini J.R. (2000). A Replication Study of Obsessional Followers and Offenders with Mental Disorders. Journal of Forensic Sciences, 45, 147–152.
Mullen, P. E. & Pathé, M. (1994). The pathological extensions of love. British Journal of Psychiatry, 165, 614-623.
Mullen, P. E., Pathé, M., Purcell, R. & Stuart, G. W. (1999). Study of stalkers. American Journal of Psychiatry, 156, 1244-1249.
Mullen, P. E., Pathé, M. & Purcell, R. (2000). Stalkers and their victims. Cambridge: University Press.
Mullen, P. E., Pathé, M. & Purcell, R. (2000). The epidemiology of stalking. In P.E. Mullen, M. Pathé & R. Purcell (Eds), Stalkers and their victims. Cambridge University Press, Cambridge.
Mullen, P. E., Pathé, M. & Purcell, R. (2001). Stalking: New constructions of human behaviour. Australian and New Zealand Journal of Psychiatry, 35, 9-16.
Mundt, C. & Spitzer, M. (1999). Psychopathologie heute. In H. Helmchen, F. Henn, H. Lauter & N. Sartorius (Hrsg.), Psychiatrie der Gegenwart 1 (S. 3-44). 4. Aufl. Berlin: Springer Verlag.
Nadkarni, R. & Grubin, D. (2000). Stalking: why do people do it? British Medical Journal, 320, 1486-1487.
Neue Zürcher Zeitung (NZZ, 2003). Onlineausgabe vom 27.08.2003.
Osburg, S. (1993). Die Kleptomanie – ein «tautologisches» Paradigma. In N. Leygraf, R. Volbert, H. Horstkotte & S. Fried (Hrsg.), Die Sprache des Verbrechens - Wege zu einer klinischen Kriminologie (S.38-50). Stuttgart: Kohlhammer Verlag.
Pathé, M. (2002). Surviving stalking, Cambridge University Press, Cambridge.
Pathé, M. & Mullen, P. E. (1997). The impact of stalkers on their victims. British Journal of Psychiatry, 170, 12-17.
Pathé, M., Mullen, P. E. & Purcell, R. (2001). Management of victims of stalking. Advances in Psychiatric Treatment, 7, 399-406.
Pathé, M., Mackenzie, R. & Mullen, P. E. (2004). Stalking by law: damaging victims and rewarding offenders. Journal of Law & Medicine, 12, 103-111.
Pelikan, C. (2002). Forschungsbericht Psychoterror. Ausmaß, Formen, Auswirkungen auf die Opfer und die gesetzlichen Grundlagen. Ein internationaler Vergleich, Wien.

Pilath, M. (2004). Stalkingforum: Forum für Opfer und Angehörige – Infos und Hilfe zur Selbsthilfe. In J. Bettermann & M. Feenders (Hrsg.), Stalking – Möglichkeiten und Grenzen der Intervention (pp. 219-231). Frankfurt: Verlag für Polizeiwissenschaft.

Pollack, M. H. & Marzol, P. C. (2000). Panic: course, complications and treatment of panic disorder. Journal of Psychopharmacology, 14, 25-30.

Purcell, R., Pathé, M. & Mullen, P. E. (2002). The prevalence and nature of stalking in the Australian community. Australian and New Zealand Journal of Psychiatry, 36, 114-120.

Rasch, W. (1995). Tötung des Intimpartners. Reprint der Orginalausgabe. Bonn: Edition Das Narrenschiff im Psychiatrie-Verlag.

Roberts, A. R. & Dziegielewski, S. F. (1996). Assessment typology and intervention with the survivors of stalking. Aggression & Violent Behavior, 1, 359-368.

Rosenfeld, B. & Harmon, R. (2002). Factors associated with violence in stalking and obsessional harassment cases. Criminal Justice and Behavior, 29, 671 – 691.

Rothbaum, B. O., Meadows, E. A., Resick, P. A. & Foy, D. W. (2000). Cognitive behavioral therapy. In E. B. Foa, T. M. Keane, & M. J. Friedman (Eds.), Effective treatments for PTSD: Practice guidelines from the international society for traumatic stress studies (pp. 60-83). New York: Guilford.

Saito, M. (2000). Stalking victims now legally: recognized. In The Japan Times vom 24. November 2000.

Saß, H. (1985). Ein psychopathologisches Referenzsystem zur Beurteilung der Schuldfähigkeit. Forensia, 6, 33-43.

Saß, H. & Wiegand, C. (1990). Exzessives Glücksspielen als Krankheit? Kritische Bemerkungen zur Inflation der Süchte. Der Nervenarzt, 61, 435-437.

Saß, H. (2003). Persönlichkeitsbegriff und Menschenbild in der Forensischen Psychiatrie. In D. Dölling (Hrsg.), Jus humanum. Grundlagen des Rechts und Strafrechts (S.183-198). Berlin: Verlag Duncker & Humblot.

Saunders, R. (1998). The legal perspective on stalking. In J. R. Meloy (Ed.), The psychology of stalking: Clinical and forensic perspectives (pp. 25-49). San Diego: Academic Press.

Schmidt-Bleibtreu, B. & Klein, F. (1999). Kommentar zum Grundgesetz. Unter Mitarbeit von Hans Bernhard Brockmeyer, 9. Auflage (zu Art. 20 GG)

Schoenfeld, F. B., Marmar, C. R. & Neylan, T. C. (2004). Current concepts in pharmacotherapy for posttraumatic stress disorder. Psychiatric Services, 55, 519-531.

Schwartz-Watts, D. & Morgan, D. W. (1998). Violent versus nonviolent stalkers. Journal of the American Academy of Psychiatry an Law, 26, 241-246.

Sheridan, L. P., Davies, G. M. & Boon, J. C. W. (2001). Stalking: Perceptions and prevalence. Journal of Interpersonal Violence, 16, 151-167.

Sheridan, L. P., Blaauw, E. & Davies, G. M. (2003). Stalking: Knowns and unknowns. Trauma Violence & Abuse, 4, 148-162.

Sinwelski, S. A. & Vinton, L. (2001). Stalking: The constant threat of violence. Affilia, 16, 46-65.

Skoler, G. (1998). The archetypes and psychodynamics of stalking. In J. R. Meloy (Ed.), The psychology of stalking: Clinical and forensic perspectives (pp. 85-112). San Diego: Academic Press.

Soukkan, J. & Lindström, P. (2000). Grov kvinnofridskränkning. En kartläggning. BRÅ-rapport 2000:11 (http://www.bra.se/dynamaster/publication/pdf_archive/00060917201.pdf

Spitzberg, B. H. (2002). The tactical topography of stalking victimization and management. Trauma Violence & Abuse, 3, 261-288.

Standard, Der (2004), «Stalking»: Belästigung durch Verfolger, Druckausgabe vom 15.07.2004

Stein, D. J., Seedat, S., van der Linden, G. J. & Zungu-Dirwayi, N. (2000). Selective serotonin reuptake inhibitors in the treatment of post-traumatic stress disorder: a meta-analysis of randomized controlled trials. International Clinical Psychopharmacology, 15, 31-39.

Tholen, E. E. (2004). Coaching für die Opfer – Die Entstehung einer moderierten Selbsthilfegruppe. In J. Bettermann, & M. Feenders (Hrsg.), Stalking – Möglichkeiten und Grenzen der Intervention (pp. 209-217). Frankfurt: Verlag für Polizeiwissenschaft.

Tjaden, P. & Thoennes, N. (1998). Stalking in America: findings from the National Violence Against Women Survey, Center for Policy Research, Denver (CO).

Urbas, G. (2000). Australian Legislative Responses to stalking (Internetressource)

van Etten, M. L. & Taylor, S. (1998). Comparative efficacy of treatments for posttraumatic stress disorders: A meta-analysis. Clinical Psychology and Psychotherapy, 5, 126-144.

von Pechstaedt, V. (1999). Stalking: Strafbarkeit nach englischem und deutschem Recht. Eine rechtsvergleichende Untersuchung unter Berücksichtigung des niederländischen Stalking-Gesetzentwurfs 25 768, Göttingen/London.

von Pechstaedt, V. (2002). Stalking und das deutsche Recht. Polizei & Wissenschaft 4/2002, S. 45–52.

von Pechstaedt, V. (2003). Kontakt-, Näherungs-, Betretungs- und Aufenthaltsverbote in Stalking-Fällen. In: Deutsches Polizeiblatt 3/2003, S. 27–29.

von Pechstaedt, V. (2004). Strafrechtlicher Schutz vor Stalkern und deren Strafverfolgung in Deutschland de lege lata. In J. Bettermann & M. Feenders (Hrsg.), Möglichkeiten und Grenzen der Intervention S. 147–168.

Voß, H. G. W. (2001). Professioneller Umgang der Polizei mit Opfern und Zeugen: Eine Evaluationsstudie. Luchterhand, Neuwied.

Voß, H. G. W. (2002). Stalking in einer Normalpopulation. In: Hans-Georg W. Voß & Jens Hoffmann (Hrsg.): Themenheft Stalking. Polizei & Wissenschaft, 4, 60–70.

Voß, H. G. & Hoffmann, J. (2002). Zur Phänomenologie und Psychologie des Stalking: eine Einführung. Polizei & Wissenschaft, 4, 4-14.

Voß, H. G. (2004) Zur Psychologie des Stalkings. In J. Bettermann, & M. Feenders (Eds.), Stalking – Möglichkeiten und Grenzen der Intervention (pp. 37-49). Frankfurt: Verlag für Polizeiwissenschaft.

Walker, L. E. & Meloy, R. (1998). Stalking and domestic violence. In J. R. Meloy (Ed.), The psychology of stalking, pp 214-223. Academic Press, San Diego.

Weltgesundheitsorganisation (1994). Internationale Klassifikation psychischer Störungen: ICD-10 Kapitel V (F) Forschungskriterien. H. Dilling, W. Mombour, M. H. Schmidt (Hrsg.). Bern: Huber Verlag.

Westrup, D. (1998). Applying functional analysis to stalking behavior. In J. R. Meloy (Ed.), The psychology of stalking (pp. 275-294). Academic Press, San Diego.

Westrup, D., Fremouw, W. J., Thompson, R. N. & Lewis, S. F. (1999). The psychological impact of stalking on female undergraduates. Journal of Forensic Sciences, 44, 554-557.

World Health Organization (1998). Use of well-being measures in primary health care – The DepCare Project. Health for All. Target 12.

Zona, M. A., Sharma, K. K. & Lane, J. C. (1993). A comparative study of erotomanic and obsessional subjects in a forensic sample. Journal of Forensic Science, 38, 894-903.

Anzeigen

Hartmut Häcker / Kurt-Hermann Stapf

Dorsch Psychologisches Wörterbuch

14., überarb. u. erw. Aufl. 2004.
1188 S., Gb € 49.95 / CHF 83.00
(ISBN 3-456-83966-9)

Die 14. Auflage des klassischen Wörterbuchs der Psychologie in neuem Gewand, durchgehend zweifarbig gedruckt, vollständig überarbeitet, auf den neuesten Stand gebracht und deutlich erweitert.

Der Dorsch dient der schnellen und dennoch umfassenden Orientierung beim Studium der Psychologie im Haupt- und Nebenfach und bei allen Studien- und Ausbildungsgängen, in denen psychologische Sachkenntnis gefragt ist.

Verlag Hans Huber
Bern Göttingen Toronto Seattle

http://verlag.hanshuber.com

Rebecca Milne / Ray Bull

Psychologie der Vernehmung

Die Befragung von Tatverdächtigen, Zeugen und Opfern

Mit einem Vorwort von Prof. Dr. Max Steller. Aus dem Englischen übersetzt von Irmela Erckenbrecht.
2003. 237 S., 3 Abb., Kt
€ 29.95 / CHF 49.80
(ISBN 3-456-83965-0)

Wie bekommt man präzise und detaillierte Informationen aus möglichst vielen Quellen, wenn Tatverdächtige schweigen oder sich in Widersprüche verwickeln, Zeugen sich nur schlecht an Einzelheiten erinnern und die Opfer sich nicht alles noch einmal vor Augen führen wollen? Die Autoren fassen zusammen, was man heute über die effektivsten Methoden der polizeilichen Vernehmung und deren psychologische Grundlagen weiß. Es werden Leitlinien ausgearbeitet, die inzwischen internationale Gültigkeit beanspruchen dürfen.

Verlag Hans Huber
Bern Göttingen Toronto Seattle

http://verlag.hanshuber.com